国家民委重点人文基地
——少数民族教育发展研究基地建设基金资助

中南民族大学湖北省特色学科
——教育经济与管理专业建设基金资助

民族院校贫困大学生资助政策体系研究

王世忠 等著

Minzu Yuanxiao Pinkun Daxuesheng
Zizhu Zhengce Tixi Yanjiu

中国社会科学出版社

图书在版编目（CIP）数据

民族院校贫困大学生资助政策体系研究/王世忠等著. —北京：中国社会科学出版社，2015.7
ISBN 978-7-5161-6644-4

Ⅰ.①民… Ⅱ.①王… Ⅲ.①民族学院—大学生—奖学金—政策—研究—中国 ②民族学院—大学生—助学金—政策—研究—中国 Ⅳ.①G526.78

中国版本图书馆 CIP 数据核字（2015）第 167014 号

出 版 人	赵剑英
责任编辑	刘晓红
特约编辑	杜志荣
责任校对	周晓东
责任印制	戴　宽
出　　版	中国社会科学出版社
社　　址	北京鼓楼西大街甲 158 号
邮　　编	100720
网　　址	http://www.csspw.cn
发 行 部	010-84083685
门 市 部	010-84029450
经　　销	新华书店及其他书店
印　　刷	北京君升印刷有限公司
装　　订	廊坊市广阳区广增装订厂
版　　次	2015 年 7 月第 1 版
印　　次	2015 年 7 月第 1 次印刷
开　　本	710×1000　1/16
印　　张	16.75
插　　页	2
字　　数	285 千字
定　　价	58.00 元

凡购买中国社会科学出版社图书，如有质量问题请与本社营销中心联系调换
电话：010-84083683
版权所有　侵权必究

前　言

自从1999年高校扩招以来，我国的高等教育发生了翻天覆地的变化，2012年，我国高等教育毛入学率达到30%。根据马丁·特罗对高等教育发展阶段的划分，我国高等教育大众化进程已步入中后期阶段，人民群众与高等教育的矛盾已从入学机会的不足转移到对优质高等教育资源的竞争。为了解决高等教育规模扩大过程中所伴随的家庭经济困难学生入学难问题，我国政府相继出台了一系列大学生资助政策。

党中央、国务院高度重视家庭经济困难学生资助工作。建立健全家庭经济困难学生资助政策体系，切实保障家庭经济困难学生受教育权的实现。这不仅是实施科教兴国和人才强国战略的有效有段，也是推进基本公共服务均等化，实现教育公平和社会公正的必然要求。

2007年，《国务院关于建立健全普通本科高校、高等职业学校和中等职业学校家庭经济困难学生资助政策体系的意见》（国发 [2007] 13号）及其配套办法颁布实施后，国家在高等教育阶段建立起国家奖学金、国家励志奖学金、国家助学金、国家助学贷款、师范生免费教育、勤工助学、学费减免等多种形式并存的高校家庭经济困难学生资助政策体系。家庭经济困难学生考入大学，首先可通过学校开设的"绿色通道"按时报到。入校后，学校对其家庭经济困难情况进行核实，采取不同措施给予资助。其中，解决学费、住宿费问题，以国家助学贷款为主，以国家励志奖学金等为辅；解决生活费问题，以国家助学金为主，以勤工助学等为辅。此外，国家还积极引导和鼓励社会团体、企业和个人面向高校设立奖学金、助学金，共同帮助家庭经济困难学生顺利入学并完成学业。

学生资助政策在整个高等教育运行体系中扮演着极其重要的角色。在实行高等教育成本分担的背景下，高校正常运转的一个重要条件就是学费的及时、足额收缴，而学生资助的一个重要功能就是帮助家庭经济困难学生能够缴纳学费、住宿费等各种费用。

学生资助在高等教育体系中重要功能的实现，既需要政策制定者适时建立健全相关的政策体系，也需要研究者及时跟踪政策的实际运行，并做出可靠有效的评估。尽管我国已经建立了比较完善的高等教育学生资助政策体系，但是这些政策的实际运行效果如何，到目前为止还缺乏基于实证的评估和分析。本书研究的主要目的就在于，基于实地调研，对我国现行的民族院校大学生资助政策做一个相对全面的评估和研究。本书研究力图回答如下一些问题：①我国现有大学生资助的公平性如何？政府资助、院校资助和社会资助的分配在公平性方面有没有区别？哪些层次的院校需要更加关注？②我国民族院校大学生助学贷款目前的发展状况如何？存在哪些问题需要进一步解决？新开办的国家开发银行生源地助学贷款在实践中的运行如何？③学生资助信息是否存在不对称的问题？一方面，国家出台了比较完善的学生资助政策；另一方面，家庭经济困难学生却对资助政策知晓度不够，或者有错误的认识。现实中存在这种情况吗？④学生资助和大学成本信息干预对学生选择报考大学、上大学后获得各种类型的学生资助会产生影响吗？⑤我国民族院校大学生资助政策的瞄准机制是否存在一定的偏离？现实中存在被大学录取，而因经济困难放弃入学机会的情况吗？

对上述这些问题的回答，都有助于判断我国现行学生资助政策的运行状况，并为我国民族院校大学生资助政策体系的进一步建立和健全提供具有针对性的政策建议。尽管国家对民族院校的投入并不比同批次非民族院校少，单从生均经费一项来看，甚至高于同批次的其他非民族院校，但无论是从学校办学历史积累、生源质量、学费状况来看，还是从资助来源来看，民族院校承担的办学与人才培养的隐性成本要高于非民族院校；而且民族院校在招生与培养等方面更需要进行政治因素的考量，正外部性更强，因此民族院校学生资助政策的研究尤为迫切。基于此，本书以多民族聚集的本科院校的本科学生为研究对象，在机会公平、过程公平、结果公平的多维公平视阈下，对赠予型资助和以工代赈型资助政策进行绩效评估，并对其瞄准机制进行了探讨。

本书是集体劳动的成果，共分七章，是集体劳动的成果，其中第一章导论（王世忠）；第二章相关实证研究与理论基础（王世忠）；第三章国家助学金政策执行的公平问题研究（王明露）；第四章国家助学贷款政策执行现状研究（贺伟）；第五章民族地区生源地助学贷款政策执行现状研究（宋依铄）；第六章高校贫困生勤工助学问题研究（申珍妮）；第七章贫困地区农户家庭高等教育投资行为研究（李刚）。全书由王世忠、王明露统稿。全书参阅了大量相关的著作、论文，吸收并借鉴了相关成果，在此向原作者致以诚挚的谢意。

  本书的出版得到了中国社会科学出版社刘晓红编辑的支持和帮助，在此对她的辛勤劳动表示衷心的感谢。

  由于作者能力与水平有限，书中难免存在一些不足之处，恳请广大读者批评指正。

王世忠

2015 年 1 月

目 录

第一章 导论 ·· 1

    第一节 研究问题概述 ·· 1

    第二节 基本概念的界定 ··· 8

    第三节 本书的研究思路与方法 ··· 19

第二章 相关实证研究与理论基础 ··· 23

    第一节 国内外研究述评 ··· 23

    第二节 理论基础 ·· 35

    第三节 理论分析框架及其政策问题讨论 ······································ 50

    结 语 ··· 57

第三章 国家助学金政策执行的公平问题研究 ····································· 59

    第一节 研究概述 ·· 59

    第二节 核心概念 ·· 61

    第三节 理论基础与文献综述 ··· 66

    第四节 新中国国家助学金政策的历史沿革与价值取向 ·················· 72

    第五节 国家助学金政策执行的公平现状调查 ······························ 79

    第六节 提升国家助学金政策执行公平程度的对策 ······················· 91

    结 语 ··· 96

第四章 国家助学贷款政策执行现状研究 ··· 98

    第一节 研究概述 ·· 98

    第二节 核心概念 ··· 100

    第三节 理论基础与文献综述 ·· 102

第四节　国家助学贷款政策的历史沿革…………………………… 110
　　第五节　高校国家助学贷款政策执行现状调查…………………… 114
　　第六节　国家助学贷款政策执行中存在的问题分析……………… 120
　　第七节　优化国家助学贷款政策执行环节的对策………………… 126
　　结　语……………………………………………………………… 134

第五章　民族地区生源地助学贷款政策执行现状研究………………… 135
　　第一节　研究概述………………………………………………… 135
　　第二节　核心概念………………………………………………… 137
　　第三节　理论基础及文献综述…………………………………… 139
　　第四节　生源地助学贷款政策沿革及解析……………………… 145
　　第五节　民族地区生源地助学贷款实施现状分析……………… 152
　　第六节　完善少数民族地区生源地助学贷款政策建议………… 162
　　结　语……………………………………………………………… 166

第六章　高校贫困生勤工助学问题研究………………………………… 168
　　第一节　研究概述………………………………………………… 168
　　第二节　核心概念………………………………………………… 172
　　第三节　勤工助学政策的意义…………………………………… 176
　　第四节　我国高校勤工助学的历史考察………………………… 179
　　第五节　我国高校勤工助学的现状调查与分析………………… 185
　　第六节　对我国现阶段高校勤工助学政策的思考和建议……… 203
　　结　语……………………………………………………………… 215

第七章　贫困地区农户家庭高等教育投资行为研究…………………… 216
　　第一节　研究概述………………………………………………… 216
　　第二节　核心概念与研究范围…………………………………… 219
　　第三节　理论基础与文献综述…………………………………… 220
　　第四节　农户家庭高等教育投资行为的现状调查与分析……… 226
　　第五节　影响农户家庭高等教育投资行为的因素分析………… 237
　　第六节　激励农户家庭高等教育投资行为的对策建议………… 244
　　结　语……………………………………………………………… 249

参考文献……………………………………………………………………… 250

第一章 导论

第一节 研究问题概述

一 研究的背景

20世纪中后期以来，高等教育经费短缺已成为世界性的问题，大学面临着如何应对高等教育招生规模扩大而财政日益紧缩的严重局面（D. B. 约翰斯通，2004；菲利普·G. 阿特巴赫，2001）。在此背景下，高等教育的主要国家普遍接受了美国学者约翰斯通于1984年提出的"高等教育成本分担"理论，向学生及其家长收取日益上涨的学费，这使得20世纪90年代世界范围内高等教育财政与管理改革出现明显的相似性，主要表现就是高等教育成本由一般的纳税人负担向学生及其父母、慈善家和大学服务的购买者负担的转移（D. B. 约翰斯通，1999）。但是，这一政策将可能抑制低收入家庭子女的高等教育参与率，造成高等教育领域内的不公平。为确保公平性，各国逐步建立起包括助学金、学生贷款和勤工助学等形式的学生资助体系。"高收费+高资助"政策成为许多国家奉行的高等教育成本分担与成本补偿的目标选择，一些学者[1]的研究旨趣也开始集中关注学生资助政策的效果评估及体系设计。

我国学者张民选以"学生获得资助资金的渠道"为标准，对国内外各种资助形式进行了归类，大学生资助体系分为两大类：其一是"直接资助"，其二是"间接资助"。[2] 其中的"直接资助"是指学生从各种途

---

[1] 罗朴尚、宋映权、魏建国：《高等教育学生资助政策体系课题研究报告》，北京大学中国教育财政科学研究所（内部资料）2009年第12期。

[2] 张民选：《国际透视：大学生资助政策的变革与发展》，《国家高级教育行政学院学报》2005年第5期。

径直接获得可支配资金的资助,根据学生获得资金的性质作分辨准则,又分为"赠予性"资助和"推迟付费"资助两种;而"间接资助"则是指国家、社会或个人以各种渠道和方式间接资助学生。间接资助的方式包括:转移支付(学费经常性减免、土地与资本赠予、国家对学校的税费减免)、现时收入(校产收入投入到教育活动中的部分)和贷款(商业贷款、补助性贷款)。[①] 根据研究需要,本书从"是否需要受资助方支付"的角度将现有资助政策分为:"赠予型、借贷型、以工代赈型"三大类,并试图从教育公平的视阈对其中各种具体的资助方式进行分析。

(一)赠予型资助及利弊分析[②]

赠予型资助是指出资者将资金"无偿"给予大学生,是同欧美近代大学一起发展起来的。我国现有的大学生资助方式中属于赠予型资助的包括助学金、奖学金、减免学费。这种资助方式受到获助学生的欢迎,能解决在校贫困生的困难。然而,国家出于公平目的所采取的这种资助政策在一定程度上又隐藏着极大的不公平。因为国家用于高等教育办学的资金来源于财政税收,而财政税收的负担对象是国家范围内的所有劳动公民。因此,少数人接受免费高等教育,实际上是剥夺了多数人受教育的机会,这并没有体现社会的最大公平。

从助学金对学生的影响来看,实践中出现的弊端很多。首先,这种无偿资助对于受助学生来说不需要承担任何义务,缺乏激励学生上进和教育学生自立的功能,容易让部分学生养成"等、靠、要"的依赖思想。其次,无偿资助造成了贫困生群体与非贫困生群体之间的距离,给贫困生贴上了贫困的标签,无形中给学生划分了贫困与不贫困的等级。最后,无偿资助会限制学生充分利用和发展自身的资源,不利于学生全面发展。无偿资助涉及贫困标准的确定问题,很多资助都对资助对象的贫困程度提出了具体的标准,如不使用手机等通信工具、不使用电脑、随身听、电子词典等,甚至不喝牛奶、不吃鸡蛋等。这种操作模式会给贫困生的心灵造成一定的伤害,而且迫使贫困生放弃一些发展个人的机会,为了能获得资助,他们不得不向贫困标准看齐。

从奖学金对学生的影响来看,以奖学金方式资助学生能激发学生的学

---

① 武毅英:《高等教育经济学导论》,广东高等教育出版社2008年版,第260页。
② 同上。

习热情，现行的大学生奖学金主要包括以下形式：国家助学奖学金、优秀学生奖学金、专业奖学金、定向奖学金、学校自行设立的各种奖学金、社会组织或者个人为资助贫困家庭学生或吸引人才而在学校设立的各种专项奖学金。其中，专业奖学金，指向的是品学兼优的大学生，主要功能在于"奖优"，缺乏资助功能。贫困生普遍来自经济和教育都比较落后的地区，不仅经济压力大，学习基础也相对较差，尤其是英语、计算机等。大多数贫困生学习很努力但成绩却不理想，在获取传统奖学金方面不具备优势。国家助学奖学金是以国家政府的名义统一发放的，宗旨是"助学"，指向的是贫困学生，对部分贫困生起到了很好的帮助和激励作用，受到了各高校和贫困生的广泛欢迎。但由于国家助学奖学金名额有限，不能解决大多数贫困生的问题。所以，奖学金优异测评的规定性和受奖对象的有限性不能很好地解决资助贫困学生、保证机会均等问题，因为优秀学生与贫困学生并不是两个对应度很高的群体。大量获得高额奖学金的往往是来自"富有家庭"的学生，与贫困学生相比，他们从小接受优质教育，在优异测评中占有很大的优势。

从减免学费的影响来看，其优点是简单易行，能解决学生学费的资助困难，但这种方式很容易造成学生之间的矛盾，家庭收入调查也变得非常敏感，并导致调查失真。同时这种方法使原本就比例很低的学生成本分担，降低到微不足道的地步，在促进公平和增加非政府拨款收入两个方面都存在明显的缺陷。

（二）借贷型资助利弊分析

学生助学贷款是较为成熟的一种高校学生资助方式。自实施以来对许多贫困学生顺利完成学业起了关键性的帮助。主要包括三种形式：国家助学贷款、高校利用学校资金对学生办理无息借款、一般性商业助学贷款。

贷学金比助学金要公平，助学金的使用隐含着一个把低收入纳税人的收入转移给那些由于接受高等教育而在未来有可能获得高收入人的收入转移的过程。贷学金则可以通过资金回收，使资金能够重复使用，政府的一次支出可以资助几代学生。另外，人们认为贷学金既能起到资助学生的作用，又能部分地缓解政府的财政压力；既能解决求学者接受高等教育期间学费和生活费的需要，在毕业后，又可以利用其较高收入中的一部分来偿还国家和社会为其负担的教育费用，有助于实现成本投入与教育产出之间的平衡。

由于实践过程中因为学生助学贷款,小额分散,成本又高,没有信用制度保证,还款的风险也大,这在一定程度上影响了银行对贷款的积极性。由于银行对高校的学生充分就业缺乏信心,担心学生毕业后的还贷能力差,在实际操作过程中,对申请贷款学生的学业提出了一些具体的要求,要求学生学业必须达到银行设置的标准才能贷款,从而把一部分学业困难的贫困生拒之门外。大部分贫困学生由于所受基础教育质量的差异和经济压力的客观存在,学业都存在一定的困难;另外,贷款有风险。贷款在实施和回收方面面临着利率风险和学生拖欠风险。一方面,政府必须对没有偿付的贷款补贴利息,学生在校期间对贷款不支付利息,国家贴息、学校承担风险保证金。这就意味着学生贷款的利率越低,政府的补贴就越高。因此,政府担负着高补贴的风险。另一方面,若没有有效机制规制还贷,则会加重拖欠还款风险。

从学生的角度来看,首先,家境不好的学生,由于害怕债务的压力而不敢上学,或者入学后面对越来越多的债务负担而很快退学。其次,贷款上学的学生倾向于选择那些学费相对便宜,师范、农、林等艰苦专业。另外,贷款上学还容易造成为了尽快偿还借贷,超时打工的情况,这样虽然解决了经济上的困难,但学习的时间减少了,没有达到接受高等教育的目的。此外,对于贫困家庭子女、妇女和少数民族学生入学来说,贷学金被他们称为女学生的"负陪嫁",执行起来有困难。[①]

(三) 以工代赈型资助及利弊分析

以工代赈型资助主要包括学校组织贫困学生参加勤工助学活动,通过劳动获取物质报酬和校外兼职。勤工助学强调的是"付出就有收获",是大学生自立自强的最佳途径之一。但实践过程中存在的问题大大削弱了勤工助学应有的作用。第一,大多数高校内能提供的岗位数量很少,报酬较低,满足不了贫困生的需求。第二,校外所能提供的勤工助学岗位,90%以上是从事家教。大多数贫困生不具备从事家教的优势,一是学习压力大,精力不够;二是性格内向,不善于表达;其他校外勤工助学岗位由于同样的原因使贫困生所占的份额也很小。因此,贫困生从事社会性勤工助学的机会要比其他同学少得多。

---

① 张民选、李荣安:《高等教育机会均等与大学生资助政策变迁及新的挑战》,《教育发展研究》1997 年第 12 期。

上述分析表明，不同的资助政策对不同类型学生的影响存在一定的差异，对教育公平的实现程度不同，其政策绩效及相关影响因素亦迥然不同。

随着我国高等教育招生规模的不断扩大和成本分担制度的确立，贫困生数量逐年增多，而少数民族贫困大学生在贫困生中占有相当大的比例。据统计，仅少数民族聚居地区就有贫困县 316 个，占全国贫困县的 53%，贫困发生率 15%。该地区"有近 80% 的少数民族大学生的家庭年总收入在 5000 元以下，少数民族大学生每月的平均生活费，最多的为 200—300 元，其次为 100—200 元"。① 自 1998 年高等教育成本分担以来，少数民族大学生占整个大学生比例正处于下降趋势，2000 年少数民族大学生人数占全国大学生总数的 5.17%，这较 1997 年下降了 1.12%。同时，少数民族贫困大学生在选择学校和专业时主要受经济因素影响而有所局限，他（她）们主要集中在民族地区的高校和民族类高校，以及农、林、矿产、师范等普通高等院校。由此导致了严峻的现实问题：一方面，这种因高等教育成本分担而给少数民族贫困大学生在升学和求学过程中带来的压力，使得有资格接受高等教育的贫困生，放弃了接受高等教育的机会。另一方面，公共教育财政资源配置是有限的，贫困学生数量不断增多，如何公平且高效地分配有限的教育资源，一直是资助政策制定和执行以来的重点与难点。为体现公平和公正的原则，收费制度必须与资助制度配套执行，二者结合在一起才能真正构成高等教育成本补偿的内涵。由此，对资助政策的绩效评估和瞄准机制研究就显得尤为重要。

二 研究的意义

（一）理论意义

本书为进一步完善高等教育成本合理分担机制，调整和聚焦学生资助政策目标的瞄准机制，增强学生资助政策制度设计的针对性和政策运行的有效性，提供了一个解决问题的切入点。有研究表明，我国现行的学生资助政策具有一定的公平性，但还是有部分学生在国家助学政策的瞄准机制之外而无法享受到相关的资助。这对学生家庭背景与上大学机会而言，他们没有公平地享受到国家的相关政策，并有可能影响到其今后的个人发

---

① 韩同高：《少数民族聚居地贫困大学生资助活动的政策思考》，《石油教育》2004 年第 5 期。

展；从国家的角度而言，助学政策的目标在执行过程中存在一定程度的行为偏离，甚至没有得到完全的实现。我国的学生资助政策体系还需要进一步健全，须在细节方面下功夫；除了制度本身的完善外，更需考虑制度的传播和具体实施过程中的瞄准机制问题。①

大学是使个体社会化的一个重要组织，不同体制和类型的大学可能会以不同的方式影响人的价值、能力、掌握的信息等许多不同的方面，也可能会对个体的高等教育需求产生影响——这可能是民族院校使个体社会化的一个方面。需要理论界从根本上加强民族院校大学生资助政策的理论建设，逐步深化对这一领域的研究，以对当前我国大学生资助政策理论的系统研究提供一个有益的补充，为指导我国大学生资助问题的善治提供强有力的价值支撑与理性引导。

（二）现实意义

本书考察国家学生资助政策是否比较好地针对了低收入家庭的少数民族大学生，实际上研究来自不同家庭收入的少数民族大学生在获得的学生资助的数量上的差异及其对其学业的影响可能更有实践指导意义。

民族院校贫困大学生主要来自西部的少数民族聚居地区，家庭经济和收入等相对贫困因素影响更加突出。截至 2008 年年底，全国各级各类学校少数民族在校生总数为 2199.59 万人，其中普通高等学校少数民族在校生 133.88 万人，占学生总数的 6.23%；普通中学少数民族在校生 680.22 万人，占 8.45%；普通小学少数民族在校生 1070.79 万人，占 10.36%。② 根据张京泽、王丽萍、覃鹏（2004）有关研究资料表明，民族院校的贫困生和特困生比例均明显高于一般院校，一般超过 20% 和 10%，而新疆、西藏、贵州、云南等西部欠发达地区民族院校的贫困生比例又要高一些，其中云南民族大学的贫困生比例最高达 70%。③ 即使是地处武汉、条件较好的中南民族大学，共有全日制普通本科生 18822 人，按国家相关部门划定，学生中每月个人可支配收入（含生活费）在 200 元以下（含 200 元）的为贫困生，每月个人可支配收入（含生活费）在 150 元以下（含 150

---

① 罗朴尚、宋映权、魏建国：《高等教育学生资助政策体系课题研究报告》，北京大学中国教育财政科学研究所（内部资料）2009 年第 12 期。

② 《中国民族年鉴 2008》，中国民族年鉴出版社 2009 年版。

③ 张京泽、王丽萍、覃鹏：《关于民族院校贫困生的资助措施及思考》，《民族教育研究》2004 年第 5 期。

元）的为特困生，以此为标准，经调查统计，其中的贫困生比例为29.5%、特困生占9.5%左右。① 他们大多来自少数民族家庭和民族地区。由于历史、自然、地域条件和现时体制等多方面的制约，民族地区的许多少数民族家庭现在仍然非常贫困，与东部发达地区相比，其差距还在呈扩大趋势。

（三）政治意义

民族院校是我国为实现社会主义民族政策而设置的一种特殊的办学组织形式，因而也是我国高校少数民族学生最为集中的一个地方，它不仅体现了我国民族政策的价值取向，而且也是影响我国民族关系的一个重要领域。随着我国高等教育跨入大众化阶段以后，民族院校的少数民族学生人数也急剧增加。然而，由于历史、自然、现实体制等多种因素的制约和影响，民族院校的少数民族学生大多来自比较贫穷的西部地区，少数民族贫困生成为民族院校急需解决的一个重要现实问题，尽管国家也推行了一系列资助政策，但是，综观我国大学生资助政策理论和实践，我们不难发现，当前贫困生的资助，主要是一种政策性的被动资助，尤其是对民族院校少数民族大学生资助的针对性、覆盖面以及资助政策"信息不对称"等方面关注不够。

因而，从教育公平的层面厘定公共利益价值判断标准，研究民族院校贫困大学生资助政策体系，对于推动民族院校健康发展，实现社会主义民族政策目标，维护社会和谐稳定具有重要的政治意义。

三 研究的基本问题

本书研究的两个基本问题：其一，在教育公平视阈下，现有资助政策的绩效如何？其二，从资助政策微观绩效评估的结果来看，对于多民族聚集的本科院校而言，现有资助政策瞄准程度如何？换而言之，其瞄准机制存在哪些问题？

本书研究的难点在于如何选择用于评估资助政策微观绩效的测量指标，这也是本书要解决的关键性问题。从现有研究来看，多集中于研究学费上涨对学生入学机会的影响。然而这类高等教育需求研究关注的常常是已经进入高等学校的大学生的入学行为，而较少考虑在校大学生对参与高等教育过程中的主观期望与偏好，在一定程度上影响了高等教育需求研究

---

① 资料来源：作者根据中南民族大学生资助中心2008年度贫困生统计报表整理。

的进一步发展，因此本书将以在校大学生为样本，通过考察其参与高等教育过程中资助政策知晓程度、资助的获取机会、资助政策满意度，以及资助政策对学生学业的影响来评估资助政策的微观效应。

第二节 基本概念的界定

一 学费

高等教育学费，指社会和个人为接受高等教育所支付的总费用。关于收取学费标准，需要考虑四个因素：①生均培养成本；②毕业生在劳动力市场上的供求和预期收益；③学生的负担能力；④地区经济发展水平的差异。

依据公共产品和成本补偿理论，学生收费是由受教育者分担一部分培养成本①。这就要求对生均培养成本有一个估算。我国高等学校财务会计科目无法明确分离出用于不同学科、不同层次如本科生培养和研究生培养的经费支出，但是将一所大学作为一个分析单位，估算全体学生的培养成本是可行的。

在此基础上，依据不同学科和专业的特点进行调整。调节因素除反映学生培养成本外，还应体现劳动力市场需求和预期收入等。如劳动力市场需求高、预期收益高的学科和专业，可依据生源情况适当提高收费标准；对于个人预期收益低但社会效益高的基础学科、边缘学科、小语种，适当降低收费标准。

二 高等教育成本分担与补偿

所谓高等教育成本分担与补偿是指高等教育费用在各级政府、用人单位、高等院校及受教育者个人之间合理分担并实现补偿。可以看出，高等教育成本分担与补偿是既相联系又有区别的两个概念。高等教育成本分担主要指中央与地方政府根据各自的财力状况对高等教育费用进行合理分担。高等教育成本补偿则是由高等教育受益各方根据各自收益多寡及支付能力对高等教育进行费用补偿。高等教育成本分担与补偿有时统称为高等教育成本分担或高等教育成本补偿，其所表达的含义的内在性都是相同的，即高等教育属于准公共产品，收益方包括国家、社会、学生及家庭。

---

① 闵维方主编：《探索教育变革：经济学和管理政策的视角》，教育科学出版社2005年版。

依据"谁受益,谁负担"和支付能力的原则,受益方应该共同负担教育成本,以满足高等教育持续稳定发展的需要。

三 高校家庭经济困难学生资助政策体系[①]

(一)高校家庭经济困难学生资助政策体系主要内容

1. 资助政策体系

2007年,《国务院关于建立健全普通本科高校、高等职业学校和中等职业学校家庭经济困难学生资助政策体系的意见》(国发〔2007〕13号)及其配套办法颁布实施后,国家在高等教育阶段建立起国家奖学金、国家励志奖学金、国家助学金、国家助学贷款、师范生免费教育、勤工助学、学费减免等多种形式并存的高校家庭经济困难学生资助政策体系。家庭经济困难学生考入大学,首先可通过学校开设的"绿色通道"按时报到。入校后,学校对其家庭经济困难情况进行核实,采取不同措施给予资助。其中,解决学费、住宿费问题,以国家助学贷款为主,以国家励志奖学金等为辅;解决生活费问题,以国家助学金为主,以勤工助学等为辅。此外,国家还积极引导和鼓励社会团体、企业和个人面向高校设立奖学金、助学金,共同帮助家庭经济困难学生顺利入学并完成学业。

2. 高校家庭经济困难学生

家庭经济困难学生是指学生本人及其家庭所能筹集到的资金,难以支付其在校学习期间学习和生活基本费用的学生。学生需向学校申报家庭经济困难,由学校根据有关部门设置的标准和规定的程序,以民主评议方式认定。学生在申请家庭经济困难认定时,必须提交家庭所在地的乡(镇)或街道民政部门加盖公章予以确认的《高等学校学生及家庭情况调查表》,证明自己的家庭经济状况。

3. 高校资助政策实施范围

所有公办普通本科高校、高等职业学校和高等专科学校的全日制普通本专科(含高职、第二学士学位)在校学生,符合国家规定条件的,享受国家的资助政策。按照国家有关规定规范办学、从事业收入中足额提取4%—6%的经费用来资助家庭经济困难学生的民办高校(含独立学院),招收的全日制普通本专科(含高职、第二学士学位)学生,符合国家规定条件的,也可享受国家资助政策,具体办法由各省(自治区、直辖市)

---

① 资料来源:全国学生资助管理中心网站(http://www.xszz.cee.edu.cn)。

依据国家有关规定制定。

（二）国家助学金

国家助学金是为了体现党和政府对普通本科高校、高等职业学校和高等专科学校家庭经济困难学生的关怀，由中央与地方政府共同出资设立的，用于资助家庭经济困难的全日制普通本专科（含高职、第二学士学位）在校学生的助学金。

1. 资助标准

全国平均每人每年 2000 元，具体标准在每人每年 1000—3000 元范围内确定，分为 2—3 档。中央高校分档及具体标准由财政部商有关部门确定，地方高校由各省（自治区、直辖市）确定。2010 年，普通高校的国家助学金资助标准提高至每人每年 3000 元。

2. 基本申请条件

（1）热爱社会主义祖国，拥护中国共产党的领导；

（2）遵守宪法和法律，遵守学校规章制度；

（3）诚实守信，道德品质优良；

（4）勤奋学习，积极上进；

（5）家庭经济困难，生活俭朴。

3. 申请、评审和发放

国家助学金每学年评定一次。每年 9 月 30 日前，学生向学校提出申请，各高校于当年 11 月 15 日前完成评审。国家助学金按 10 个月发放，高校按月将国家助学金发放到受助学生手中。

4. 相关事项

同一学年内，申请并获得国家助学金的学生，可同时申请并获得国家奖学金或国家励志奖学金。试行免费教育的教育部直属师范院校师范类专业学生，不再同时获得国家助学金。

（三）国家励志奖学金

国家励志奖学金是为了激励普通本科高校、高等职业学校和高等专科学校的家庭经济困难学生勤奋学习、努力进取，在德、智、体、美等方面全面发展，由中央和地方政府共同出资设立的，奖励资助品学兼优的家庭经济困难学生的奖学金。

1. 奖励标准

每人每年 5000 元。

2. 基本申请条件

二年级以上（含二年级）的全日制普通本专科（含高职、第二学士学位）在校生，符合以下条件：

（1）热爱社会主义祖国，拥护中国共产党的领导；

（2）遵守宪法和法律，遵守学校规章制度；

（3）诚实守信，道德品质优良；

（4）在校期间学习成绩优秀；

（5）家庭经济困难，生活俭朴。

3. 申请、评审和发放

国家励志奖学金每学年评选一次，实行等额评审。每年9月30日前，学生向学校提出申请，各高校于当年10月31日前完成评审。高校每年11月30日前将国家励志奖学金一次性发放给获奖学生，并记入学生的学籍档案。

4. 相关事项

同一学年内，申请国家励志奖学金的学生可以同时申请并获得国家助学金，但不能同时获得国家奖学金。试行免费教育的教育部直属师范院校师范类专业学生不再同时获得国家励志奖学金。

（四）国家奖学金

国家奖学金是为了激励普通本科高校、高等职业学校和高等专科学校学生勤奋学习、努力进取，在德、智、体、美等方面全面发展，由中央政府出资设立的奖励特别优秀学生的奖学金。

1. 奖励标准

每人每年8000元。

2. 基本申请条件

二年级以上（含二年级）的全日制普通本专科（含高职、第二学士学位）在校生，符合以下条件：

（1）热爱社会主义祖国，拥护中国共产党的领导；

（2）遵守宪法和法律，遵守学校规章制度；

（3）诚实守信，道德品质优良；

（4）在校期间学习成绩优异，社会实践、创新能力、综合素质等方面特别突出。

3. 评审和发放

国家奖学金每学年评选一次，实行等额评审。各高校于每学年开学初启动评审工作，当年 10 月 31 日前完成评审。高校每年 11 月 30 日前将国家奖学金一次性发放给获奖学生，颁发国家统一印制的奖励证书，并记入学生的学籍档案。

4. 相关事项

学生无论家庭经济是否困难，只要符合规定条件，均可获得国家奖学金。同一学年内，获得国家奖学金的家庭经济困难学生可以同时申请并获得国家助学金，但不能同时获得国家励志奖学金。试行免费教育的教育部直属师范院校师范类专业学生符合规定条件的，可以获得国家奖学金。

（五）师范生免费教育

从 2007 年秋季入学的新生起，国家在北京师范大学、华东师范大学、东北师范大学、华中师范大学、陕西师范大学和西南大学六所部属师范大学实行师范生免费教育。免费教育师范生在校学习期间，免除学费、免缴住宿费，并补助生活费。

1. 享受条件

2007 年开始，录取为部属师范大学免费师范生的学生，入学前与学校和生源所在地省级教育行政部门签订协议，承诺毕业后从事中小学教育十年以上。2007 年起，新招收的有志从教并符合条件的非师范专业优秀学生，在入学两年内，也可在教育部和学校核定的计划内转入师范专业，并由学校按标准返还学费、住宿费，补发生活费补助。

2. 履行义务

享受师范生免费教育的学生毕业后，一般回生源所在省份中小学任教，并从事中小学教育十年以上。到城镇学校工作的免费师范毕业生，应先到农村义务教育学校任教服务二年。国家鼓励免费师范毕业生长期从教、终身从教。免费师范生毕业前及在协议规定服务期内，一般不得报考脱产研究生。

3. 优惠政策

（1）由中央财政负责安排免费师范生在校学习期间的学费、住宿费和生活费补助；

（2）在相关省级政府统筹下，由省级教育行政部门负责落实免费师范毕业生的教师岗位，确保每一个免费师范生毕业后在中小学任教有编

（3）免费师范毕业生在协议规定服务期内，可在学校间流动或从事教育管理工作；

（4）为免费师范毕业生在职攻读教育硕士提供便利的入学条件，任教考核合格并通过论文答辩的，颁发硕士研究生毕业证书和教育硕士专业学位证书。

（六）国家助学贷款

国家助学贷款是由政府主导、财政贴息、财政和高校共同给予银行一定风险补偿金，银行、教育行政部门与高校共同操作的，帮助高校家庭经济困难学生支付在校学习期间所需的学费、住宿费及生活费的银行贷款。国家助学贷款是信用贷款，学生不需要办理贷款担保或抵押，但需要承诺按期还款，并承担相关法律责任。学生接到录取通知书后，可向学校咨询具体办理国家助学贷款的相关事宜。学生到校报到后，可通过学校向金融机构申请办理国家助学贷款。

国家助学贷款的主要规定如下：

1. 申请条件

公办普通高等学校全日制本专科生（含高职生）、第二学士学位学生和研究生，具备以下条件可以申请国家助学贷款：

（1）家庭经济困难；

（2）具有中华人民共和国国籍，年满16周岁的需持有中华人民共和国居民身份证；

（3）具有完全民事行为能力（未成年人申请国家助学贷款须由其法定监护人书面同意）；

（4）诚实守信，遵纪守法，无违法违纪行为；

（5）学习努力，能够正常完成学业。

2. 申请材料

学生在新学年开学后通过学校向银行提出贷款申请。需要提供以下材料：

（1）国家助学贷款申请书；

（2）本人学生证和居民身份证复印件（未成年人提供法定监护人的有效身份证明和书面同意申请贷款的证明）；

（3）本人对家庭经济困难情况的说明；

（4）学生家庭所在地有关部门出具的家庭经济困难证明。

3. 申请金额

原则上每人每学年最高不超过6000元。

4. 贷款审批

学校学生资助等部门负责对学生提交的国家助学贷款申请进行资格审查，并核查学生提交材料的真实性和完整性；银行负责最终审批学生的贷款申请。

5. 贷款发放

国家助学贷款实行一次申请、一次授信、分期发放的方式，即学生可以与银行一次签订多个学年的贷款合同，但银行要分年发放。一个学年内的学费、住宿费贷款，银行应一次性发放；一个学年内的生活费贷款，银行（或学校）按10个月逐月发放给学生。

6. 贷款利息

国家助学贷款利率按照中国人民银行公布的法定贷款利率和国家有关利率政策执行。贷款学生在校学习期间的国家助学贷款利息全部由财政补贴，毕业后的利息由贷款学生本人全额支付。2004年8月以前签订贷款合同的学生，其在校学习期间以及毕业后到最终还款前的利息，一半由财政负担，一半由学生本人负担。

7. 还款期限

学生根据个人毕业后的就业和收入情况，在毕业后的1—2年内选择开始偿还本金的时间，六年内还清贷款本息。2004年8月以前签订的贷款合同（包括毕业生还款协议），一般规定贷款学生在毕业后四年内还清贷款本息。

8. 违约后果

（1）国家助学贷款的借款学生如未按照与经办银行签订的还款协议约定的期限、数额偿还贷款，经办银行将对其违约还款金额计收罚息。

（2）经办银行将违约情况录入中国人民银行的个人信用信息基础数据库，供全国各金融机构依法查询。对恶意拖欠贷款的违约借款人采取限制措施，不予提供住房贷款、汽车贷款等金融服务。

（3）对于连续拖欠还款行为严重的借款人，有关行政管理部门和银行将通过新闻媒体和网络等信息渠道公布其姓名、公民身份证号码、毕业学校及具体违约行为等信息。

（4）严重违约的贷款人还将承担相关法律责任。

（七）生源地信用助学贷款

生源地信用助学贷款是由政府主导、财政贴息、财政给予银行一定风险补偿金，银行、教育行政部门共同操作的，帮助新考入高校的和在高校就读的家庭经济困难学生支付在校学习期间所需的学费、住宿费的银行贷款。生源地信用助学贷款由学生或其合法监护人，向家庭所在地的农村信用社、银行等金融机构申请办理，不需要担保或抵押，但需要承诺按期还款，并承担相关法律责任。2007年，国家在江苏、湖北、重庆、陕西、甘肃5省市试点开办生源地信用助学贷款业务。目前，财政部、教育部等有关部门正在研究制定进一步扩大生源地信用助学贷款覆盖范围的办法。学生可向当地县级教育行政部门咨询具体办理生源地信用助学贷款的相关事宜。

生源地信用助学贷款的主要规定如下：

1. 申请条件

普通高等学校（含民办高校和独立学院）全日制本专科生（含高职生）、第二学士学位学生和研究生，具备以下条件可以申请生源地信用助学贷款：

（1）家庭经济困难；

（2）具有中华人民共和国国籍，年满16周岁的需持有中华人民共和国居民身份证；

（3）具有完全民事行为能力（未成年人申请国家助学贷款须由其法定监护人书面同意）；

（4）诚实守信，遵纪守法，无违法违纪行为；

（5）学习努力，能够正常完成学业；

（6）学生本人入学前户籍、其父母（或其他法定监护人）户籍均在本县（市、区）。

2. 办理程序

生源地信用助学贷款按年度申请、审批和发放。学生在新学期开始前，向家庭所在县（市、区）的学生资助管理中心提出贷款申请。县级学生资助管理中心负责对学生提交的申请进行资格审查。银行负责最终审批并发放贷款。

3. 贷款金额

借款人每学年申请的贷款金额原则上不超过6000元。

4. 贷款利息

生源地信用助学贷款利率按照中国人民银行公布的法定贷款利率和国家有关利率政策执行。学生在校期间的利息由财政全部补贴，毕业后的利息由学生和家长（或其他法定监护人）共同负担。

5. 还款期限和还款方式

生源地信用助学贷款期限原则上按全日制本专科学制加 10 年确定，最长不超过 14 年。学制超过 4 年或继续攻读研究生学位、第二学士学位的，相应缩短学生毕业后的还贷期限。学生在校及毕业后两年期间为宽限期，宽限期后由学生和家长（或其他法定监护人）按借款合同约定，按年度分期偿还贷款本金和利息。

（八）国家助学贷款代偿制度

从 2006 年起，在中央部门所属全日制普通高校学习期间获得国家助学贷款的应届毕业生，自愿到西部地区和艰苦边远地区基层单位（县以下）从事第一线工作，服务期达到 3 年以上（含 3 年）的，其在校学习期间的国家助学贷款本金及其全部偿还之前产生的利息，由中央财政代为偿还。详细情况可向所在学校咨询。

（九）勤工助学

勤工助学是指学生在学校的组织下利用课余时间，通过自己的劳动取得合法报酬，用于改善学习和生活条件的社会实践活动。勤工助学是学校学生资助工作的重要组成部分，是提高学生综合素质和资助家庭经济困难学生的有效途径。

1. 活动管理

学生在学有余力的前提下，向学校提出勤工助学的申请，接受必要的勤工助学岗前培训和安全教育，再由学校统一安排到校内或校外的岗位上进行勤工助学活动。学校不得安排学生参加有毒、有害和危险的生产作业以及超过身体承受能力、有碍健康的劳动。任何单位和个人未经学校同意，不得聘用在校学生打工。

2. 时间安排

学生参加勤工助学不应当影响学业，原则上每周不超过 8 小时，每月不超过 40 小时。

3. 劳动报酬

学生参加校内固定岗位的勤工助学，其劳动报酬由学校按月计算。每月 40 个工时的酬金原则上不低于当地政府或有关部门制定的最低工资标准或居民最低生活保障标准，可以适当上下浮动。学生参加校内临时岗位的勤工助学，其劳动报酬由学校按小时计算。每小时酬金原则上不低于 8 元人民币。学生参加校外勤工助学的酬金标准不低于学校所在地政府或有关部门规定的最低工资标准，具体数额由用人单位、学校与学生协商确定，并写进聘用协议。

4. 权益保护

学生在开始勤工助学活动前应当与有关单位签订协议，保护自身的合法权益。学生在进行校内勤工助学前，应当与学校的学生勤工助学管理服务组织签订具有法律效力的协议书。学生在进行校外勤工助学前，应当与代表学校的学生勤工助学管理服务组织、用人单位签订具有法律效力的三方协议书。协议书应当明确学校、用人单位和学生三方的权利和义务，意外伤害事故的处理办法以及争议解决方法。

（十）其他资助政策与措施

1. 学费减免

国家对公办全日制普通高校中家庭经济特别困难，无法缴纳学费的学生，特别是其中的孤残学生、少数民族学生及烈士子女、优抚家庭子女等，实行减免学费政策。具体减免办法由学校制定。

2. 辅助措施

各高校利用自有资金、社会组织和个人捐赠资金等，设立奖学金、助学金；对出现临时困难的学生发放特殊困难补助等。

3. "绿色通道"

为切实保证家庭经济困难学生顺利入学，教育部、国家发改委、财政部规定各公办全日制普通高等学校都必须建立"绿色通道"制度，即对被录取入学、家庭经济困难的新生，学校一律先办理入学手续，然后再根据核实后的情况，分别采取不同办法予以资助。

综上所述，学生资助体系指国家对高等教育阶段的贫困学生，建立以国家助学贷款为主体，"奖、贷、助、补、免"有机结合的以保证家庭经济困难学生能够顺利完成学业的资助政策体系。大致可以为三种类型，即借贷型资助、赠予型资助和以工代赈型资助。

借贷型资助属于有偿资助。助学贷款包括国家助学贷款和一般商业性助学贷款，国家助学贷款适用于经济困难的全日制学生，国家财政给予贴息。一般商业性助学贷款则执行市场贷款利率。本书的定义只考虑国家助学贷款，因为一般商业性助学贷款从本质上讲是一种商业行为，不能看作一种公共政策。

赠予型资助是属于无偿资助。资助金来源划分：一是以社会捐赠为主，适用于经济上特别困难的学生的助学金；二是经学生申请和专门评定，适用于经济特别困难的学生的学费减免（全免或半免）。按项目的主要收益人群来分，大致可分为"助贫"与"奖优"两类："以经济需要为基础的资助"（need-based aid）和"不以经济需要为基础的资助"（non-need-based aid）。前者致力于帮助家庭收入低、有经济困难的学生，属"助贫"性质；后者旨在奖励学业优秀的或有特殊才能的学生，或者鼓励学生选择某些较难的课程，或者缩小公立与私立院校之间的学费差距，很大程度上是"以学业能力为基础"（merit-based），属"奖优"性质。在美国由于家庭社会经济背景和文化传统的影响，白种人和中产阶级、高收入阶层的子女获取后者的比例非常大。传统上，美国的大学生资助是以"助贫"为重心。[1] 近年来的实践证明，不论是联邦政府、州政府，还是高等院校，都不同程度地投入了大量资金于"奖优"上。由于资助金的总量是有限的，因而必然会出现"挤出效应"，使得"助贫"工作开展得不尽如人意。

以工代赈型资助。勤工助学是指由学校勤工助学部门为经济困难学生直接提供或间接联系工作的机会。广义的还应包括学生通过非学校渠道获得的打工收入，此部分收入不应看作学校对学生的资助。

四　教育公平

教育公平包括权利的平等和机会均等这两个基本方面。1948 年联合国通过的《世界人权宣言》将教育权规定为基本人权，规定"人人有资格享受本宣言所载的一切权利和自由，不分种族、肤色、性别、语言、宗教、政治或其他见解、国籍或社会出身、财产、出生或其他身份等任何区别。"通常认为，教育公平等包括三个不同的层面，即起点公平、过程公平和结果公平。起点公平是指教育机会的平等、入学机会均等。与学业成就平等相比，是一种最低纲领的公平诉求。过程平等或参与公平，是指个人或群体在教育的不同部门和领域内经历和参与的性质和质量，例如个人

---

[1] 王捷：《美国大学生资助中"助贫"与"奖优"的冲突》，载闵维方、杨周复、李文利主编：《为教育提供充足的资源——教育经济学国际研讨会论文集》，人民教育出版社 2003 年版。

参与教育的选择性、各级各类教育之间的开放性、可流通性，以保障个人能够接受自己所需要的教育。结果公平是指最终体现为学业成就、教育质量的平等，是一种实质性的、目标层面的平等。在研究中，接受大学教育经常被视为结果平等的目标；当然，更进一步地，学生在大学毕业之后获得平等的社会经济地位，才是真正实质性的平等。

机会公平、参与高等教育的过程公平和结果公平这三种不同性质的平等观反映了不同的价值观，也大致反映了教育公平所经历的不同阶段。通过从机会、参与和成功三个维度来评价、测量教育公平状况，提供了社会如何在性别、阶层、种族等方面通过教育进行分层的全程图景。

本书使用的教育公平的概念偏重于教育经济学的范畴，即教育资源配置的公平，是指教育资源的分配以"机会均等"为准则，保证每个参与资源分配的个体占有均等的教育资源的机会，也就是说，资源配置的方式应能保证各学校或各受教育者在相同的条件下拥有获得等量资源的机会。

第三节 本书的研究思路与方法

一 本书的研究思路

本书研究的路线图如图1-1所示。

二 本书的研究方法

（一）理论分析

鉴于对民族院校相关研究的欠缺，尤其是对多民族聚集的本科院校，开展关于国家资助政策对少数民族大学生参与高等教育影响的实证研究，尚未引起广泛关注这一现实问题。本书在对中外普通高校大学生资助政策研究进展、存在问题等进行系统梳理的基础上，结合我国民族院校资助政策执行的实际，提出了研究理论设想。

（二）问卷调查法

问卷调查法是一种较为常用的研究方法，是在科学的方法理论与教育理论的指导下，科学合理地编制调查问卷，并通过书面形式，间接收集研究材料的一种调查方法。本书通过向某民族院校部分本科生以及贫困地区部分农户，发放简洁明了的调查问卷，并对所获数据进行分析处理，以深入了解民族院校贫困大学生资助政策体系的运行现状及存在的问题。

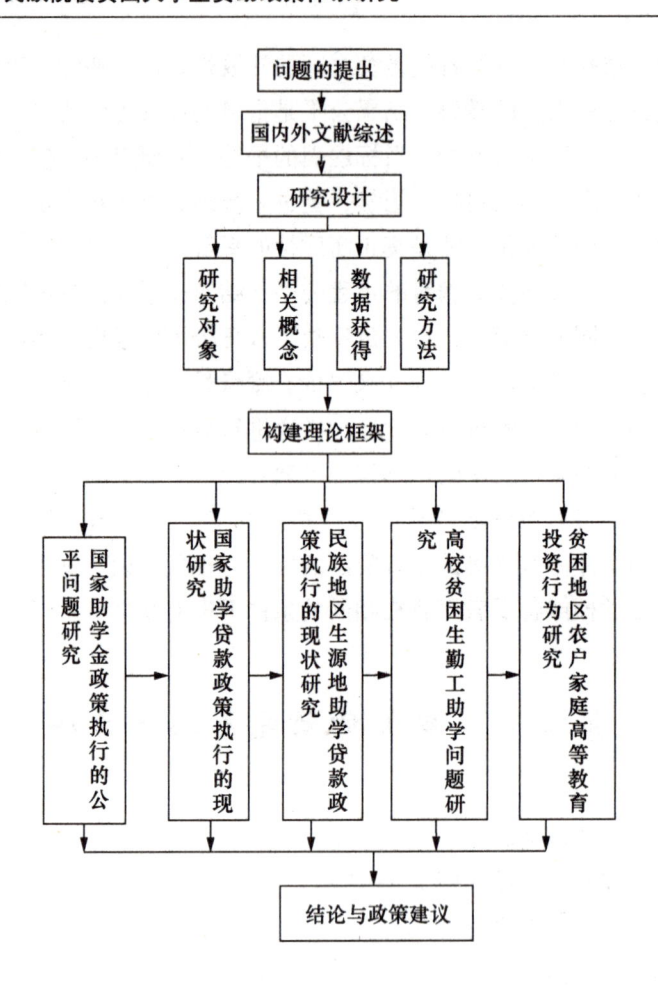

图 1-1　本书的研究路线图

（三）定量分析法

定量分析是对研究对象的数量特征、数量变化和数量关系的分析。本书在使用定性分析法的同时，配合使用定量分析法，使所得出的结论有充分的数据支撑，同时对数据分析所得结论作出合理的解释。

三　本书的篇章结构

本书共分七章，具体如下：

第一章　导论

本章提出了研究的背景、研究的意义、基本概念、研究的思路与方法以及本书研究的谋篇布局。

第二章 相关实证研究与理论基础

首先是对国内外相关研究的经典文献进行梳理、归纳，并对相关理论研究进行了述评，以明确本书的研究方向；其次是重点讨论了高等教育成本分担理论和教育公平理论。最后在对相关理论进行反思的基础上，勾画出本书的理论分析框架，并据此提出相关政策问题讨论。

第三章 国家助学金政策执行的公平问题研究

教育公平作为社会公平正义在教育领域的延伸和体现，不仅是教育现代化的基本价值和基本目标，也是社会公平正义的重要基石。自我国高等教育实施学生缴费上学的政策以来，高校贫困生问题便日益凸显，并逐渐成为我国高等教育事业改革的阻力之一。为解决高校贫困生问题，实现教育公平，党和国家相继出台了一系列贫困生资助政策。2013年，十八届三中全会在通过的《中共中央关于全面深化改革若干重大问题的决定》中，明确提出健全家庭经济困难学生资助体系，大力促进教育公平。本章从教育公平的角度出发，通过对某民族院校的在校大学生进行问卷调查，分析了国家助学金政策执行的现状与存在的问题，并提出了促进国家助学金政策公平执行的建议。

第四章 国家助学贷款政策执行现状研究

国家助学贷款自1999年正式推行以来，已取得了丰硕的成果。作为高校资助体系中最为重要的部分，国家助学贷款为数百万贫困学子提供了均等接受高等教育的机会，促进了教育公平，推动了我国高等教育事业的发展，促进了社会的全面进步。然而，纵观我国国家助学贷款发展历史，它从兴起到发展不过十来年的时间，相比于其他国家，特别是那些助学贷款制度发达的国家而言，仍然存在诸多不足。这些实际运行过程中存在着的各种问题亟须得到我们的回应与解决。

第五章 民族地区生源地助学贷款政策执行现状研究

生源地助学贷款是国家开发银行等金融机构向符合条件的家庭经济困难的普通高校新生和在校生（以下简称学生）发放的，学生和家长（或其他法定监护人）向学生入学户籍所在县（市区）的学生资助管理中心或金融机构申请办理的，帮助家庭经济困难学生支付在校学习期间所需的学费、住宿费的助学贷款。自2007年8月，生源地助学贷款开展试点以来，有效地缓解了高校贫困生现象，帮助广大贫困生顺利完成了大学学业。2010年，党和政府发布了《国家中长期教育改革和发展规划纲要

(2010—2020)》（以下简称《纲要》），作为我国未来十年教育改革的指针，《纲要》的亮点之一即是突出了对教育公平的诉求，《纲要》明确提出，要完善普通本科高校、高等职业学校和中等职业学校家庭经济困难学生资助政策体系，促进贫困资助政策的公平。本章对生源地助学贷款政策执行的现状进行了调查，并提出了优化生源地助学贷款政策执行的建议。

第六章 高校贫困生勤工助学问题研究

随着高等教育改革的不断深入，尤其是招生比例的扩大，贫困生增多，以及社会对高素质、高能力人才的需求，高校要实现"济困"与"育人"并举，走勤工助学之路已是必然。高校根据党和国家勤工助学政策，制定了勤工助学管理办法，建立健全了管理制度，使勤工助学工作扎实有序地开展，取得了可喜成绩，并逐步走向了"济困与育人"并举的康庄大道。但是，高校勤工助学工作仍存在着管理体制不够完善、国家勤工助学政策落实不完全到位、育人功能不突出、助学岗位供给不足、学生权益缺乏政策和制度保障、学校宣传力度不够、部分学生对勤工助学认识不高等问题。本章在对高校勤工助学现状进行调查和广泛查阅文献资料的基础上，研究分析了国内外勤工助学经验，并从高校勤工助学的目的意义、体系和勤工助学历史发展轨迹等方面进行综合研究，从而提炼出对我国现阶段的高校勤工助学的新思考和新建议，为高校勤工助学工作的有序开展和贫困生的自助与成长提供理论和实际依据。

第七章 贫困地区农户家庭高等教育投资行为研究

自高等教育开始收取学费以来，家庭已逐步成为高等教育投资的主体。贫困地区的农户家庭作为低收入群体，在教育成本分担制度实施过程中由于经济能力有限，导致家庭经济负担沉重，出现"教育致贫"现象。同时，由于大学生就业前景不乐观，家庭投资高等教育的收益期望不明朗，贫困地区的农户家庭在投资高等教育时就不得不通过对自身收益与成本的计算，做出权衡选择与教育投资行为决策。本章以国家级贫困县贵州省纳雍县为例进行研究，分析了贫困地区农户家庭高等教育投资现状，并提出相关建议。

第二章 相关实证研究与理论基础

第一节 国内外研究述评

国内外已有对资助政策与教育公平研究的文献,其关注点聚焦于高等教育入学率影响因素的研究,大致可分为两个层面:第一个层面的研究集中在家庭收入和财政资助对大学入学的影响(St. John, E. P., 1989[①])。他们的研究结果表明财政资助对入学的影响比学费的影响大。而且,他们发现在提高入学率方面,少数民族学生对助学金的关注超过贷款。第二个层面是将高等教育作为投资来研究。即投资回报——大学学位带来的利益,是影响入学选择的重要因素(Becker, 1990、1992; Grubb, 1992、1995; Leslie & Brinkman, 1987; Mcpherson & Schapim, 1997)。后者又有两种代表性的观点。一是 Leslie, L. 和 Brinkman, P. (1988)及 Mcpherson, M. S. (1978)属于持"纯价格"假设研究的观点;二是 Hansen 和 Weisbrod(1969)应用"纯收益方法"研究为代表的观点。

一 国外研究述评

(一)以"纯价格"假设研究为代表的观点

Colclough, C. (1991[②]、1996[③]、1997[④])认为,如果高等教育供给

[①] St. John, E. P., "The Involving Influence of Student Financial Aid on Persistence", *Journal of Students Financial Aid*, 1989, 19 (3), 52-68.

[②] Colclough, C., Who Should Learn to Pay? An Assessment of Neo-liberal Approaches to Education Policy. In C. McCullough and J. Manor (eds.). States or Markets? Neo-liberalism and the Development Policy Debate [M]. Oxford: Clarendon Press, 1991.

[③] Colclough, C., "Education and the Market: Which Parts of the Neoliberal Solution are Correct?" *World Development*, 1996, 24 (4), 589-610.

[④] Colclough, C., Education, Health, and the Market: An Introduction. In C. Colclough (ed.) Marketing Education and Health in Developing Countries [M]. Oxford: Clarendon Press. 1997.

的增加是通过成本分担来实现的，则可能会出现相反的情形，因为成本分担对家庭收入水平或付费能力不同的学生所产生的边际影响可能是不同的，实行成本分担可能不会影响整体的入学水平甚至还可能使之得到进一步扩展，但在实行成本分担后，一些付费能力低的人却可能因此丧失接受高等教育的机会——他们将被能够而且愿意支付更高学费水平的人所替代，这将导致学生群体的社会经济地位发生结构性变化，从而对高等教育的机会均等产生负面影响。Kane（1994①）估计了学费额增加1000美元时，美国不同收入水平家庭的黑人和白人学生的入学率的变化情况，结果发现，最低收入水平家庭的黑人学生的入学率将下降8.5个百分点，白人学生下降4.6个百分点；而对最高收入组别白人学生的影响接近于零，对黑人学生的影响仍然较大。事实上，学费增加1000美元对最低收入和最高收入水平家庭的黑人学生入学率的影响几乎是接近的。Kane对此现象提出的一个解释是，在具有同等收入水平家庭的学生当中，和白人家庭相比，黑人家庭拥有的可用于资助高等教育的财产较少。Hilmer（1998②）根据对美国HSB的数据的分析，模拟了高低两个收入组别学生在增加学费的条件下各自入学率的变化情况。他发现，当增加学费时，两个收入组别学生的入学可能性都将下降，这表明两个收入组别学生的入学决策都是符合需求法则的。但有趣的是，学费增加对不同收入水平家庭学生进大学和不接受高等教育的可能性的影响是不同的。学费增加对高收入水平家庭学生进大学的可能性有更大影响，对低收入水平家庭学生不接受高等教育有更大的影响，这可能是因为低收入水平家庭学生受财政能力的制约，更可能在社区学院和不接受高等教育之间作出选择，而高收入水平家庭学生受财政制约的程度要轻些，因此更可能在大学和社区学院之间进行选择。可见，学费增加时不同收入水平家庭学生有不同的选择路径，高收入水平家庭学生更可能进入社区学院，而低收入水平家庭学生则更可能选择不接受高等教育。

　　即使在实行成本分担后，贫穷家庭学生也选择支付学费而不是放弃接

---

① Kane, T. J., College Entry by Blacks since 1970: The Role of College Costs.
② Hilmer, M. J., "Post – secondary FEES AND THE Decision to Attend a university or a Cmmunity College", *Journal of Public Ecornomics*, 1998, 67 (3), 329 – 348.

受高等教育。然而，Colclough, C. (1997[①])认为，他们这样做时，却可能需要以减少其他物品的消费为代价，或者把自己的选择局限于某些类型的高校或专业。McPherson和Schapiro发现，在1980—1993年，美国低收入水平家庭的学生越来越集中于二年制公立社区学院之中，因为他们缺乏应有的财政能力支持其选择社区学院之外其他类型的高校，这些研究似乎都表明，贫穷学生对高等教育学费的增加更为敏感，实行成本分担有可能剥夺一部分穷人接受高等教育或某种类型高等教育的权利。如何才能使成本分担对家庭收入水平或付费能力低的学生接受高等教育机会的负面影响降到最低程度呢？在现有的各种方案中，最具代表性的措施有两个：一是建立学生贷款计划，为有能力而又愿意对自己进行投资的贫穷学生提供一个"借贷之门"，使其不至于因一时缺乏融资而无法上学，而可以在今后自己有了收入或家庭经济能力有了好转时再行支付高等教育的成本(Woodhall, M., 1990[②]; Ziderman, A. and Albrecht, D., 1995[③]。二是可以为没有能力支付高等教育成本的学生提供奖学金、助学金。Leslie, L. and Brinkman, P. (1988[④])和Mcpherson, M. S. (1978[⑤])属于持"纯价格"假设的人，由于学生只对单一的纯价格进行反应，提供学生资助的效用与降低学费的效用是一样的，为付费能力低的学生提供上述类型资助，意味着这些学生纯价格或纯成本的下降，因此可以提高他们的入学率，从而弥补由收费造成的对接受高等教育机会均等的负面影响；而具体的资助数量，则可以根据家庭收入水平或付费能力不同学生的高等教育需求对纯价格的弹性进行估计。

综上所述，无论在理论上还是在实际操作中，进行这种估计都会面临较大的困难。首先，学生的高等教育需求可能并不只是对单一的"纯价格"进行反应，而是对学费和一系列学生资助进行反应的，学生对学费

[①] Colclough, C., Education, Health, and the Market: An Introduction. In C. Colclough (ed.) Marketing Education and Health in Developing Countries [M]. Oxford: Clarendon Press. 1997.

[②] Woodhall, M., Student Loans in Higher Education 1: Western Europe and USA. Paris: International Institute for Educational Planning. 1990.

[③] Ziderman, A. and Albrecht. D., *Financing Universities in Developing Countries*. Washington. DC: The Falmer Press. 1995.

[④] Leslie, L. and Brinkman., *The Economic Value of Higher Education*, New York: Macmillan. 1988.

[⑤] Mcpherson, M. S., The Demand for Higher Education. In D. W. Breneman and C. e. Finn, Jr. (eds). Public Policy and Private Higher Education. Washington. D. C.: The Brookings Institution. 1978.

的这种的反应可能是不一样的。其次,学生资助是否能够消除学费对家庭收入水平或付费能力低的学生所造成的消极影响从而改善其入学率,实证的研究并未取得一致意见,因此要据此估计所需学生资助及其各种组合的数量,事实上是非常复杂而困难的。再次,传统上"纯价格"指数被定义为学费减助学金,据此复杂而来的标准化反应系数因此很难用来评价其他财政资助措施如贷款的效果。最后,学生高等教育需求对学费及有关类型资助的反应可能随着学生财政政策、劳动力市场或学生选择的变化而变化(Dresch, S.P., 1975; St. John, E.P. and Starkey, J.B., 1995)。因此,这种估计可能需要经常进行类似的研究以判断学生的价格反应随上述有关因素的变化而变化的程度,并针对特定的情况探讨与此相适应的价格反应指标。

在美国,Hansen(1983[1])利用 CPS 数据考察了学生资助对入学率的影响。他计算了出生于收入水平在中位数以下和以上两类家庭、年龄介于 18—24 岁的非独立学生(independent students)在两个时点上 1971—1972 学年和 1978—1979 学年的入学率变化情况,结果发现在 1971—1979 年间,白人、黑人、男性和女性的入学率都趋于下降,即使对此进行加权平滑处理后,仍是如此。从这一研究中所得到的、广为学者和决策者所知的一个结论是为收入水平在中位数以下家庭学生而设的资助在数量与范围上的扩展,如果要说对提高他们的入学率有帮助的话,这种帮助也是很小的。Hansen 为这一出人意料的结果提出了四种可能的解释:一是学生资助可能并没有很好地把低收入水平家庭的学生作为资助对象;二是所提供的学生资助总数和助学金数量还不足够,以致没能改变这些学生整体的入学行为;三是在没有资助的情况下,低收入水平家庭的学生的入学率可能更低;四是这一结果可能源于数据和研究的方法论问题。

Hansen 的研究引起了相当广泛的争论,同时也吸引了许多学者在这方面作进一步的探讨,有些研究获得了支持这一结果的证据,有些则得出了与此相反的结论。例如和 Hansen 一样,Kane(1995[2])也得出了学生

---

[1] Hansen, W. L., Impact of Student Financial Aid on Access, In J. Froommkin (ed.), The Crisis in Higer Education [M]. New York: The Academy of Political Science, 1983.

[2] Kane, T. J., Rising Public College Tuition and College Entry: How Will Do Public Subsidies Promote Access to college? New York: National Bureau of Economic Research Working Paper Series, 1995, No. 5: 164.

资助并没有显著改善低收入水平家庭学生入学率的结论，他提出了两个可能的原因来解释这种结果：首先，学生在决定是否上大学时，对他们需要交纳的学费水平是有清楚了解的，但对他们可以获得多少资助却是模糊的。因此，资助增加 100 美元与学费减少 100 美元所产生的效果并不相同（有些研究，如 Murphy 发现低收入水平家庭学生对许多资助项目及其申请程序缺乏清楚了解，似乎为这种解释提供了一个证据）。学生资助的这种不确定性导致其难以有效地平衡学费增长对接受高等教育机会均等所造成的消极影响。其次，也可能是研究中对学生资助的模拟出现测量误差，故导致其对低收入水平家庭学生入学率的提高不具有显著影响。

Jackson (1988[①]) 也应用美国两个时点上的抽样数据——NLS72 和 HSB (1980) 分析了学生资助对大学入学的影响，在控制了家庭和学校背景因素，如种族、性别、地区、学术能力、家庭收入和社会经济地位等之后，他发现学生资助获得者在 1972 年进入大学的可能性要高 6.5 个百分点，在 1980 年则要高 7.8 个百分点。St. John 和 Noell (1989) 进一步扩展了 Jackson 的分析，比较了 1972 年、1980 年和 1982 年三个时点上学生资助对高等教育入学的影响，他们发现，所有形式的学生资助在这三个时点上对提升入学率都是有效的，其中以兼职工作或任何两种或以上类型的组合形式提供的学生资助对入学率的影响，较之提供助学金或贷款的影响更为有效一些。St. John (1990) 后来应用 HSB 数据进一步分析了学生资助对入学的影响，在控制了学生背景因素，如能力、社会经济地位等之后，他建立了在给定学费、助学金、贷款和兼职工作变化数量的条件下，入学可能性的变化模型。他发现不同类型学生资助对入学可能性都有显著影响。

McPherson 和 Schapiro 指出，Hansen 的研究存在三个主要的缺点。首先，每年的波动可能使变化的趋势变得模糊不清，因此增加观察年份有助于更清楚地了解学生资助对入学的影响。其次，Hansen 的研究方法没有办法控制其他可能影响个体高等教育需求的因素。例如整体的经济条件、高等教育回报率的变化等，如果对不同收入水平家庭学生的影响是不同的，将会影响比较的结果。最后，这类比较不能反映出学生资助对象的变

[①] Jackson, G. A., "Did College Choice Change During the Seventies?" *Economics of Education Review*, 1988, 7 (1), 15–27.

化。在 Hansen 进行比较的年份之间，美国联邦学生资助数量并没有显著增加，但是其对象发生了很大的变化，在20世纪70年代对中等和高收入水平家庭学生给予了更多资助，学生资助对象的这种转变可能使得学生资助对不同收入水平家庭学生入学率的提高显示不出任何影响来。他们因此利用1974—1984年共11年的 CPS 数据检验了学生资助对低收入白人学生入学的影响。结果发现，学生资助增加100美元，将使他们的入学率提高约0.7个百分点，它与学费或纯成本下降100美元所产生的效果基本上是一致的。

学生资助对接受高等教育机会的影响要比学费对它的影响复杂得多。不过，虽然我们难以从上述研究文献中获得一般化的结论，但有学者[1]发现，应用某个时点上的抽样数据（cross-sectional data）进行分析的研究者一般获得了学生对资助有敏感反应的结果，而学生对资助反应的灵敏程度则随着资助类型和数量的变化而有所不同，而且它们与学费的负面影响是难以比较的——有的发现它们在数量上比较接近，有的则发现学生对资助的反应程度没有对学费的反应程度强烈。应用时间序列数据研究则得出了较为复杂的结果，有些人为学生资助对提升低收入水平家庭的学生接受高等教育的机会有显著影响，有的则认为没有。因此，需要应用时间序列数据进一步探讨学生是否对资助有积极的反应，学生的反应是否会随着时间的推移而有所变化等问题。由于成本分担对家庭收入水平或付费能力不同的学生的边际影响可能相异，因此将加剧高等教育机会的不均等程度。成本分担的这种负效应能否通过不同类型的学生资助有效地加以克服或能够克服的程度如何，从目前的一些证据中我们还难以得出任何结论性的意见。

（二）以"纯收益方法"研究为代表的观点

当评价成本分担作为一种高等教育财政手段的潜在价值时，考察它对公共高等教育资源在不同社会经济地位学生之间分配公平的影响也是非常重要的。Hansen 和 Weisbrod（1969[2]）应用"纯收益方法"，探讨高等教育系统中公共资源分配公平的开创性研究表明，在20世纪60年代，美国

---

[1] 钟宇平、陆根书：《西方学者论高等教育成本回收对公平的影响》，《西安交通大学学报》（社会科学版）2001年第3期。

[2] Hansen, W. L. and Weisbrod, B. A., "The Distribution of Cost and Benefits of Public Higher Education: The Case of California", *Journal of Human Resources*, 1969, 4 (2), 176–91.

加州公共资助的高教系统中，学生获得的净收益与家庭收入呈正相关关系，因此高等教育系统把穷人的收入转移给了富人。造成这一状况的原因，是因为不论学生的经济条件如何，对他们都一律实行公共资助的缘故。Hansen 和 Weisbrod 这一研究后来被广泛应用，并被用来作为公共资助的高等教育是把穷人的收入向富人转移的一种不公平机制的重要证据。在许多发展中国家进行的类似研究也得出了支持这一结论的结果。例如，在 20 世纪 60—70 年代，许多发展中国家为了改善低收入学生对高等教育的参与，纷纷建立了免费的高等教育系统。然而，免费或公共资助的高等教育并没有显著地改善低收入学生对高等教育的参与。20 世纪 80 年代在一些发展中国家所做的一些研究表明，在公共资助的高等教育系统中，来自高收入家庭的学生却多得不成比例，他们也从中获得了更多的利益。在高等教育系统中，很高水平的公共资助并不能保证高等教育机会的均等，甚至会导致违背人们良好愿望的结果：把穷人的收入向富人转移。这种状况使得一些学者认为，成本分担可能是一种更为公平的高等教育财政手段。其基本的论点是，如果高收入学生需要为他们的高等教育承担更大比例的私人成本，可以因此释放出一部分公共资源，若把它们用于设立奖学金等以资助来自低收入家庭的学生，则可以部分地纠正穷人通过税收机制为中上收入家庭学生支付高等教育费用的不公平现象，从而对收入分配的公平产生积极的影响。需要指出的是，虽然 Hansen 和 Weisbrod 的结论被后来进行的一些研究所证实，但它当时也受到一些学者的批评。其主要缺点：一是用不同类型的高校学生的平均净收入与家庭收入之间的关系，替代对不同组别学生净收益的分析；二是把州政府支付的总税收成本仅仅与私立高等教育系统所获得收益相比较；三是忽略了学生资助因素；四是过分依赖受父母支持的非独立学生的数据；五是一些结论并不是从研究结果中合理推论出来的。

Pechman（1970[①]）就认为，评估公共高等教育资源分配效应的一种更佳的方法是比较不同收入组别学生获得的净收益。在比较了加州及其地方政府用于支持公立高等教育系统的税收以及公立高等教育系统的收益在不同收入水平家庭之间的分配之后，Pechman 得出的结论是，公共资源支

[①] Pechman, J. A., "The Distributional Effects of Public Higher Education in California", *Journal of Human Resources*, 1970, 5 (3), 361–370.

持的高等教育系统起到了把高收入水平家庭的收入向低收入水平家庭转移的再分配作用（与 Hansen 和 Weisbrod 的研究一样，Pechman 在估计不同收入水平家庭学生获得的收益时，也没有考虑学生资助的影响，因此可能低估低收入水平家庭学生所获得的纯收益）。Hight 和 Pollock（1973）应用与 Pechman 相类似的方法，更仔细地分析了加州、佛罗里达和夏威夷三地公共高等教育系统的分配公平问题。他们个别地比较了三地 6 个不同收入水平家庭学生组别在公立高等教育系统中所占的百分比，以及他们所承担的州及其地方政府的税收负担。虽然他们分析三个州公共高等教育资源分配的公平程度并不相同，但就整体的结构而言，公共资助的高等教育某种意义上是一种把高收入水平家庭的收入向中等和中等偏下收入水平家庭转移的机制，然而对三个州中最低收入水平的家庭而言，他们的所得却都比他们所付出的要少。Lee、Ram 和 Smith（1999[1]）对美国伊利诺伊州 1989 年公立大学和社区学院公共资助分配效应的研究也表明，现有的高等教育公共资源有利于低收入和中等收入水平家庭学生。公共资助使高收入水平家庭的收入向低收入和中等收入水平家庭转移，最为显著的是最高收入水平家庭向年收入在 40000 美元以下家庭的收入转移。在这种情形下，实行成本分担显然会使高等教育系统中公共资源的分配向更不公平的方向发展。

综上所述，高等教育系统中公共资源的分配效应是非常复杂的，无论是在发达国家还是在发展中国家，对高等教育的公共资助是把穷人的收入再分配给富人，还是把富人的收入再分配给穷人，并没有得到实证研究的充分说明。在这种情形下，实行成本分担是使公共资源的分配变得更公平还是更不公平，也不能得出非常清晰的结论。不过有较多的证据表明，在发展中国家，较之贫苦家庭，富裕家庭更容易从公共资助的高等教育中获得好处。在这种意义上，实行成本分担并采取一定的措施支持家庭收入水平或付费能力低的学生，将有助于改变公共教育资源配置的公平程度。但是到目前为止，还未见有一项实证的研究调查通过成本分担"释放"出来的公共教育资源能够在多大程度上向低收入学生转移，以及实行成本分担前后公共教育资源分配的公平程度事实上将发生怎样的变化。这些情况

---

[1] Lee, S. S., Ram, R., and Smith, C. W., "Distributive Effect of State Subsidy to Undergraduate Education: The Case of Illinois", *Economics of Education Review*, 1999, 18: 213–221.

都表明，进一步地研究是非常必要的。

二 国内研究述评

国内研究主要关注点在于大学学费与入学机会均等和专业选择的相关性方面，更加关注高等教育的"入口"和"选择"性问题的研究。主要有两类。第一个方面的研究集中在家庭收入和财政资助对大学入学的影响。他们的研究结果表明财政资助对入学的影响比学费的影响大。第二个方面将高等教育作为投资来研究。研究发现，社会阶层、城镇居民家庭收入，是影响入学选择的重要因素。

集中在家庭收入和财政资助对大学入学的影响研究的主要成果有：钟宇平、陆根书（1999）[①] 根据对中国3个城市14所高校13500多名在校大学生的问卷调查，研究社会经济地位对学生选择高校与专业的影响。问卷调查内容包括学生的个人特征及其社会经济背景、就读高校的特征及学生获得的财政资助情况。研究结果发现，在当时的条件下，学生对高校与专业的选择与其社会经济地位存在着显著的关系。社会经济地位低的学生倾向于选择学费水平较低的高校与专业。这一选择格局使得社会经济地位低的学生在公共高等教育财政资助分配中处于更不平等的地位。李文利（2004）[②] 在全国范围内抽取不同地区不同类别的大学在校生，对其经济情况和获得资助情况进行了调查。调查涉及的学校总计18所，教育部直属及其他中央部属高校10所，其中，民族类院校1所，地方高校8所。分布在北京、广东、湖南、山东、浙江等中部和东部经济发达省份，内容涉及对来自不同收入组群的学生的高等教育入学机会、高等教育入学机会的城乡差异以及不同高校的高等教育入学机会变化的抽样调查。从变化趋势上看，从2000年到2003年，伴随着高等教育规模的扩大，来自低收入家庭和农村地区的学生与来自较高收入家庭和城市地区的学生之间的高等教育入学机会差距在不断缩小，来自较低社会经济地位家庭的学生所享有的优质高等教育机会在增加，这都表明高等教育总体入学机会和优质教育机会在不同社会群体中的分布趋于均等化。杨钋（2009）[③] 使用三省19

[①] 陆根书：《高等教育成本回收：对中国大学生付费能力与意愿的研究》，香港中文大学博士学位论文，1999年。

[②] 李文利：《从稀缺走向充足——高等教育的需求与供给研究》，教育科学出版社2008年版。

[③] 杨钋：《大学生资助对学业发展的影响》，《清华大学教育研究》2009年第5期。

所高校的学生调查数据，分析了学生资助对个人学业发展的影响。研究发现学生资助与学习成绩正相关、与课程不及格负相关、与课外学习时间正相关，但是与学校满意度无显著相关关系，认为学生资助在一定程度上促进了教育过程和结果公平。而哈巍（2002）[①]则以北京大学为个案样本对该校学生资助与教育机会均等的关系进行了研究。结果发现，农村学生和家庭收入较低的学生获得了大部分的公共财政资助。随着家庭收入水平的提高，学生获得公共财政资助的概率降低。尽管学生资助指向了目标群体，但由于力度不够，与来自中、高收入家庭的学生相比，来自低收入家庭的学生的经济负担仍然非常大。

将高等教育作为投资来研究的主要文献有丁小浩（2000[②]、2001[③]、2003[④]）的研究发现："低收入阶层的现实可选择性限制了其对子女的高等教育的投资，而高等教育收费水平的不断上涨以及我国现阶段存在的城乡差别、收入不公，特别是由于体制改革导致的一部分国有企业职工下岗等问题很可能会拉大贫富之间平等接受高等教育机会的差距。这都暗示着在这场以市场经济为趋向的社会转型中，不仅在实物资本和金融资本方面，而且在人力资本的积累方面，低收入人口有可能越来越处于不利地位。"并认为："高等教育学费的上涨使家庭贫困无力支付费用的学生面临着求学机会不平等的问题，而且规模扩大的速度越快，不平等有可能表现得越突出。如果在制定高等教育的收费政策时，没有充分考虑我国居民的承受能力，没有有效地帮贫助困的措施，由此产生的高等教育机会竞争的不公平性将成为社会不安定的因素，带动经济增长的目的也难以实现"。丁小浩2003年采用1991年和2000年中国城镇居民家庭入户调查的数据，对国内20世纪90年代高等教育机会的变化趋势进行了分析，结果发现：①高等教育的总体机会在各收入组中有改善的趋势。②从1991年到2000年家庭高等教育净入学率增长的程度看，低收入组高等教育入学

[①] 哈巍：《高等教育机会均等与学生资助——北京大学个案研究》，硕士学位论文，北京大学，2002年。

[②] 丁小浩：《对中国高等院校不同家庭收入学生群体的调查报告》，《清华大学教育研究》2000年第2期。

[③] 丁小浩：《规模开展背景下中国高等教育面临的挑战》，载闵维方等：《"为教育提供充足的资源"教育经济学国际研讨会论文集》，人民教育出版社2003年版。

[④] 丁小浩：《中国高等教育入学机会均等化：1990年代的变化与分析》，《北京大学教育经济研究所简报》（内部资料）2003年第11期。

机会得到改善。③与1991年比,2000年来自文化程度相对较低的家庭的高校生的比例有显著上升。

有关我国国家资助政策对少数民族大学生参与高等教育的影响等研究也取得了一定的成果。其也是重点关注少数民族大学生参与高等教育的"人口"和"选择"性问题的研究。

陈巴特尔、沈红(2003)①从具体的蒙古族贫困生个案研究入手,指出高校收费上学制度对蒙古族贫困生择校、入学产生了一定的压力。而内蒙古地区高校助学贷款起步晚、成效迟、覆盖面小。国家应设立对少数民族贫困大学生的专项助学基金,加大资助力度;同时要简化申贷手续,不断完善助学贷款的运行机制,做好相关单位间的协调工作。韩同高(2004)②以来自少数民族聚居地区的贫困生为研究对象,指出高等教育成本分担的"教育产业化"色彩极为浓厚,相对的高学费准入制,对少数民族聚居地区贫困大学生的择校、入学、求学过程产生了极大的压力,同时其受资助方面也处于相对困难的境地。究其原因主要有:缺乏对少数民族聚居地贫困大学生的全面认识和资助理念的缺失,以及现行资助政策制定和实施存在不足等原因。现有资助系统及政策的严重问题,也使这一弱势大学生群体的受助水平处于无奈的不公平境地。我们需要进行制度创新、制度改革,通过系列多层完整的制度创新,如财政投入体制改革、资助方式和资助工具的创新、完善资助政策的法律保障等,坚决对现有资助政策缺陷问题实行彻底的改革。

陈柳(2005)③指出,高等教育收费制度改革以来,少数民族贫困大学生在择校、入学和求学过程中产生了极大的压力,处于弱势地位。在对少数民族贫困大学生资助政策研究和对现存问题分析的基础上,提出"四化原则"的改革建议,进一步完善资助政策体系。李红(2003)④以少数民族院校——西南民族大学为个案,阐述了少数民族贫困大学生的现状、致困原因、特点以及目前民族院校对少数民族贫困学生的资助措施及

---

① 陈巴特尔、沈红:《高校收费条件下蒙古族贫困生助学贷款的调查研究》,《民族教育研究》2003年第1期。

② 韩同高:《少数民族聚居地贫困大学生资助政策研究》,《广西青年干部学院学报》2004年第6期。

③ 陈柳:《少数民族贫困大学生资助政策研究》,《理工高教研究》2005年第6期。

④ 李红:《少数民族贫困学生的现状研究和对策——以西南民族大学为例》,《西南民族大学学报》2003年第8期。

存在的问题，在此基础上提出了解决少数民族贫困学生资助的政策建议。胡茂波（2005）①通过对湖北民族学院学生家庭付费能力和资助的调查统计分析得出：学费对学生家庭供给量有着显著的正效应，学校资助、亲友资助对学生家庭供给量有着显著的负效应，这说明学生资助降低学生家庭付费压力有着重要的作用。家庭所在地城市化程度越高、父亲受教育程度越高、家庭经济在当地的状况越好，学生家庭承受学校收费的能力越强。学生家庭经济地位越低，寻求资助的可能性越大。获得资助对缓解学生经济压力，使学生能够专心学习有很大的作用。湖北民族学院学生资助工作在一定程度上帮助了经济困难的学生，但还存在问题。

除此之外，严文蕃等（2003）②对少数民族学生参与高等教育的研究发现，学校类型对少数民族学生参与高等教育也具有显著的影响。例如，美国教会中学的少数民族学生比来自非教会中学的少数民族学生更可能进入大学。这可能是因为教会中学能够营造一种校风使少数民族学生比在公立或非教会私立学校学得更好；教会学校学生的家长对教育的期望更高；他们也更主动、积极地参与学校的活动。

通过以上对相关实证研究的回顾，可以发现国内也存在一些问题与不足。首先，高等教育收费政策与学生资助政策是密切相关的两个问题，在我国，高等教育的不公平与以下两个因素密切相关：一方面，当前中国居民的收入水平还比较低，而且收入分配非常不平等；另一方面，学费水平大幅上涨至相对较高水平。在受教育者面临融资约束、公共高等教育经费投入相对短缺、高等教育资助体系还不完善的情况下，上述两个因素的结合可能会导致许多收入水平较低的个人（或家庭）即使达到了规定的入学标准［注：这里的入学标准指的是基于能力（成绩）的"筛选"标准］，也因学费价格效应和资助政策效应，即学费的上涨可能导致学生选择收费水平更低的大学（通常也是较差的大学）或选择更冷门的学科或专业，从而造成参与高等教育过程的机会不公平［注：学费上涨与高等教育机会公平性的关联往往包含三个层面的内容：一是事前的公平，即学费的上涨可能会使得部分贫困家庭产生无法支付高等教育学费的预期，从

---

① 胡茂波：《地方民族院校学生家庭付费能力及资助的实证研究——湖北民族学院个案》，硕士学位论文，华中科技大学，2005年。
② 严文蕃、唐滢译：《论社会资本对美国少数民族学生参与高等教育的影响：多层次线性分析》，《国际高等教育研究》2003年第1期。

而导致学生过早地辍学（或放弃努力）而失去接受高等教育的机会；二是事中的公平，即学费的上涨可能导致学生在考取大学后被迫放弃入学机会；三是事后的公平，即学费的上涨可能导致学生选择收费水平更低的大学（通常也是较差的大学）或选择更冷门的学科作为专业。在本书，我们主要讨论事后的公平问题］。因此，在我国，高等教育收费及收费水平的高低在某种程度上决定了国家资助政策体系配套跟进的必要性和紧迫性。

然而，由于样本差异、测量方法不同，现有的学生学费需求与资助政策研究结果大相径庭。一些学者发现在市场经济条件下，免费高等教育不利于高等教育的发展，也不利于高等教育机会的公平；另一些学者的研究则表明：高等教育收费对低收入家庭学生入学选择又有很大的负面影响，因此必须加大面向低收入家庭学生的资助力度。由于这些研究使用的数据大多来源于对1994年至1997年入学的大学生在校生进行的问卷调查，在1997年高校收费全面并轨，特别是1999年高校大规模扩招、学费飙升的情况下，这些数据显然已不能全面反映实际情况的变化。另外，这些研究大多没有考查学生资助政策对教育机会均等程度变化的影响，尤其是1999年国家出台的国家助学贷款政策。如前所述，由于上述这类高等教育需求研究关注的常常是已经进入高等学校的大学生的入学行为，而较少考虑在校大学生对参与高等教育过程中的主观期望与偏好，因此在一定程度上没有能够反映出高等教育财政需求与供给研究的进一步发展。

第二节　理论基础

一　高等教育成本分担理论

公共经济学认为，高等教育虽然在未达到拥挤的前提下具有非竞争性，但又具有排他性，不是纯粹的公共品而是准公共品。同时，高等教育的收益虽然具有很大的正外部性，社会收益大于个人收益，但接受高等教育者从中得到的收益，如较为理想的薪水、职位等，是完全可以内部化的，高等教育的个人收益也是明显的。这就决定高等教育的成本，若单独由国家负担则会出现高等教育资源的供给不足，单独由个人负担则会使大量低收入者被排斥在高等教育之外。因此，高等教育成本应该由国家和个人共同分担。

20世纪70年代,美国经济学家布鲁斯·约翰斯通提出的高等教育成本分担理论认为,高等教育成本无论在什么社会、体制和国家中,都必须由来自政府、家长、学生、纳税人和高等学院几方面的资源来分担。就实践来看,当今世界,除一些高福利国家(如瑞典)和特殊国家(如朝鲜)的高等教育实行免费外,世界绝大多数国家和地区的高等教育成本都实行国家和个人分担,在这个分担机制中国家是负担高等教育的主要部分。

教育作为一种服务,在经济学中往往被赋予"准公共产品"的性质。一方面,接受高等教育者获得知识技能后,增加了获得收入乃至提高社会地位的能力与机会,高等教育具有消费上的排他性和竞争性,具有私人产品的性质;另一方面,个人在接受高等教育后,有助于提高就业单位的劳动生产力,进而有助于提高整个社会的文化水平与民主程度,从这个角度看,高等教育又具有正的外部效应,具有公共产品的某些属性。因此,高等教育兼有公共产品和私人产品的性质,除了具有可分割的私人利益之外,这些利益也能从受教育者本人和家庭成员延及社会的其他成员。对于准公共产品的供求均衡,如图2-1所示:①

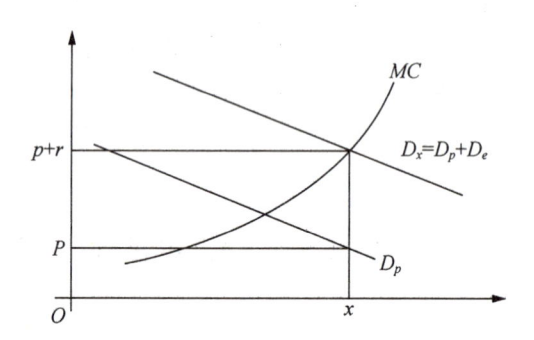

D_p:对准公共产品x中私人品要素的需求
D_e:对准公共产品x中公共品要素的需求

图2-1 高等教育准公共产品供求均衡

对于准公共产品x的市场价格部分p,可以通过市场机制收费;对于

---

① 龚刚敏:《我国高等教育供求矛盾与公共政策——基于财政学视角的解析》,中国财政经济出版社2009年版。

由 x 的公共品要素和外部性而得到的社会收益 r，需要由公共财政来支付。① 因此，高等教育应该由政府与受教育者个人两方面付费，实行教育成本分担。

（一）教育成本分担理论提出的背景

1986 年，美国著名教育经济学家 D. 布鲁斯·约翰斯通（D. Bruce John stone）在其发表的著名论文《高等教育成本分担金融与政策》（The Finance and Politics of Cost Sharing in Higher Education）中首次提出高等教育的成本分担理论（Sharing the Costs of High Education Theory）。该理论认为高等教育成本应当由纳税人（通过政府）、家长、学生及社会人士（通过捐赠）共同分担。这一理论目前已被世界各国的政府和学术界普遍接受并认同。其明显的特征就是学生及其家长缴付学费的金额及占教育成本的比例，都呈现为逐年上升的趋势。教育成本分担理论，是以对高等教育价值的科学认识为基础的。本理论提出之前，人们认为高等教育是一种推动经济社会发展的强有力的工具。如柏林大学、巴黎大学等，都认为学校创办的目的，是为社会提供经济发展所必需的人才，以促进产业的发展。20 世纪 60—70 年代，几乎所有的欧洲国家，都模仿建立了国家完全拨款的教育财政体制。因为那时的人们奉行社会责任理论，该理论认为，发展高等教育的目的是培养国家的各级领导人才和训练高级技术人才，以发展国民经济，实现国家现代化和民主化。作为一种国家行为，高等教育费用自然应当由政府全额支付。个人虽然在高等教育中获得了相当收益，但这是高等教育的选择功能在起作用。相对于国家对人才的需要而言，是不重要的。

在 20 世纪 50 年代，社会责任理论（Social Responsibility Theory）得到了很大的发展，使当时的高等教育中学生承担的成本份额迅速下降。由于高等教育的公益性，各国政府普遍加大了对私立学校的经费资助和政策影响。英国实行了高等教育的"赠予制"，不仅由政府代学生支付学费，学生还可以领取上大学的部分生活费用。在某些高福利国家，学生因接受高等教育影响就业而减少的劳动报酬，甚至还可以通过政府资助的形式得到相应的补偿。这一理论也深深影响了某些发展中国家。在上述思想的指导下，个人补偿高等教育成本的比例，在几乎全世界的范围内迅速降低。与此相

---

① 平新乔：《财政原理与比较财政制度》，上海三联书店 1992 年版。

适应的是，高等教育成本很少计算，人们也很少关注成本分担的问题。

随着经济社会的发展，高等教育的入学率迅速上升，发达国家在20世纪70年代，迅速实现了高等教育的大众化。但以下因素的发生，促使人们改变了对高等教育的认识：①石油危机的发生及由此导致的世界性的经济危机，使各国的公共资金来源剧减，而教育事业发展对资金的需要，却因培养人数的增长及教育质量的提高在急剧增多，高等教育出现了空前未有的财政危机。②高等教育规模的扩大，现代科技发展对培养人才要求的提高，使高等教育越来越成为一个消耗巨大的事业。依赖国家财政独力支撑高等教育已是力不从心。③高等教育规模的扩大，使其在相当多的国家不再是一种稀缺资源。人才的充足供给，超过了以"国家"为主体的对人才的需要，国家不愿再负担非必须负担的费用。④大众化高等教育的价值趋向多元化，不能再用一种价值模式影响高等教育的发展。而国家对教育的财政支持，必然导致的附带产物是国家对教育部门的积极干预。这种干预显然对大学的价值多元化和学术自主性的趋向增进是很不利的。大学尤其是有名望、实力雄厚的大学，还希望能够减少来自国家的经费拨款，以换取自身的学术自由和办学自主权。⑤人力资本理论提出并被寄予很高的期望，但经广泛传播并经过各国的普遍运用之后，投资于高等教育所得到的经济收益，并不像预期的那样高。事实上它也不可能在短时期内得到完全的实现。这就促使人们对高等教育的经济意义予以理性的思考。基于上述多种因素的共同作用下，教育成本分担理论开始提出并被人们广泛接受。

（二）高等教育成本分担理论的基本观点

高等教育成本分担理论认为，高等教育成本的承担者包括四类人：①政府或称纳税人；②家长；③学生；④捐赠个人或团体。[①] 就整个社会而言，高等教育的主要目的是为社会经济的发展培养各种有用人才。同时，高等教育还具有一定的公共属性和特殊功能，承担着一定的社会政治及思想文化功能，具有较强的经济外在性。因此，政府作为高等教育的主要获益者，应该为高等教育的发展承担主要的经济责任。另外，正如人力资本投资理论所指出的那样，学生通过上大学不但学到了专业知识，提高了谋生技能，走向社会后又能得到较高的货币收入和相应的社会地位，从

---

① D. B. 约翰斯通：《高等教育财政：问题与出路》，沈红、李红桃译，人民教育出版社2004年版。

而带来心理的极大满足感，教育的直接受益者或者说内在受益者，就是受教育者本人。因此，根据"谁受益，谁付费"的原则，除政府外，学生原则上至少应当按教育的成本价格，向高等教育机构缴纳学费。学生的家长也即家庭，学生的未来收入不仅是增加了家庭的经济收入，其经济地位提高的同时，也提高了家庭的社会地位。因此，家庭或者说学生的家长，有义务和责任在可能的条件下承担一定的高等教育费用。

约翰斯通分析认为，高等教育成本的分担有6种形式：[①] ①初始学费，适用于以前实行免学费的高等教育学校；②大幅上涨的学费，适用于以前收取低廉学费的学校；③住宿费和生活费，适用于以前提供免费食宿或者低廉收费的学校；④奖学金、助学金的减少，实际上是变相地将教育成本部分转嫁到受教育者身上；⑤助学贷款的增加，鼓励受教育者用未来的预期收入来支付现期的教育费用；⑥减少政府补贴，鼓励私人部门或者个人的捐赠。由社会私人部门发起的教育基金，或者机构个人捐赠，应当成为教育资金的重要来源之一。

约翰斯通对学生、家长、政府和大学对教育成本分担的时间上的差异予以细致研究。约翰斯通认为，人们对高等教育成本的分担，实际上并非都是从学生入学那天才开始，到学生毕业那天就完全结束的。他把人们承担高等教育成本的时间，分为"过去"（past）（即学生上大学之前）、"现在"（now）（即学生在校期间）和"将来"（future）（即学生毕业以后）。约翰斯通指出，家长为了承担子女的高等教育成本，使用了"过去"的财产和积蓄，在"现在"为子女上学付款，节减储蓄，或负债供养子女读书；到"将来"要用取得的收入来归还贷款。作为政府而言，要在"过去"投入大量资金建造校舍，在"现在"承担大学的经费预算拨款，为学生提供资助贷款，还要在"未来"承担资助贷款的货币贬值、拖欠、减免的损失。而作为学生而言，则要动用"过去"的积蓄，实质为父母对子女的培养花费，在"现在"承担学费，要为此欠债、勤工助学，努力学习取得奖助学金，还要在"未来"用就业的收入归还贷款，赡养父母以示对父母抚育的回报。约翰斯通的这一思想，为教育成本分担理论的建立，为教育资助政策的制定并在全世界的推行提供了理论依据。

[①] D. B. 约翰斯通：《高等教育财政：问题与出路》，沈红、李红桃译，人民教育出版社2004年版。

(三) 高等教育成本分担理论依据

一是教育投资个人收益论。该理论的核心是"谁受益，谁付款；多受益，多付款"的原则。个人或家庭通过投资高等教育，旨在增加凝聚在个人身上的人力资本，提高自身劳动力的价值，以获得相对于没有受过高等教育的人而言较高的经济收入、社会地位等货币及非货币收益。因此，个人或家庭应该分担与之收益相对应的部分教育成本。高等教育属于准公共产品，收益方包括国家、社会、受教育者本人及家庭。依据"谁受益，谁负担"和支付能力的原则，受益方应该共同负担教育成本。从人力资本理论的角度，高等教育既可以带来巨大的社会效益，又可以带来巨大的个人收益，因此，学生个人及家庭投资教育不仅能够为个人及家庭带来预期的经济收益，而且能够提供个人的"位置产品"（positional good），从而带来更多的社会收益。

高等教育个人收益的事实已成为主导市场导向的新自由经济学家的经典论据。高等教育的低学费甚至免费其受益者主要是目前的相对优势群体。龚刚敏于2005年对浙江杭州等11个地市进行问卷调查结果显示，大学生中城镇人口的比重达到75.91%，大于家长卷中城镇样本的比例，更远远超过了统计年鉴中的50.02%。因为城镇人口收入一般比农村人口收入高，说明目前消费高等教育的学生来自收入相对较高阶层的比例大于来自收入相对较低阶层学生的比例，高等教育的公共财政补贴归宿更多地偏向相对优势家庭，这与政府支出的公平目标是相悖的。[1] 同时，高等教育的低学费甚至免费可能使学生受到太大的诱惑而长期待在学校，拒绝发挥其潜在的生产能力，从而给社会带来损失，分担成本则可以极大地刺激学生努力学习尽快工作。高等教育个人收益的研究的另一个角度，对高等教育财政补贴的受益者是今后的相对的优势群体。明瑟（Mincer, 1974[2]、1980）提出教育是提高劳动技能和形成人力资本的重要途径，人们的收入随着教育年限的提高而提高。撒卡罗普洛斯持续数十年跟踪研究不同时期不同发展水平的国家，证实教育具有巨大的个人收益（Psacharopoulos, G., 1979、1989、1993、2002）。正是高等教育具有较大的个人收益，如

---

[1] 龚刚敏：《我国高等教育供求矛盾与公共政策——基于财政学视角的解析》，中国财政经济出版社2009年版。

[2] Mincer J., Human capital and earnings. In: Atkinson A. B. (ed.) wealth, Income and Inquiry 22 (1), 1974.

果加上人们对高等教育的非经济收益预期,个人收益预期实际上还要高于理论上谈到的个人收益率表示的收益水平。

二是公共产品理论。1954 年美国著名经济学家萨缪尔逊创立了这一理论。该理论依据产品或服务在消费上是否具有竞争性和排他性,将全部社会产品和服务分为私人产品、公共产品和准公共产品。公共产品是指社会(集体)共同使用的物品或服务,具有非排他性与非竞争性两个典型特征。所谓非竞争性是指在公共产品的消费上,人人都可以获得相同的利益而不相互干扰,每增加一个消费者的边际成本为零,按照价格等于边际成本的效率定价原则,收费也应为零。所谓非排他性是指一旦该产品被提供,则无法从技术上将不付费的消费者排除在消费行列之外,或者能排除但代价高昂。私人产品则是具有排他性和竞争性的产品。高等教育产品具有不完全竞争性,因此是一种介于公共产品和私人产品之间的准公共产品。理论上,公共产品由政府提供,私人产品由市场提供,准公共产品由政府与市场共同提供。高等教育的准公共产品属性决定了政府不应该是其成本的唯一承担者,加上高等教育的外部正效应的存在,使高等教育成本分担获得了理论上的合理性。

三是高等教育的市场效率论。成本分担符合新自由经济倾向,因而能得到这样一个假设的支持:成本分担更有效率,更关心市场,至少在既有竞争又有由消费者承担成本的国家是如此。大学和学院无论公立还是私立,都必须为生源而竞争,并为无效和不关心社会需求而承担后果。这样,高校就更有可能提供优质的教育,更能满足学生的需求,而不是仅仅为政府利益和教师的便利而开办。另外,有学者认为,实行成本分担制度有助于促进教育公平。通过收取一定比例的学费,将一部分成本转移给有支付能力的家长或学生个人,并在经济状况调查基础上给无力承担学费的学生以各种形式的资助,是实现教育公平的有效举措。

世界银行专家西门尼斯(Jimenes,1987)从教育资源供求关系的角度,分析了高等教育成本分担的三种模型。①

其一,公共收益高(即高的外部性)但公共经费供给不足的教育类型。

由于这一教育类型具有较高的外部性,公共收益比较大,所以社会边

---

① 转引自李文利《从稀缺走向充足——高等教育的需求与供给研究》,教育科学出版社 2008 年版。

际付费意愿 D_s 和私人边际付费意愿 D_p 之间有较大的距离。在公共预算的约束下，社会总成本保持在 C 不变，经费供给曲线是一条趋向于社会成本 C 的曲线，表示为 $S=(C-P)Q$。D_p 和 D_s 分别是受教育者个人和社会的边际付费意愿。公共需求加私人需求得到的社会总需求最优规模为 Q^*，因此（$Q^*—Q_0$）的教育规模是为了满足公共需求，这部分的成本应由公共经费来提供，如图 2-2 所示。

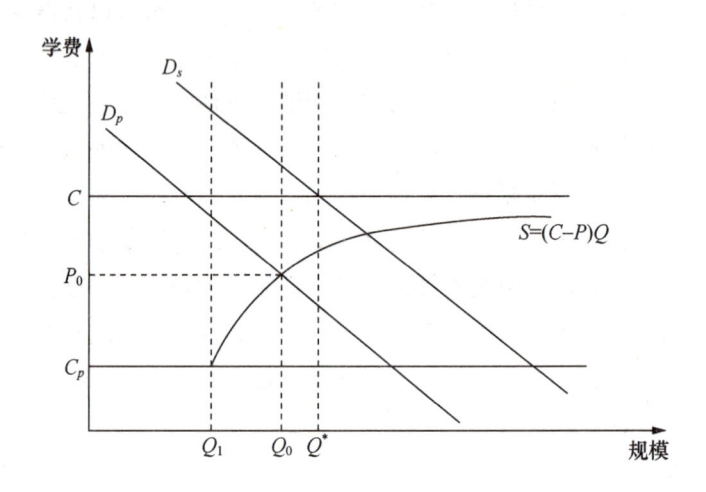

图 2-2　公共收益高但公共经费供给不足的教育类型的成本分担

资料来源：Thobani M. Efficiency and equity implications of user charges in social sector services [M]. Washington, D.C.: World Bank [Staff Working Paper] 1983: 572。

其二，公共收益低（即低的外部性）私人收益高的教育类型。

这种教育类型的特征决定了社会需求曲线和个人需求曲线之间的差距不大。① 教育的规模 Q_0 超过了社会需求的最优规模 Q^*。如果资源不能把不同教育类型之间进行转移，那么学费水平在 P_1 即可，否则最优的状态是将学费提高到 P_2，次优的选择是将学费控制在 P_1 和 P_2 之间，将一部分学费收入（最多是图 2-3 中阴影部分）转移到其他教育部门（如公共

---

① 市场出清是经济学的一个重要概念，在一般的经济分析中，常常假定通过价格机制，可以自动实现市场出清，即价格的波动决定了消费者的购买量和厂商的生产量，并使供给量与需求量相等，但是，在现实经济运行中，影响市场出清的有许多因素，例如，在不同的产业结构中，产品的同质性、需求和供给的变动性、存货量以及生产的计划性等有较大的差别，这导致不同产业中厂商行为的较大差别，这些都会对市场出清过程产生很大的影响。

产品属性较大的教育类型)。

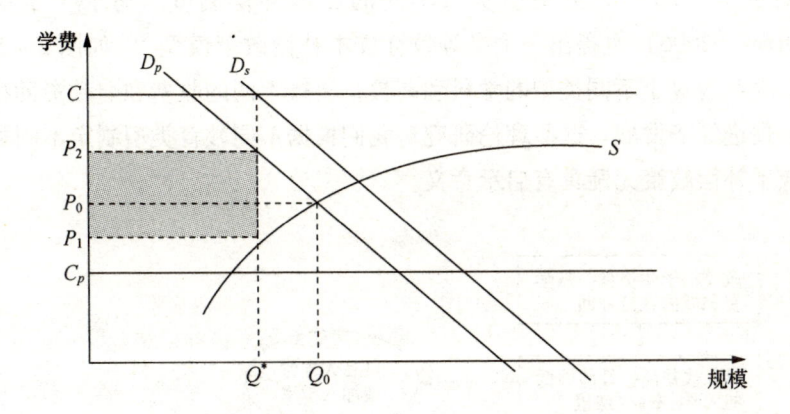

图 2-3　公共收益低、私人收益高的教育类型的成本分担

资料来源：Jimenez E. Pricing policy in the social sectors [M]. The Johns Hopkins University press [Published for the World Bank], 1987。

其三，公共收益高而私人收益低的教育类型。

这类教育的私人需求 D_p 很小，公共需求（$D_s - D_p$）很大，因此只有当学费水平是负值时，才能够刺激私人对教育的需求。C_p 是零学费点，要使教育规模达到社会需求的最优规模 Q^*，需向每个学生提供数额为 $C_p S_0$ 的财政资助，如图 2-4 所示。

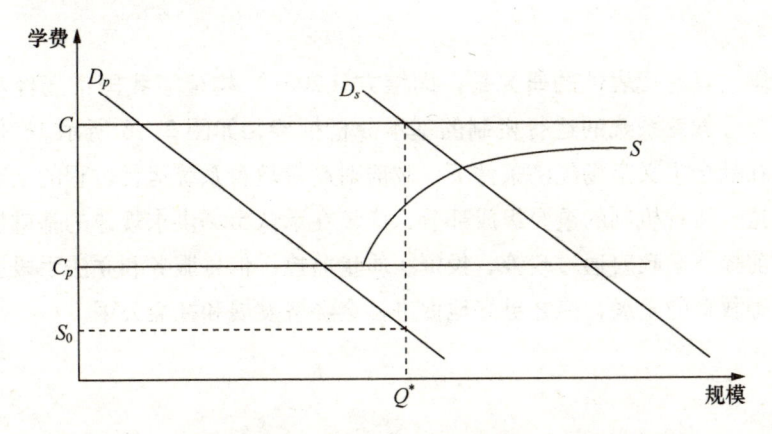

图 2-4　公共收益高、私人收益低的教育类型的成本分担

资料来源：Jimenez E., *Pricing policy in the social sectors*, The Johns Hopkins University press (Published for the World Bank), 1987。

西门尼斯的分析不仅论证了高等教育成本补偿有其理论上的必然，而且揭示了不同教育类型应实行不同的成本补偿制度。马丁·卡诺伊（Carnoy，2006）也提出一个高等教育成本补偿政策模型，[①] 如图2-5所示。他认为对于不同类型的学科和高校，实行不同的收费和财政资助将有助于促进经济发展。这些理论研究对我们根据不同教育类型制定不同类型的成本补偿政策无疑具有启示意义。

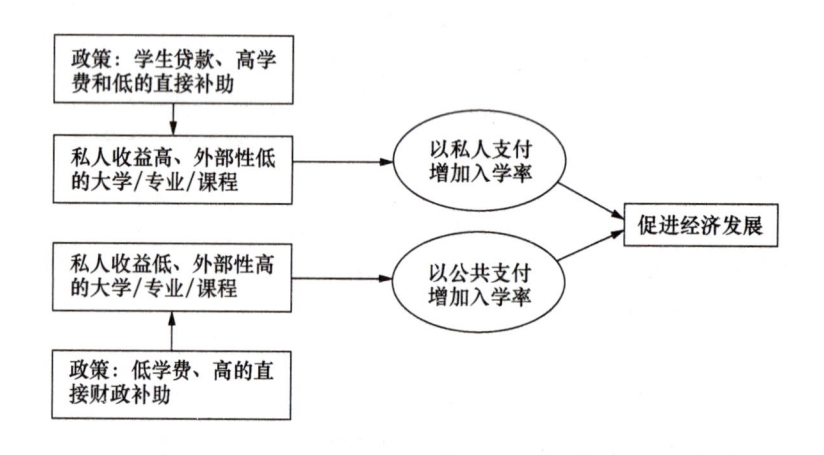

图2-5 高等教育成本补偿政策模型

资料来源：Carnoy M., Higher Education and Economic Development: India, China, and the 21st century [C]. Paper Presented at the Pan Asia Conference: Focus on Economic Challenges. May 31 - June 3, 2006。

国内具有代表性的研究是，闵维方（2001）构建了我国市场经济条件下高等教育系统的运行机制的基本分析框架，如图2-6所示。[②] 他认为，在社会主义市场经济条件下，政府对高等教育系统运行过程的宏观调控是这一运行机制的重要组成部分，应该在承认市场供求规律的基础性作用的前提下，政府通过政策、投资、质量监控、信息服务和立法手段去调节高等教育的发展，使之更好地促进社会经济发展和社会公平。

[①] 转引自李文利《从稀缺走向充足——高等教育的需求与供给研究》，教育科学出版社2008年版。

[②] 同上。

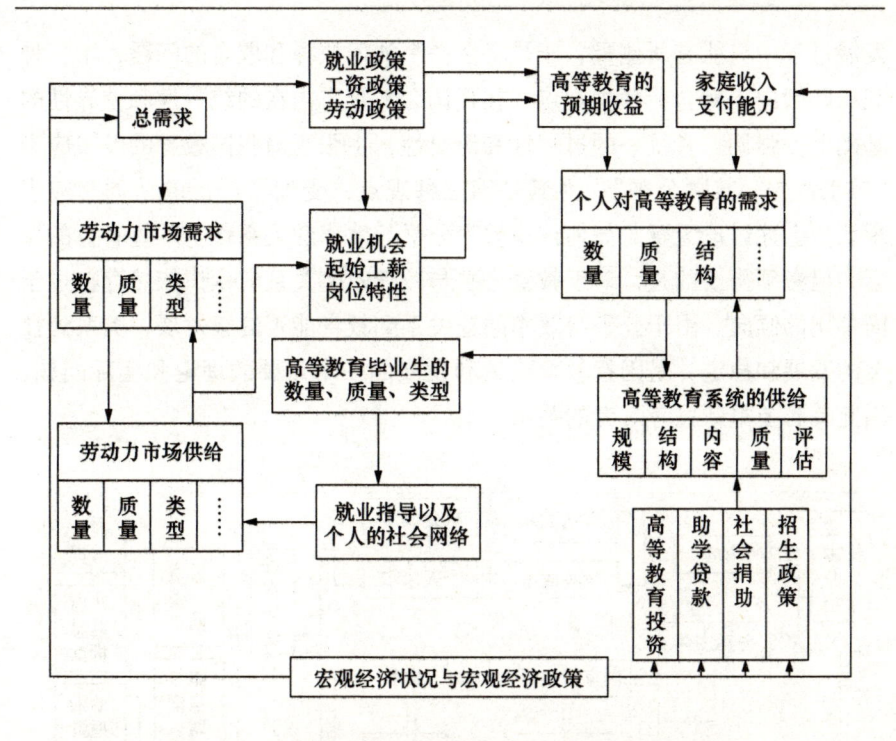

图 2-6 市场经济条件下高等教育运行机制的基本框架

资料来源：闵维方：《社会主义市场经济体制条件下高等教育运行机制的基本框架》，《高等教育研究》2001年第4期。

借鉴上述学者的研究成果，笔者认为，在我国社会主义经济条件下高等教育成本分担、成本补偿和资助体系的运行机制可以用图2-7表示。

在图2-7中，根据研究需要，本书从"是否需要受资助方支付"的角度将现有资助政策分为："赠予型、借贷型、以工代赈型"三大类，后面将重点对其中的"赠予型"和"以工代赈型"两种资助方式的绩效进行分析。

二 教育公平理论

教育公平与效率的问题是当前我国社会生活和教育领域的一个热门话题，自20世纪90年代以来引发了教育理论界广泛的关注和讨论，并形成了三种具有代表性的观点。第一种观点认为：教育公平与教育效率本质上是统一的，教育中公平就是效率；第二种观点则强调教育公平与效率之间的对立或相斥性，认为教育公平与效率存在不可避免的矛盾，二者在教育发展过程中只能有所侧重，于是存在一个如何抉择和取舍的问题；第三种观点则倾向于融合前两种观点，在强调二者具有内在的统一性和差异性的基础上，强调二者统一的过程性和历史性，主张当前我国教育的发展应当"效率优先、兼顾公平"。尤其是第三种观点，受到了广泛的认同。应当承认，上述讨论无疑对如何认识教育公平与效率的关系作了一些有益的探索，但必须指出的是，对于教育公平与教育效率关系的认识依然存在过于简单化的倾向。由于公平与效率问题关系到教育能否健康发展，关系到社会的发展和稳定，是困扰教育决策和发展的一个重要的理论和实际问题，因此有必要重新思考二者的关系。

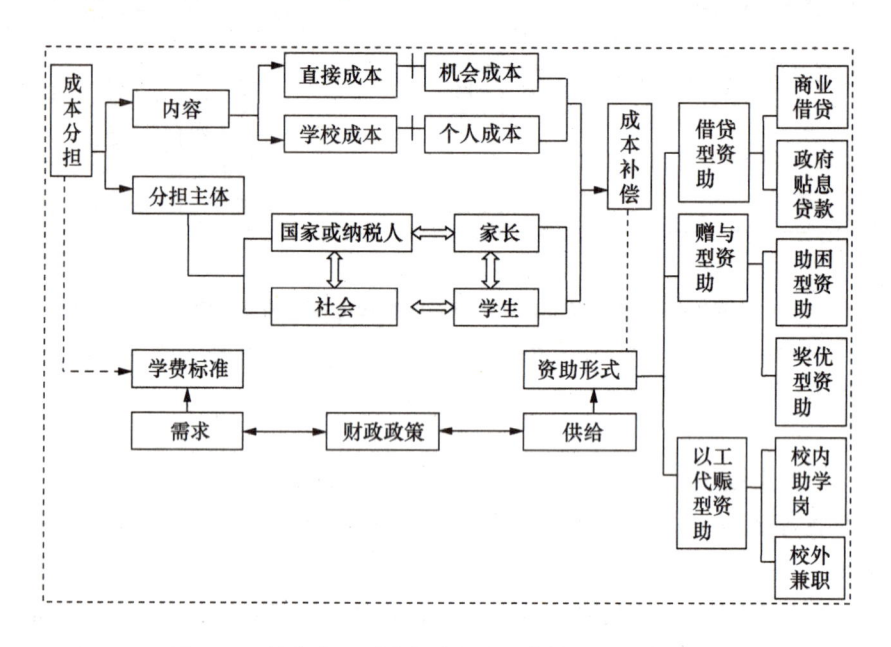

图 2-7　社会主义经济条件下中国高等教育成本分担、成本补偿和资助体系的运行机制框架

关于教育公平的界定，科尔曼认为，完全的教育机会均等只有消除所有校外的差异才能实现，而这是永远不可能的。事实上，阶层差别总是客观存在的，这并不可怕，关键是阶层之间能否公平合理地流动。就中国而言，目前促进阶层流动的最大动力是教育，其他促进流动的方法还包括就业和收入分配，而后两者又与教育息息相关。阶层鸿沟的弥合首先要保证教育公平。

在相对公平的探讨上，有些学者认为教育公平包括教育权利公平、教育机会公平；而有些学者认为教育公平更应该从动态的过程进行探讨，即教育公平包括教育起点公平、教育过程公平和教育结果公平。

在进行关于教育公平的讨论时，有学者[①]认为首先要区分是规范的范畴还是实证的范畴。公平不仅是指在个人或人群中资源的分布或分担，而且与公正相联系。因此确定是否公平必须以事实为基础，考察资源的分布情况，同时从规范的角度来判断社会应该如何分配资源，由于每个社会的道德和哲学规范是不同的，这些判断也会是不同的。即使基于事实的公平分析也要包括这样的判断，即资源在人群中的分布是怎样的，也就是说，首先要先将人群分组，再分析资源怎样分布的。分类的基础是根据年龄、性别、社会阶层、收入水平、职业或其他相关的变量。

教育公平是一个历久弥新的话题，它自古就被思想家们所重视。从柏拉图的《理想国》到罗尔斯的《公平论》，从孔子的"有教无类"到陈胜、吴广的"王侯将相宁有种乎"，这些都体现了人们对于教育公平的追求和研究。正像公平与效率问题成为哲学、社会学、经济学、伦理学、文化学、管理学等学科的共同话题一样，教育公平也事实上成为许多学科的研究对象之一。有关公平的内涵和外延问题，有学者在归纳我国已有的17种公平定义时认为，基本上可以分为4种不同的公平观：一是指制度的公正和平等，即制度或规则在制约对象上是否权利与义务对称，制度本身的配置是否合理完善，制度所提供的机会是否均等；二是指收入分配规则的公正平等，即每个人的收入与投入的比例系数是否相等；三是指社会公平，即社会成员的收入和待遇的合理性；四是指一种主观感觉，即由个人的主观评价而产生的一种心理平衡。有的学者认为，作为社会观念的公平，其实兼有上述几种含义，既是社会成员对其所处的地位、权利、收入和人格上的平衡状态，它与一定社会价值系统相关联，也受社会的政治经济制度的制约，是一个具有相对意义的社会观念。这些观点，实际上反映了各不相同的学科视角，并且在一定程度上也影响了教育公平的研究。在已有的教育公平研究中，基于伦理学、社会学、经济学和法学的基本理论的探究是比较普遍的，而在教育学领域，只有教育社会学和教育经济学这

---

① 董云川、张建新：《高等教育机会与社会阶层：一项基于多民族边疆省份高校的实证研究》，科学出版社2008年版。

两个分支学科对教育公平问题予以较多的关注。整合学科的研究，可知教育公平研究的多学科性及其本质的丰富性和复杂性（见表 2-1）。

表 2-1　　　　　　　教育公平本质的多学科考察比较

学科	理论基础	重要原则	重点或核心	表现
伦理学	公正、正义更多地用作评价社会制度的一种道德标准，被看作是社会制度的首要价值	罗尔斯公平三原则：平等自由、机会的公正平等、差别三原则依次优先	合乎最少受惠者的最大利益	关注弱势群体
社会学	民族主义的自由主义平等观：教育是促进社会公平的主要工具 功能论：教育具有社会化和选拔功能，可以使不公平合法化 冲突论：学校教育是阶段冲突的产物	麦克马洪的三类型：水平公平、垂直公平、代际公平 受教育机会均等	教育机会均等的实现应贯穿整个教育系统以及学生在校学习的整个期间教育系统中的机会均等必须与社会其他系统的机会均等协调一致，才能有效地促进整个社会的平等	主要包括入学机会均等、教育条件均等、教育结果均等、竞争机会均等、成果机会均等
经济学	公平是和资源的分配与享用相联系的	资源分配均等（起始性、横向性平等），财政中立，调整特殊需求，成本分担与成本补偿（纵向性平等），公共资源从富裕流向贫困	教育资源的公平分配	经历三个阶段：权利公平、能力公平，金钱公平
法学	天赋人权 社会成员按比例平等分配	合情合理 受教育权利的普遍化是一个基本人权问题	相同情况相同对待，不同情况不同对待不同对待对应相关的不同	规定基本教育权利义务 依法保障教育机会均等

续表

学科		理论基础	重要原则	重点或核心	表现
教育学	社会学	社会学的一些基本原理	教育机会均等	均等包括起点均等、过程均等、结果均等；机会是包括一组对个人的教育有影响的变量	入学机会均等、教育条件均等、学业成功机会均等
	经济学	教育资源是有限的、分布是不平衡的国家政策、社会意识形态以及经济水平、教育人口的变化是主要影响因素	基本教育财政公平以不均等财政拨款克服辖区内差异对弱势群体采取倾斜的拨款政策 教育成本的分担和补偿；扶贫	教育资源分配均等，"公共资源从富裕流向贫困"作为判断教育资源分配是否公平的最终标准、教育财政公平的最高目标和实现教育机会均等最根本的财政要求	教育经费分配和教育成本分担的合理性

资料来源：肖建彬：《论教育公平研究中的若干理论问题》，《西北师大学报》（社会科学版）2003年第3期。

从表2-1对教育公平本质的分学科探讨中可以发现，教育公平是社会科学许多分支学科共同关注的问题，对教育公平本质的认识具有明显的交叉学科特征，即理论基础或认识的基本角度（研究的立场、观点、方法）不同，但都具有一定的合理性，或者说在某种程度上反映了客观现实；教育公平在许多学科的研究体系中都有其相应的定位。

其实进一步研究，教育公平在本质上"蕴含着人对自己、对他人、对人类的意义关怀"。人们提出思考教育公平是"为了一切人的发展和人的全面发展"。实现教育公平其目的在于对社会不公平现象进行调节和解决，以促进社会超越某种程度的公平，同时也为弱者的生存提供最大限度的条件和机遇，把人与人之间的差异限制在社会所能承受的范围内，以保护社会稳定。另外，教育公平反映着教育利益在人们之间的分配关系。正是由于教育资源的有限性，在进行分配时，应该对人的行为加以节制和选择，避免危及他人和整个群体的利益。

第三节 理论分析框架及其政策问题讨论

一 理论分析框架

国外高等教育成本分担理论对我国学术界和高等教育改革探索产生了深远的影响。然而，如果对我国高等教育成本分担问题进行反思的话，那么，正如部分学者所指出的那样，"父母受教育程度越高，儿童的认知能力越强；而受教育程度与收入亦呈明显的正相关关系。如此，如果仅把学习或认知能力作为入学机会筛选标准的话，最终会导致高等教育机会分布更多地倾向于较高社会经济背景人群，高质量的教育较多地被社会经济地位高的群体所享用。如此往复，教育确实是成为了再生产社会关系的工具"。①

首先，进一步分析，我国作为一个拥有56个民族的多民族聚居且区域发展极其不平衡的国家，不同民族、不同区域、不同个人特征及家庭背景的学生对资助政策的需求有很大的差异性，仅仅考量高等教育的入口机会公平是远远不够的。以民族院校为例，由于国家的民族政策要求民族院校保证60%入学名额要提供给少数民族学生，其入学筛选机制是一种不完全基于学习能力的弱筛选机制，从而导致学生学习能力存在非常大的差异。因此，对于这类院校，仅照搬国外的研究模型，从入学机会来研究资助政策问题将会与现实需求相偏离，从而失去理论研究的应有价值。

其次，对于这些层次特征迥异的民族院校学生而言，如何通过构建科学合理的资助政策瞄准机制，使得这些已经进入大学门槛的在读大学生在参与高等教育过程中，其合理的资助需求尽可能地得到满足，对于这些学生能否顺利完成学业，积累自身人力资本，从过程公平和结果公平的维度来进一步实现教育公平具有重要意义。

再次，不同类型和不同层次的高等院校因主管部门、办学层次和人才培养服务范围不同，其公共财政补贴的多寡是有差异的。这是已有研究忽

---

① 转引自李文利《从稀缺走向充足——高等教育的需求与供给研究》，教育科学出版社2008年版。

视的一个重要影响因素。显然,在中国的现实条件下,不同类型、不同层次、不同地域的高等院校,其学费标准、生均经费、学生层次、学科专业性质和学校服务范围的不同必然会影响到学生资助需求数量和资助覆盖面,如图2-8所示。

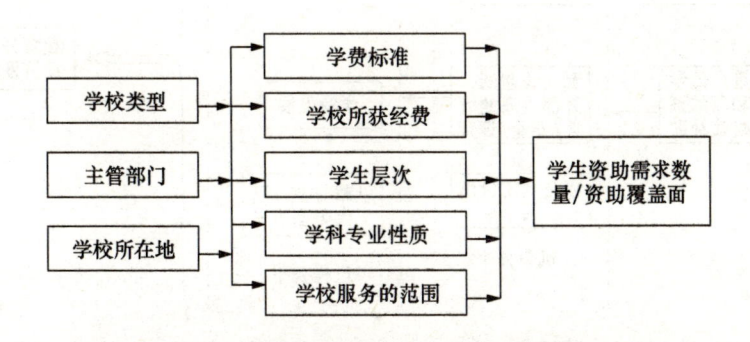

图2-8 学生资助需求数量和资助覆盖面的诸影响因素关系

最后,从资助政策的终极目标来看,世界各国的资助政策,无论赠予型、借贷型资助,还是以工代赈型资助,不仅是为了提高高等教育的资源配置效率,还应尽可能地促进教育公平。尤其是我国作为经济社会发展极不均衡、人力资源总体质量相对较低的多民族聚居的发展中国家,如果忽略不同类型、不同层次、不同地域的高等院校的不同学生在大学生资助需求上的差异性,忽略入学后的在校大学生在参与高等教育过程中公平地获取资助的需要,那么,最终将会带来两个结果:一是很难达到优化资源配置,促进经济发展的目的,因为离开了不同民族、不同生源地、不同院校类型的不同层次学生的学业发展和人力资源质量的提高,就谈不上经济的协调发展。二是将会导致学生在参与高等教育过程中的过程不公平。以奖学金为例,由于我国基础教育阶段资源配置的非均衡导致民族院校中少数民族学生的文化基础在入学前就存在很大差距,这样必然会使这部分学生很难获得奖学金。尽管近年来增加了励志奖学金,但以奖优为主资助政策的作用仍然有限。

基于上述,笔者认为在我国的现实公共教育财政约束条件下,理想的资助政策模型如图2-9所示。

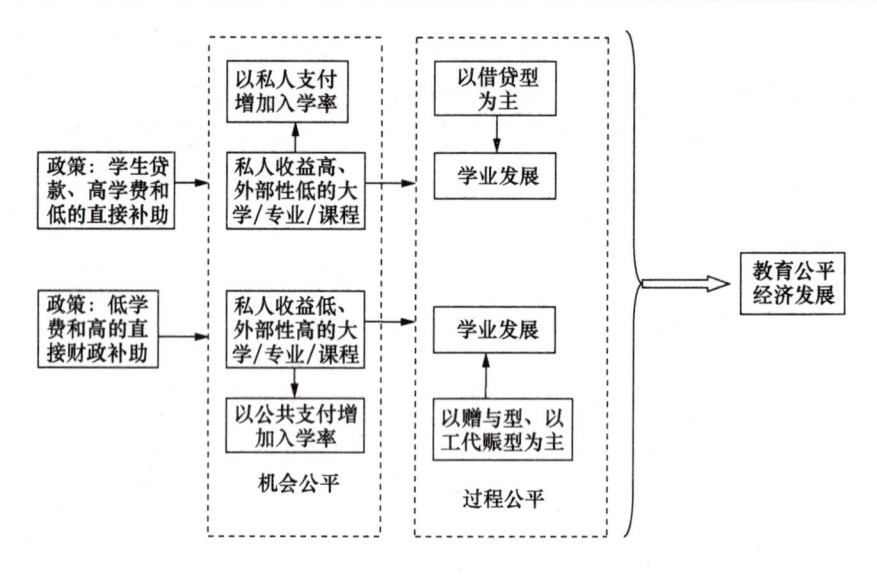

图 2-9 理想的资助政策模型

二 相关政策问题讨论

第一，结合民族院校的实际，调整各类资助政策的目标定位，加大各类资助政策的宣传力度。实证研究表明，奖学金或助学金在民族院校的作用和真正的价值没有得到体现，到底是效率优先，兼顾公平，还是公平优先，兼顾效率？奖学金或助学金的真正作用是什么？这些有待政策执行者深思。同时民族院校应加大各类资助政策的宣传力度。往往家庭背景好的学生对政策知晓程度相对较高，而少数民族学生因其自身家庭社会文化背景较差，对资助政策的认知度较低。

作为大学生资助政策的价值基础，公平、效率、充足、激励这些价值标准如何排序，常常反映了政府及决策者的社会价值观和政治观，如公平与效率之权衡，公平（"助困"）与激励（"奖优"）之争。从民族院校的实际情况出发，同时也基于前面的论证，我们认为，民族院校资助政策的目标应定位于：公平优先，兼顾效率。除此之外，还有一些资助的理念值得我们考虑。比如自由，即赋予受资助学生，特别是各民族受资助学生以充分的选择权和自主权，使其能够不受限制地接受资助。新中国成立后实施的免费加人民助学金制度，虽然是一种普遍性资助，但被资助的学生也因此成了"国家人"，必须服从国家分配，所以在一定程度上，国家用"免收学费加人民助学金"的政策换取了高校毕业生的自由择业权。2007

年实施的师范生免费教育也是以师范生一定的就业自由权为代价的。因此，如何在追求公平与效率，尽可能地赋予受资助学生，特别是各民族受资助学生以充分的选择权和自主权是值得政策制定者深思的一个问题。

第二，对于不同类型的院校、不同特征的学生群体的特定需求应当制定科学合理分层瞄准资助的标准。当前资助标准及相关信息的验证存在很多缺陷。以助学金的发放为例，在实际发放过程中存在着很不科学、不合理的情况。困难补助发放的依据是学生的家庭收入状况，但由于目前各高校对学生的家庭经济状况很难详细了解，基本上是由学生自己介绍，提出申请，各高校内部进行评审，而学校在认定贫困生时，主要看学生提供的乡镇（街道）以上民政部门的家庭经济状况证明等相关材料。由于高校学生大都来自祖国各地，且各地在出具证明时标准不一或把关严疏等因素，学校难以对所有申请的贫困生情况进行一一核实，从而容易产生信息失真的问题。通过访谈发现，当学生向当地政府部门申请开具贫困证明时，当地相关负责人员基本上都会给予申请者开贫困证明，一般不进行严格调查。因而，有些宽裕家庭也滥开贫困证明，使得当前高校出现了一些拿到困难补助的学生家庭未必是真正贫困，而一些真正贫困的学生却得不到公正资助。更有甚者出现了部分靠虚假信息拿到困难补助后用于吃喝玩乐的现象，困难补助在很多人的眼中只是一种"不劳而获"之财，使资助政策目标在执行过程中发生了行为偏离。建议一是从国家的层面上应当针对不同类型、不同层次学校制定分类瞄准资助的标准，在民族院校的层面上，应当把瞄准单元降低到学院、年级和专业这一级时，其覆盖的贫困学生会更加广泛，瞄准程度会更高。二是通过识别贫困学生，然后将贫困学生的资助需求进行整合规划，仍可利用学院一级的资助绩效信息系统进行监管。这样既可避免由于校级瞄准所造成的贫困学生的渗漏，又可通过校一级的有关部门进行监管，从而形成以校为单位，以学院为单元，以贫困学生个体为目标的新型的资助体系的微观瞄准机制。

第三，建立"分层瞄准、差别资助"制度，完善资助资金的分配机制。当前，随着市场经济的不断深化，中国区域经济差异化不断加大，高校所处地区不同，上学成本也不尽相同，再加上绝大多数高校学生来自全国各地，故在经济贫困的感受程度上是不同的，其感受程度的不同会在很大程度上影响着大学生资助需求的程度。这就需要建立大学生"分层瞄准、差别资助"的资助制度，在资助方式、金额、资助结构等方面差别对待。如对那些相对困难的大学生实行贷款资助制度，以帮助他们解决暂时面临的困难。而对于那些由于家庭特殊原因而完全无力负担学费的贫困家庭学生，可借鉴英国大学生资助制度，实行具有"资助包"功能的资助方式，从多方面解决其上学难题。另外，按照"高等教育回报原则"，借鉴美国、英国等大学生资助方式，对不同专业实施不同资助，对社会收益回报高、个人收益回报低的专业给予奖励和津贴，通过完善资助制度引导大学生学习这些专业，毕业后愿意从事相关行业或者到相关地区去就业。

目前，我国资助资金的分配根本上仍然遵循着以院校为基本单元的学生群体瞄准，但不同层次、不同类型院校的学生，以及具有不同个体特征和家庭背景的学生的资助需求和资助政策绩效是不同的。同时，对于不同院校、不同学生目标群体，应当构建富有弹性的资助资金的管理和分配机制。建议在奖学金评定标准的制定上要把少数民族学生组群、农村生源地学生组群作为一个需求群体对待，在瞄准机制上应向少数民族学生倾斜。

第四，构建"双助"对接瞄准机制。在大学生资助政策体系中，勤工助学是发挥育人作用最有益且有效的一种形式。它可以培养学生"按劳取酬"的价值观和自立自强、吃苦耐劳的精神。目前国家按高校人数20%、人均2000元设立的国家助学金，资金总量较大，而高校勤工助学资金紧缺，劳动报酬较低。作为一种无偿资助，国家助学金虽然可以有效帮助贫困生解决求学期间的基本生活费用，但它同时会使一部分学生产生"等、靠、要"的懒惰思想，成为思想贫困和经济贫困的"双困生"。因此，将国家助学金和勤工助学"双助"工作有机地结合起来，建立"双助"对接瞄准机制，可以同时克服勤工助学的资金不足和助学金无偿资助的缺点，以达到相互促进。

建议在保证这部分资金全部用于困难学生的前提下，国家下拨国家助学金时给予学校适当的自主使用权，实施"双助"工作有效对接瞄准。这样，校内勤工助学可以定位为半打工半资助，引导困难学生以自己的劳动获得资助，通过提高劳动薪酬使"助学"功能得到更充分的发挥。

第五，加强学生资助政策的宣传引导力度。学校和教育行政部门要向即将进入大学的新生广泛宣传国家资助贫困学生新政策体系，确保每一个新生家庭了解高校资助贫困生政策，并通过生源地国家助学贷款、组织社会各界捐资助学等手段，力所能及地筹措资金，为家庭经济困难的大学新生解决实际困难。一是要把握时机。在学生考试、填报志愿、入学前后等敏感时段密集宣传。二是要提高针对性。对于接受不同阶段教育的学生，要制定不同的宣传内容，并注意介绍本地区、本学校实行的特有的政策。三是要拓展渠道。除了通过广播、电视、报纸、宣传册子等媒介外，还可采取组织宣讲团深入基层群众，组织新闻工作者入村、入户、入校实地采访，组织流动宣传车、张贴宣传画和宣传标语等学生喜闻乐见的宣传形式。四是要讲解准确。在学生申请资助时，讲清楚每类资助的条件、程序、时限。

第六，强调服务意识，规范资助资金发放流程，加大民族院校学生资助的力度。资金发放过程仍需要规范化，强调服务意识，切实了解有需求的群体，瞄准真正困难和有经济需求者。要提高资助资金的管理和分配的透明度和参与度。由于资助资金的稀缺性，形成了一种无形的权力资源，从而诱发获取资金个人的寻租动机，同时形成了学生为获得资助资金的博弈行为。如前所述，民族院校有其特殊性，办学成本更高，因此，基于促进教育公平、维护社会稳定、民族团结，有必要进一步加大民族院校学生资助的力度，以重点瞄准有真正需求的群体。

第七，建立资助政策绩效监测评估系统，实行"跟踪问效"。发挥学校教务处和学工处的作用，对学生的学业成绩的变化以及对学生生活消费行为的表现情况系统掌握。实证结果显示，资助政策的瞄准机制仍然存在若干缺陷，影响了资助政策绩效。首先，从抽样调查的情况看，学生普遍对资助资金额度的满意度较低，主要原因在于：一直以来，尽管国家对民族院校办学较为扶持，但是民族院校办学的隐性成本较高，建校历史悠久但普通本科办学历史较短，学科结构较为单一，原来以师范类、成人教育类为主，较偏重于文科，学校综合办学投入的积累不够，因此对学生资助的力度不够。其次，资助政策对不同特征的学生学业发展的促进作用也存在差异，这也从一定程度上说明在资助资金发放以后，缺乏对资助政策绩效的监测评估，这可能主要源于资助政策绩效后续监测的设计缺乏系统的管理模式，从而资助政策实施过程做出系统的监测和评价。同时学校相关部门应当构建一套科学系统的监测评估框架与方法。资助资源的投入涉及产出、结果和影响三个方面，而学校除了关注资金分配以外，均无法提供系统的有关学生学业发展、就业质量等结果和影响层面的分析报告，这为确保资助资源的投入真正受益于贫困学生群体造成了管理层面上的障碍。

由于缺乏这样一个系统，学生资助投入过程无法做到及时地反馈和纠正，不同学院、不同年级、不同专业的学生的资助效果和影响均无从了解。建议资助流程引入项目逻辑框架管理法，对各种产出效果和影响建立相应的指标体系，然后学校依照相应指标体系的操作机制进行监测与评价。

第八，拓宽资助资金来源渠道。2007年5月13日国务院下发的《关于建立健全普通本科高校、高等职业学校和中等职业学校家庭经济困难学生资助政策体系的意见》［国发（2007）13号］进一步完善了大学生资助制度，并较大程度地加大了中央和地方财政的投入力度，建立起新的国家奖助学金制度，对国家助学贷款政策进一步完善，并明确了诸如高校应从事业收入中安排一定比例作为大学生的助学经费等措施。新资助制度在大幅度提高受助学生比例的同时，还要求政府积极引导和鼓励民间团体、单位企业和个人面向高校设立各种奖学金、助学金，以国家资助为主和社会资助相结合的方式来解决大学生上学难题。一直以来，我国政府在大学生资助上面承担着真正的投资主体责任，并起到了较好效果，但在引导社会各界共同资助大学生方面的努力仍存有很大不足。尽管国家在大学生资助方面制定了很多政策，但在大学生资助资金筹措方面，却鲜有其他资助渠道的政策，主要还是依靠财政和各高校自主解决。随着中国高等教育大众化进程的加快，单一的国家资助方式将很难满足高等教育的健康发展，因此，应积极争取政府之外的社会资金的帮助，拓宽财源，使资助资金结构多元化。国家方面，可通过立法和政策激励，保障和引导民间团体、单位企业、个人资助的积极性，给在这方面作出贡献的民间团体、单位企业与个人以精神和物质奖励，让社会慈善捐资助学成为一种精神文明新风尚，在全社会营造资助大学生的良好氛围。学校方面，应充分利用学校的社会影响，努力争取社会各界捐款，积极与企业和政府建立共同合作的共赢局势，利用自身优势开展社会咨询和培训服务，通过这些渠道缓解政府财政资金压力，共同解决大学生上学难题。

第九，构建完备的资助法律体系。规范和管理学生资助工作、保障资助目标实现的最有效途径在于实现资助政策法律化、资助制度法制化。虽然在《中华人民共和国教育法》和《中华人民共和国高等教育法》这两部法律的框架下，我国的大学生资助体系正在逐步完善，近几年来相关立法力度正在加大，但相应的法律体系并没有建立起来。因此，国家应尽快制定支持和资助高校贫困生的法律法规，明确规定各级政府部门、学校、社会、家庭和学生个人等在支持贫困生顺利完成学业过程中的权利与义务，应对高校贫困生的内涵和资助主体、范围、原则、方式、程序以及法律责任等方面做出科学的界定和权威性的规范，建立一个有序、有效的资助工作格局，使贫困生资助工作能够有法可依。

借鉴国外的经验，结合我国国情，笔者认为可以考虑的方案是，先根据现行的《中华人民共和国教育法》和《中华人民共和国高等教育法》，制定有关贫困大学生资助工作的实施细则。地方立法机构可以结合当地的实际情况，在制定资助贫困大学生的地方性实施细则方面进行探索，使有关的法律条文进一步细化，具有较强的可操作性和实际应用性。然后在时机成熟时，考虑制定我国贫困大学生资助法，对贫困大学生的界定、贫困大学生资助体系的总体框架及其基本特征、贫困大学生资助工作的管理机构及其职责、实施贫困大学生资助的各责任方及其相应的权利和义务、对违反贫困大学生资助法规定的具体处罚措施等方面规定。

结　语

公平是人类一直追求的一大目标，它集中体现了人类社会实践活动的一切价值取向，因而在社会各个方面都存在着什么是公平的问题。在经济领域，公平是指一种分配原则，决定着一定的主体应当享有什么样的经济利益；在政治范畴，是指一种社会政治制度和政府的主张，体现为公正合理地配置权利与义务，保持稳定正常的社会秩序。严格地说，效率作为一个经济学概念，关注的是典型的经济学问题，即投入产出、投资回报；效率的概念经常被换取为"效益"，它表示是一种广义的社会效率，其核心是"资源的有效使用和有效配置"。公平则是典型的社会学话语，关注的是社会正义和社会资源"合理的配置"。经济效率、经济增长本身不是目的，发展经济是为了改善人民生活，增进社会福祉，包括增进社会公平。因而，公平是人类社会发展具有基础性、终极性的价值诉求，而效率和经济增长则是一种工作性的、工具性的目标。对公平和效率的追求成为现代社会发展的两个基本动力，在大多数情况下，两者并不存在此消彼长的简单关系，而是可以相互促进的①。在现代社会的治理中，公平与经济发展分属两个不同的领域，政府和市场的分工是十分明确、清晰的，即所谓"政府管公平，市场管效率"。教育公平的理念是政治、经济领域的自由和平等权利在教育领域的延伸。在超越了身份制、等级制等将教育视为少数人特权的历史阶段之后，平等接受教育的权利作为基本人权，成为现代社会普适的基础价值。因此，国家资助政策是通过国家财政的二次分配帮助弱势群体，促进和维护社会公平，也是教育财政政策制定与制度设计的基本出发点之一。

  本书试图做出以下两点努力：一是本书以教育公平与效率为视角，以教育成本分担与补偿理论研究为基础，结合我国民族院校资助政策执行的实际，对民族大学资助政策运行状况通过"解剖麻雀"进行了系统、综合性研究。这在同类研究中理论上具有一定的探索性价值。二是本书针对我国民族院校资助政策目标的瞄准与偏离状况，提出了结合民族院校的实际，调整各类资助政策的目标定位，加大各类资助政策的宣传力度；对于不同类型的院校、不同特征的学生应当制定科学合理分层瞄准资助的标准；建立"分层瞄准、差别资助"制度，完善资助资金的分配机制；构建"双助"对接瞄准机制；建立资助政策绩效监测评估系统，实行"跟踪问效"等相关政策建议，具有较强的现实意义。

---

① 杨东平：《中国教育公平的理想与现实》，北京大学出版社 2006 年版。

第三章 国家助学金政策执行的公平问题研究

第一节 研究概述

一 研究的背景

自我国高等教育实施学生缴费上学的政策以来,高校贫困生问题便日益突出。伴随着我国高等教育规模的逐步扩大,高校中的贫困生群体也随之扩大,并逐渐成为我国深化高等教育事业改革和高等教育大众化进程的主要阻力之一。为有效解决高校贫困生问题,确保教育公平的实现,党和政府相继出台了一系列贫困生资助政策,并逐步建构了多维一体的贫困资助体系。2007 年,教育部与财政部联合下发的《高校、高等职业学校国家助学金管理暂行办法》(以下简称《办法》),完成了国家助学金政策的顶层设计,标志着国家助学金制度的正式确立。

国家助学金是由中央与地方政府共同出资设立的,用于资助家庭经济困难的全日制普通本专科(含高职、第二学士学位)在校学生的一种资助政策。2010 年,国家助学金资助总额达到 124.38 亿元,约占 2010 年贫困生资助总金额的 30.49%。[①] 国家助学金作为我国高等院校贫困生资助体系中的有机组成部分,在保障贫困学生的在校基本生活方面发挥了重要的作用。但是《办法》虽明确规定国家助学金用于资助家庭贫困的学生,却未对贫困生划定明确的标准,导致国家助学金政策在后续的执行过程中出现不公平的问题,使国家助学金政策的实施效果打了折扣。2010

[①] 常顺功:《高校学生资助政策及实施问题研究——以 Y 大学为例》,硕士学位论文,云南大学,2012 年。

年,党和政府发布了《国家中长期教育改革和发展规划纲要(2010—2020)》(以下简称《纲要》)。作为我国教育未来十年改革发展的指针和行动的指南,《纲要》的亮点之一即是凸显了对教育公平的诉求。《纲要》明确提出,要完善和优化高校贫困生资助体系,以促进贫困资助政策的公平。2013年,十八届三中全会在通过的《中共中央关于全面深化改革若干重大问题的决定》中,再次重申了这一要求,明确提出健全和完善家庭经济困难学生资助体系,大力促进教育公平。

二 研究的意义

(一) 理论意义

教育公平作为社会公平正义理念在教育系统中的延伸和体现,一直都是人类为之不懈努力和孜孜追求的目标。高等教育是国民教育体系中的最高层次的教育,高等教育财政资源如何进行分配,也同样存在公平的问题。本书从教育公平的角度出发,梳理了新中国成立后,国家助学金政策的历史沿革及价值变迁,同时联系某民族院校的实际情况,分析了国家助学金政策执行的现状与存在的问题,并有针对性地提出一些建议,对完善贫困生资助政策,丰富贫困生资助研究的内容,优化高等教育资源配置具有较大的意义。

(二) 实践意义

1. 优化贫困生资助体系

自从我国高等教育逐步实行收费制度并全面推广以来,高校中的贫困生现象就一直是我国高等教育机制体制改革中挥之不去的问题。为了有效解决高校贫困生问题,我国相继出台了一系列贫困生资助政策,逐步形成了以"补、奖、勤、助"等为主体的多维一体的贫困生资助体系,并收到了显著的成效。国家助学金作为这一体系的有机组成部分,在保障家庭贫困学生的在校基本生活方面发挥了重要作用。促使国家助学金政策公平的执行,有助于提升国家助学金发放的针对性,优化贫困生资助体系,提升贫困生资助体系的适用性。

2. 促使教育公平的实现

教育公平是社会公平正义的基本要求和目标,也是一个社会文明进步的标志之一。追求教育公平,不仅是实现教育现代化的基本价值与基本目标的要求,同时也是追求社会公平正义的题中之意。追求教育公平的实现,是在打破了少数人垄断受教育的特权以及教育为少数人所独享的历史阶段之后，而成为当今社会的普世价值诉求。国家助学金作为人力资本的投资方式之一，保障了家庭贫困学生在校的基本生活开支，有力地促进了教育公平的实现。对国家助学金政策执行的公平问题进行研究，有助于完善国家助学金评定的方式方法，确保家庭贫困的学生获得相应资助，进而促使教育公平的实现。

第二节 核心概念

一 国家助学金政策执行

（一）国家助学金

国家助学金是由中央与地方政府共同出资设立的，用于资助家庭经济困难的全日制普通本专科（含高职、第二学士学位）在校学生的一种资助政策。现行的国家助学金起源于新中国成立前的人民助学金。2007年，教育部与财政部联合下发《高校、高等职业学校国家助学金管理暂行办法》，标志着我国国家助学金政策的正式形成。设立国家助学金的目的在于保障在校的贫困家庭且学习优秀的大学生的基本生活，减少其在校学习期间的生活压力，帮助其顺利完成学业，促使其通过自身努力改变命运。国家助学金政策的实施，充分体现了党和政府对家庭经济困难大学生的殷切关怀。

国家助学金是隶属于教育部管辖的，由中央政府和地方政府共同分担的一种无偿的资助形式。部委属高等院校的国家助学金所需的资金由中央财政负担，资助名额由财政部与有关部门确定。地方高校国家助学金所需要的资金，则依据各地方的经济发展状况以及生源状况，由中央财政与地方财政按照一定的比例分担。各省、自治区、直辖市根据财政部与教育部确定的国家助学金名额，并结合当地实际以及高校办学定位、招生人数等因素，合理确定具体的资助名额。

国家提倡和鼓励各省、自治区、直辖市加大对高校家庭贫困学生的资助力度，中央财政对于超出中央核定总额部分的国家助学金所需的资金给予适当的支持和补助。为了缓解物价上涨带给广大高校贫困学生带来的生活与学习压力，2010年，温家宝总理主持召开了国务院常务会议。会议的主要议题之一即是进一步扩大对高校家庭困难学生的资助范围和资助力度，提高国家助学金的资助标准。会议决定从当年秋季学期开始，将普通高等学校的国家助学金的资助标准由原来的每人每年 2000 元提高至每人每年的 3000 元。①

表 3-1　　　　　　　　　　　国家助学金政策简介

项目	内容
国家助学金	由中央与地方政府共同出资设立的，用于资助家庭经济困难的全日制普通本专科（含高职、第二学士学位）在校学生的一种资助政策
资助标准	生均资助标准 3000 元/年，中央所属高校分档及具体标准由财政部会同有关部门商定，地方所属高校由各省、自治区、直辖市确定
申请资格	1. 热爱社会主义祖国，拥护中国共产党的领导；2. 遵守宪法和法律，遵守学校规章制度；3. 诚实守信，道德品质优良；4. 勤奋学习，积极上进；5 家庭经济困难，生活俭朴
申请、评审和发放	1. 国家助学金按学年申请和评审；2. 学生自主向学校提出申请，各高校进行评定；3. 高校应按月将国家助学金发放到受助学生手中
特征	无偿性资助、覆盖面最广
相关事宜	1. 在同一学年内，申请并获得国家助学金的学生，可同时申请并获得国家奖学金或国家励志奖学金；2. 试行免费教育的教育部直属师范院校师范类专业学生，不再同时获得国家助学金；3. 对农林水地矿油核等国家需要的特殊学科专业学生予以适当倾斜

（二）政策执行

政策执行通常被认为涵盖政策执行过程及其产出甚至结果。若是从过程的角度看，政策执行侧重强调的是，将既定的政策目标付诸实施的一系列决策与行动。若是从产出的角度来看，政策执行侧重强调的是政策目标的实现程度；若从结果的角度看，政策执行侧重于强调问题的解决程度。② 无论是从过程的角度来看政策执行，抑或是从产出的角度及结果的角度来看政策执行，都具有一定的合理性。但实质上，政策执行是一个动态的、持续的和不断优化的过程，是政策执行者为实现既定的政策目标，

---

① 《国务院常务会议决定提高企业退休人员基本养老金》，中华人民共和国中央人民政府（http//www.gov.cn/ldhd/2010-12/22/content_ 1771062.htm）。

② 刘小康：《论公共政策执行力及其影响因素》，《新视野》2013 年第 5 期。

通过一定的组织机构，广泛调动各种政策资源，并采取宣传、实施、监控与协调等多种方式方法，协调各方活动，将政策精神和观念形态的内容转化为实际要达到的效果的持续的、动态的过程。政策执行是对已制定的政策文本的执行，是整个政策过程中的中介环节，是实现政策目标的唯一途径。政策执行通常关涉到若干组织内部、若干层级、若干组织之间以及若干行动者之间的协调与集体行动过程。政策执行是政策活动全程中最为重要的一环，制定的政策能否达到既定的目标、政策设立的初衷能否实现，都依赖于政策执行这一环节。一方面，政策执行应是政策所处的环境与政策精神的统一。政策执行最根本的依据是政策文本的内在精神，是政策执行所不能逾越的外部边界。政策执行的直接依据则是政策文本，政策文本是政策环境的要求和体现，政策环境是政策顺利实施的基本前提。因此，政策执行是政策精神与环境的统一，政策执行在满足政策精神的主观要求的同时，又要适应政策环境的客观需求。另一方面，政策执行又应是执行主体的价值判断与技术判断的和谐统一。技术判断是在分析政策人力、资源、技术等因素后做出的综合判断，这是政策执行科学性的要求。而政策主体的价值判断，则是依据政策主体的价值倾向性所作出的理性判断。政策执行的方式、手段，以及政策执行是否能达到既定的政策目标，在相当大的程度上取决于政策执行的主体所做出的价值评判。[①]因而说，政策执行又是技术判断与执行主体价值判断的统一。

（三）国家助学金政策执行

国家助学金政策执行是国家助学金政策的相关执行者，为实现国家助学金政策的目标，根据国家助学金相关政策法规，采取宣传、实施、协调与监控等各种活动方式方法，以顺利实施国家助学金政策，从而实现对家庭贫困学生的资助活动的动态的、持续的过程。国家助学金政策执行是对国家助学金政策相关文本的执行，是落实国家助学金政策精神的必然途径。国家助学金政策的执行环节是整个国家助学金资助政策实施的中介环节，是实现国家助学金资助政策目标的唯一途径。国家助学金政策执行涉及中央政府、地方政府、教育与财政主管部门、高校、院系、学生等主体之间的集体行动过程。国家助学金政策执行在国家助学金政策活动中处于关键环节，对于国家助学金政策能否达到预期目标、实现政策设立的初衷

[①] 高玉贵：《公共政策执行偏差及其矫正》，《行政与法》2012 年第 7 期。

具有举足轻重的作用。国家助学金政策执行过程大体包括国家助学金资金的足额拨付、国家助学金资助名额的确定、国家助学金政策的学习与宣传、高校贫困生身份及贫困等级认定、国家助学金评定、国家助学金发放等环节。国家助学金政策执行是一个动态的过程，国家助学金政策执行的各个环节紧密相扣，任何一个环节的滞后或不公都会影响到国家助学金政策的资助效果。

二 公平

作为一种价值判断和社会规范，公平不只是对稀缺资源的配置与相应的裁判规则，同时也是一种相对于社会和他人的个体的主观体验。公平作为对稀缺资源的配置规则，它对不同的主体拥有着怎样的权利和权力起着决定性的作用。公平作为一种裁判规则，用于处理不同主体之间的权利与权力关系。公平作为相对于社会和他人的个体的一种主观体验，主要用以反映个人对权利与权力配置关系的认同感以及满意度。[①] 因而，关于公平的观念不仅因时空的改变而不同，而且也因个人的感情和态度变化而不同，当然也不就存在永恒的公平观。

谈及公平，总是不可避免地会涉及平等。不可否认，公平与平等有着十分密切的内在联系，但是，两者却有着本质的区别。首先，平等与公平之间并不存在必然的联系，平等的未必都是公平的，不平等的也未必都是不公平的。[②] 在特定的情境下，平等纯粹属于对事实的判断或事实的描述的范畴，其本身并不具有价值评判的意味。但是，公平总是归属于对事物的价值的判断或价值评判的范畴。前者诸如"大锅饭"，虽然平等，却有平均主义之嫌。后者如在法律上对残疾人的特殊照顾，这种对健康人的对待虽然不平等，但却没有人认为它是不公平的。

在日常生活中，对公平的评判是通过不同的公平观来体现的。公平是相对的，却是处于不断变化的状态。公平是历史的、具体的，并非永恒不变。任何公平都体现着一定社会关系，而归根结底都对一定社会的经济关系的表现。在不同的社会经济发展水平以及在不同的社会经济结构及其社会经济活动中，所贯彻、体现的公平的内容也是极不相同的。随着历史的发展与社会的进步，公平的观念与内涵也是不断变化且愈加丰富的。回溯

---

① 侯焕春：《公平问题：在政治学的视域中》，《江海学刊》2002年第6期。
② 王海民：《平等新论》，《中国社会科学》1998年第5期。

历史的轨迹，公平观主要经历了以下四种演变。第一种是原始的公平观。这一公平观主要存在于原始社会阶段，原始的公平观并不关注社会资源是如何获得的，而将注意力集中在对有限的社会资源在全体社会成员中进行较为"均等"的分配。在原始公平观的指导下，公平的内涵同简单的"绝对均等"的概念等价。第二种是具有等级观念的公平观。这一公平观滥觞于阶级社会，它要求社会资源在同一阶层、同一阶级和同一等级成员之间，实现平均的配置。在这里，公平的实现是基于"人生而不平等"观念。第三种是具有资本色彩的公平观。这一公平观超越了"人生而不平等"观念，因而相对于等级的公平观有很大的进步。但是该公平观要求有限的社会资源的配置以所拥有资本的禀赋为依据，而无视人的需求差异。因而，资本主色彩的公平观虽有一定的进步性，但却依然是一种狭隘的公平观。第四种是共产公平观。这一公平观是共产主义的公平观，它基于全体社会成员的各自需求，而并不刻意在全体社会成员之间对社会资源进行分割和配置。该公平观的最终目的在于确保全体社会成员都能够根据个体差异，各取所需，进而实现每个人自由而全面的发展。因而，只有共产主义公平观，才是终极意义上的"公平"观。①

三 民族院校

民族院校作为一种制度性的安排，是我国民族政策的重要组成部分，在实现民族团结、国家繁荣方面发挥着重要作用。与此同时，民族院校又是我国国民教育体系的有机组成部分。民族院校是面向少数民族和少数民族地区的，以培养少数民族高素质人才、弘扬和传承各民族优秀文化等为基本功能的文化机构。②民族院校有着明确的民族指向性，她以为民族地区培养具有较高的政治思想素质和科学文化素质的少数民族各类人才为目标，各少数民族是其主要的和特定的教育对象。在本质上，民族院校与其他院校一样，是知识的共同体，本质属性是文化性。但是，民族院校也具有自身特殊的文化逻辑。民族文化与学术文化，是构成民族院校组织文化的两大核心的和基本的要素。③

自从1941年，我国第一所民族院校——延安民族学院创办以来，民族院校已获得了长足的发展。追溯我国民族高等院校的发展历史，可以发

---

① 侯焕春：《公平问题：在政治学的视域中》，《江海学刊》2002年第6期。
② 杨胜才：《论民族院校独特的文化功能》，《高等教育研究》2006年第10期。
③ 王冀生：《现代大学的本质和主要特征》，《电子科技大学学报》1999年第2期。

现我国民族院校在建校初期,主要是为国家培养少数民族政治干部,并辅以培养专业技术人才。在20世纪50年代至60年代,民族院校在培养了大批知识青年和少数民族在职干部的同时,也培养了部分在少数民族地区工作的少数民族上层爱国人士和汉族干部。因而,在相当长的一段时期内,干训部和预科班的学生在民族院校中占的比重较大。经过60多年的蓬勃发展,民族院校的发展已趋于成熟。首先,在办学主体上,民族院校有隶属于国家民族事务委员会的院校6所,隶属于地方政府的院校9所。其次,民族院校在办学层次上,立足于少数民族地区的实际发展状况,以本科和专科教育为主体,兼具培养硕士生、博士生等层次人才。同时,民族院校还举办了干部培训、成人教育班等。① 民族高等教育已经形成了层次与形式多样的办学模式。最后,民族院校在专业和学科建设上逐步形成了鲜明的民族特色,并初步建立起以民族学科为特色的文、理、农、工、医、管、艺等学科门类比较齐全的民族高等教育教学体系。其中,诸如民族学、民族语言等专业,在我国高等院校中居于领先的地位和水平,有的学科、专业甚是民族院校所独有的。

第三节 理论基础与文献综述

一 理论基础

教育公平是一个古老而又长青的话题,中西方关于教育公平的著述颇丰。在我国,最早关于教育公平的论述可以追溯到春秋战国时期。孔子为打破学在官府的现象,提出了有教无类和因材施教的主张。这一主张充分彰显了我国古代教育家们的朴素的教育公平思想和对教育公平的践行。追溯西方教育发展的历史,关于教育公平的论述亦不鲜见。哲学家柏拉图最早提出了实施义务教育的主张,亚里士多德深受柏拉图思想的影响,并最早提出通过实施法律,来保障每个公民接受教育的基本权利的实现。同时,他提出了应"平等的对待平等的,不平等的对待不平等的"② 思想。这些都生动地体现了西方教育家们对教育公平的理想信念的诉求。随着历

---

① 胡源:《试论民族院校在和谐社会中的特殊地位和作用》,《湖北民族学院学报》2008年第5期。

② 杨东平:《中国教育公平的理想与现实》,北京大学出版社2006年版,第2页。

史的发展与进步，教育公平理论的日臻完善并趋于成熟，教育公平也成为中西方教育贤哲们通过教育实践所追求的目标。

（一）多学科视角下的教育公平

在探讨和揭示教育公平的本质时，无论是对教育公平作理论的探讨，抑或是对教育公平作实践的考察，都无法回避研究教育公平问题的视角或学科归属的问题。伦理学关注弱势群体，认为教育公平应遵循罗尔斯所提出的公平三原则，并应合乎最少受惠者的最大利益。社会学根据民主主义的自由平等观，认为教育是促进社会公平的重要和主要工具，教育机会均等地实现应贯穿整个教育系统，只有当教育系统中的机会均等且同社会中其他的子系统的机会均等保持互动时，才有可能促进整个社会公平的实现。社会学的教育公平理念主要包括入学机会均等、教育条件均等、教育结果均等、竞争机会均等、成果机会均等。经济学认为公平是和资源的分配与享用相联系，侧重于强调教育资源的公平配置。法学基于天赋人权的理念，认为受教育权利的普遍化是基本人权的问题，并提出规定基本的教育权利与义务，依法保障教育机会均等的建议。教育社会学基于社会学的一些基本原则，认为教育公平的内涵主要包括入学机会的均等、教育条件的均等、学业成功机会的均等三方面。教育经济学认为教育资源是一种稀缺的资源，且教育资源的分布是极不平衡的，要实现教育公平，就应采取不均等的财政拨款克服辖区内差异，实现教育成本的分担和补偿。[1] 由此看来，教育公平已经得到了社会科学的众多分支学科的广泛关注，对于教育公平的认识虽有较大的差异，但都具有一定的合理性和说服力。通过对多学科视角下的教育公平的内涵的研究和分析，有助于整合现有的关于教育公平的研究成果，以助于更加深入透彻地认识教育公平的本质。

通过对多学科关于教育公平的认识进行比较，可以得出如下三个结论：首先，教育公平得到众多学科的关注，而不是单纯归属于某个学科，在学科高度分化和整合的今天，对教育公平的研究，具有学科归属的边缘和交叉的特性；其次，社会科学中的许多学科都可以也都应该对教育公平这一社会热点问题进行广泛而深入的研究，自然科学中许多分支学科的研究方法和研究技术也值得采用，只有自然科学与社会科学相互补充，对教育公平的认识才有可能更加深入；最后，将教育公平问题作为一个公共的

---

[1] 肖建彬：《论教育公平研究中的若干理论问题》，《西北师大学报》2003年第5期。

领域，进行跨学科的、多视角的研究与探索，更有助于在科学把握教育公平内涵的同时，进一步深化对教育公平及其发展规律的认知，以更好地促使教育公平的实现。

(二) 教育公平的内涵

教育公平是一种社会意识形态，与特定的社会基本制度，尤其是与特定的教育制度相关联。教育公平是特定社会基本制度中的教育制度的合理性与公正性的统一。[①]与特定社会的教育制度相联系，教育公平以一定的教育制度为基准。教育公平规定着一定社会成员所拥有的具体的教育基本权利和应承担的基本的义务。教育公平规定着稀缺的教育利益和教育资源，在不同的社会阶层之间、不同的社会成员之间以及不同的社会群体之间的合理配置与适当安排。教育公平作为社会公平正义理念在教育系统中的延伸，包含着浓郁的人权思想。对教育公平的追求，突出地表现为对整个社会的教育权利和教育资源做出公平的配置。教育公平是教育权利和教育资源分配的公平，而国家教育制度的核心便是教育权利和教育资源的公平分配。若是离开教育制度谈教育公平，则缺乏客观的评价基准，是没有意义的。

在不同的历史发展阶段，教育有着不同的形态，教育公平的理念也各不相同。伴随着历史的发展与进步，教育形态也随之发生变迁，教育理念也经历着不同的发展阶段。随着教育发展阶段的提升，教育公平的内涵也更加丰富和完善：首先，在教育尚未实现普及时，教育公平主要体现为入学机会的平等，即教育权利的平等，是强调以尊重教育主体的平等地位为前提，法律面前人人都有接受教育的权利和资格，要使人人都享有接受教育的机会，此时促进教育公平的努力都是围绕着扩大入学机会，确保更多的人受教育权的实现。其次，在实现了教育普及时，教育公平则体现为提升教育的质量，让每一个人都能接受优质教育。假若教育质量得不到有效保证，入学机会方面的均等只能是低水平、低层次的公平。只有广泛提高教育的质量与水平，才是对教育公平理念与原则的真正践行。[②]最后，在实现了教育机会的扩大和教育质量的提升后，教育公平就向着更高的阶段与水平迈进，即保证每一个人得到全面而自由的发展。这种自由而全面的发展摆脱了应试教育的束缚和教育资源短缺的掣肘，可以使每一个人能根

---

① 马和民：《新编教育社会学》，华东大学出版社2002年版。
② 谈松华：《论我国现阶段的教育公平问题》，《教育研究》1994年第6期。

据自身内在的固有的个性需求自由发展,而不是受外界因素的干扰或牵制,使自身的发展偏离或压制内在的固有的个性需要。在这一阶段,每一个人可以根据自身的兴趣爱好、身心特征、心智水平等,自主地选择接受教育的类型、内容和层次。

二 文献综述

(一)国内相关研究

近年来,我国有关国家助学金政策执行的著述颇丰。在中国知网学术期刊总库上以"国家助学金"作为"主题"进行检索,截至2013年12月底,共检索论文和文章2000篇,其中发表于学术期刊上的论文为652篇,特色期刊309篇,博士学位论文2篇,硕士学位论文39篇,重要会议论文11篇,重要报纸刊登的文章986篇,学术辑刊1篇。这表明对国家助学金政策执行的研究已经成为我国教育领域的一个热点问题。

通过对近年来国内有关国家助学金政策执行的文献的搜集与梳理,发现现有的研究大致集中在对贫困生身份的认定、国家助学金的评定、国家助学金的发放和监督以及对外助学金政策的研究四个方面:

其一,有学者对贫困生身份的认定做了研究。在这方面,学界达成了较为一致的看法,认为国家助学金是用于资助家庭经济困难的学生,而对贫困生身份及其贫困等级的认定工作,是国家助学金政策执行的基础工作和首要环节。而部分学生为获得参评资格,托关系办理假证明、弄虚作假的现象不在少数,同时由于开具家庭贫困证明程序简单,又缺乏监督约束机制,对相关的民政部门以及县、乡一级政府部门不会有丝毫影响,进而导致了高校伪贫困生泛滥的问题,失实的贫困证明为贫困生身份认定增加了难度,严重影响了国家助学金评定的公平公正(孙涛、沈红,2008;李慧、袁振堂,2010;贾魁,2013等)。

其二,有学者对国家助学金的评定环节进行了研究。由于缺乏一套科学的、便于操作的贫困生身份及贫困等级标准的认定体系,导致了在国家助学金的评定环节中不公平现象的出现,进而引发了一系列后续的问题。张凯、孙铭晗、卢瑶(2010)、宋姣(2010)等认为国家助学金评定的不公平,会影响到同学之间的互信,同时也阻碍了学生的正常生活和学习,影响了班集体的建设。张向林(2009)、刘燕杰(2011)等认为国家助学金不同于政府救济金,学习成绩、学习状况在国家助学金评定中是不可忽略的重要因素,如果省略掉学习因素在国家助学金评定中的作用,就会使大学生滋生不劳而获的惰性思想。周云、王春华、李海黔（2012）认为国家助学金的评定工作虽由高校组织实施，但是辅导员在国家助学金的实际评审过程中居于主导地位。国家助学金政策执行是否公平公正，往往与辅导员的评审的思路密切相关。杨卫涛、刘晓（2012）认为在国家助学金的民主评议环节，一般采取投票方式，但是在通常情况下，得票数高的同学并不一定是家庭经济最困难的，而往往是"人缘好"的同学，而这种相对的"公平"又造成事实上的不合理。

其三，有学者研究了国家助学金发放和监督情况。国家助学金的发放是国家助学金政策执行的最后一个环节，是对国家助学金评定结果的落实。耿家营、倪青（2009）、王凤娟（2011）等认为国家助学金的发放过程中存有平均主义，将国家助学金私下平分的现象较为普遍。毛宝胜（2010）认为由于国家助学金使用监督机制的缺失，有些同学将国家助学金用于请客和购买电脑等高档消费品；程朝（2011）认为由于国家助学金是一种无偿的资助形式，导致这些学生逐渐养成了不劳而获的依赖心态，违背了国家助学金设立的精神。

其四，有学者对国外的助学金政策进行了研究。张民选（1998）在其著作中，介绍了国外资助政策、资助理念的变迁以及西方发达国家现行的资助措施，为我国资助政策的完善和发展提供了借鉴。其他学者主要以西方发达国家的助学金为研究对象，如蓝汉林、孔令帅（2010）、孙章伟（2011）等研究了美国佩尔助学金、毛学勤（2011）等研究了德国国家助学金，他们通过介绍西方先进国家的经验，并通过中外助学金政策对比，以期对我国国家助学金政策的完善有所启发。

（二）国外相关研究

国外对学生资助问题的研究起步较早，但是针对助学金的研究相对较少。通过对可获得的国外相关资料的梳理与分析，可以将与助学金有关的文献大致分为对学生资助问题的理论研究以及资助理念的变迁两个方面：

在对学生资助问题的理论研究方面，主要包括人力资本和教育成本分担等理论。1959年至1962年，西奥多·W.舒尔茨在其连续出版的《对人的投资——一个经济学家的观点》和《人力资本投资》等一系列著作中，全面而系统地阐述了人力资本的相关内涵及其基本特征，阐述了教育不仅是一种消费，更是一种对人力资本的投资，阐明了对教育的投资形成了人力资本，对人力资本的积累有助于提高劳动生产率，对于增加个人收入和国民收入具有重要的意义。与此同时，另一位著名的经济学家贝克尔，在其出版的《人力资本》著作中，发展了人力资本理论，并对教育投资的利润率做了较为详细的分析。1986 年，布鲁斯·约翰斯通提出了成本分担理论，该理论认为高等教育成本"应该由纳税人、学生、学生家长和大学共同分担"，他们可以用过去的和现在的收入以及未来可能的收入，实现对高等教育成本的分担。

在资助理念的变迁方面，第二次世界大战后，教育公平的理念在大学生资助方面突出表现为高等教育入学机会的均等。1948 年，联合国在《人权宣言》中明确提出了教育权利为每个公民所享有，高等教育入学机会的配置应以学生的入学成绩为准，以确保"人人有均等之入学可能"。1966 年，联合国在《关于经济、社会和文化权力的国际公约》中重申了这一思想，并做了进一步的要求：高等教育应该根据自身的能力，并以各种适当的方法，尤其是以积极推进高等教育免费制度，使人人都享有平等地接受高等教育的机会。在这一资助理念的推动下，许多国家都尝试用不同资助方法构建了高等教育资助模式。根据选择与组合，可将各国的高等教育资助政策大致分为"收费加混合资助模式"、"免费加助学金模式"和"收费加贷学金模式"。其中的"免费加助学金模式"在各国都曾为推动高等教育快速发展、促进高等教育的入学机会均等方面起过较为积极的作用。但是，这一模式在实践中逐步蜕变为"利益均沾"的均等资助，并因此饱受诟病。同时，由于免费和助学金增加了高等教育的成本，反过来又制约了高等教育规模的扩大，限制了人民接受高等教育的权利的实现。因此，在 20 世纪 70 年代全球性经济危机和社会动荡，以及随之而来的高等教育机制体制改革中，"免费加助学金模式"受到了比其他模式更加剧烈的冲击。虽然目前仍有一些国家实行助学金制度，如美国政府为经济困难学生提供了联邦补充教育机会助学金和联邦佩尔助学金，但是大多数曾经采用此模式的国家都逐步转向其他资助模式。

（三）相关研究评述

通过对现有文献的梳理和分析，发现学界对国家助学金政策执行的研究大都涉及公平问题，这些研究一方面加大了社会尤其是高校对国家助学金政策公平执行的重视，另一方面他们提出了许多富有建设性的对策和建议，对于指导国家助学金政策的实施，促使国家助学金公平合理的发放起了积极的作用。而学界对国家助学金政策执行的研究也存在着不足：

首先，国家助学金是用于资助家庭贫困的学生，但是学习成绩、学习状况在评定过程中起到何种作用，国家助学金究竟是偏向"助学"还是偏向"助困"，牵涉到国家助学金政策执行的价值取向，学界还没有做出明确的论证。

其次，民族院校是我国为实现社会主义民族政策而设置的一种特殊院校，与一般院校相比，民族院校有更大的正外部性，而目前学界对国家助学金政策执行的研究并未对民族院校与一般院校作以区分，因此，现有研究存在以偏概全的问题。

最后，学界对国家助学金政策执行的公平问题的研究大多是理论研究，少有学者对国家助学金政策执行的公平问题进行调查分析。因此，对国家助学金政策执行的公平问题进行研究有着重要的现实意义。

第四节 新中国国家助学金政策的历史沿革与价值取向

一 新中国国家助学金政策的历史沿革

（一）高校助学金政策的产生（1949—1952）

1949年，文化管理委员会发布了《学生人民助学金暂行条例》，该条例参照各学校讨论的结果，将公费改称为人民助学金。作为新中国成立前的第一部关于助学金的条例，该条例对实施人民助学金的基本思想、人民助学金的资助对象以及申请人民助学金资助的程序等基本内容与基本事项做了相关的规定。该条例的颁布奠定了我国高校助学金实施的政策基础，是其后有关人民助学金制度的变迁，以及现行的国家助学金制度的雏形。但是，当时各地区实施人民助学金制度的具体时间和具体方法还存在着比较大的差异，全国各类高等学校都有一套自己的关于学生资助的办事规则。因而，在全国范围内并没有形成统一的助学金制度。

1952年，教育部对人民助学金的资助标准做出了调整，并规范了人民助学金的评审程序。教育部明确要求在评定人民助学金时，各个高校应该依据国家颁布的标准和具体情况，实行全体学生自报公议，班级民主评定，最后由学校行政批准。同时，对特殊人群给予了特殊的照顾，如革命烈属、少数民族等群体。这一时期所颁布的关于人民助学金的政策文件，标志着我国人民助学金制度的形成以及高校资助政策的确立,并在全国范围内统一了人民助学金的资助标准以及资助对象,使人民助学金逐渐走向规范与统一。

(二) 人民助学金政策的三次调整(1953—1965)

1955年,教育部与高等教育部联合发出了《关于制发高等学校一般人民助学金分地区标准的通知》(以下简称《通知》),《通知》将全国划分为十类地区,人民助学金的发放依据地区的不同而异。旋即,高等教育部又发布了《全国高等学校(不包括高等师范学校)一般学生助学金实施办法》,对除师范类院校以外的其他院校的人民助学金的资助范围实施了调整。规定除了师范类院校的学生以外,各高等院校的人民助学金的发放比例下调为70%。[1] 从此,人民助学金的资助对象打破了"利益均沾"的局面。

自1958年我国对高等教育体制进行改革,下放教育事业的管理权力后,一些省(市、自治区)依据国家发展的整体态势,结合当地的社会经济以及高校发展的实际情况,制定了相应的人民助学管理金办法。1960年1月,国务院转发了《关于工人、农民、干部学生人民助学金标准的暂行规定》(以下简称《规定》)。在《规定》中明确提出自2月起,各省(市、自治区)可在一定范围内,根据本地区的情况,作出全日制高等学校工人、农民、干部学生人民助学金标准的具体规定。这次调整主要目的在于适当限定地方权力,缩小各地区差异。经由此次调整,各省(市、自治区)在一定程度和范围内,具备了设置人民助学金的资助指标以及调整人民助学金资助额度的权力。

1964年,党和政府对人民助学金制度的实施作了第三次调整。经由本次调整,人民助学金资助学生的比例得到了扩大,人民助学金的资助标准也得到了提升。规定从1964年4月开始,凡是全部享受半自费的和人民助学金的高等学校学生,每人每月伙食补助费增加三元;从该年5月起,人民助学金的资助覆盖面由之前的70%提高至75%。此时,加上民族院校以及师范院校的学生,高等院校的受人民助学金资助的学生比例业已达到80%以上。[2]

(三) 人民助学金政策的停滞(1966—1992)

"文化大革命"开始后,高等学校停止招生,高等教育事业的发展受

---

[1] 何东昌:《中华人民共和国重要教育文献》,海南出版社1998年版。
[2] 中国教育年鉴编辑部:《中国教育年鉴(1949—1981)》,中国大百科全书出版社1984年版。

到了冲击。在这一时期，人民助学金制度的正常实施也遭遇到了挫折。1977年以后，社会主义各项事业逐步得以恢复，高等教育事业也逐渐步入正轨，人民助学金制度也得以正常实施。

十一届三中全会后，我国进入了改革开放的新时期，人民助学金制度也随之进行改革。1983年，财政部会同教育部联合下发了《普通高等学校本、专科学生人民奖学金试行办法》，明确提出设立"人民奖学金"这一新的贫困生资助形式。虽然人民奖学金只是占了很小一部分比例，但却打破了我国原有高校学生资助制度的单一模式，是探索我国大学生资助制度改革迈出的重要一步。

时至1986年7月，国务院批转了《关于改革现行普通高等学校人民助学金制度的报告》（以下简称《报告》）。在《报告》中明确指出我国高等教育存在对学生"包得过多"的现象和问题，并明确要求改革这一现状。《报告》规定："除了师范专业的学生和毕业后工作环境特别艰苦的专业的学生……其他学生在学习期间的生活费用原则上都应该自理"。[①] 1987年，财政部联合国家教育委员会共同下发了《普通高等学校本、专科学生实行奖学金制度的办法》以及《普通高等学校本、专科学生实行贷款制度的办法》。这两个《办法》的发布与实施，标志着实施了近40年的人民助学金制度的废止，同时也标志着我国贫困生资助体系中的奖、贷学金制度的确立。

（四）国家助学金政策的恢复与发展（1993年至今）

为解决高校日益突出的贫困生问题，1993年，财政部与国家教育委员会联合下发了《关于对高等学校生活特别困难学生进行资助的通知》，明确要求各个高等院校对于家庭特别贫困的学生，发放定期和不定期的困难补助，以帮助贫困生顺利完成学业。2005年，教育部与财政部联合印发了《国家助学奖学金管理办法》（以下简称《办法》）。《办法》在已有的资助体系中设立了高校国家助学金这一新的资助模式，完善和优化了高校贫困生资助体系与模式。

2007年6月，教育部与财政部根据国务院提出的"完善国家助学金

---

① 国务院：《关于改革现行普通高等学校人民助学金制度报告的通知》，《人民日报》1986年7月8日。

制度"的精神,①联合制定并印发了《普通本科高校、高等职业学校国家助学金管理暂行办法》(以下简称《办法》)。《办法》较为具体系统地提出了国家助学金制度的归口管辖、资金来源、申请条件、资助范围、资助标准及指标分配等重要事项,这标志着我国现行国家助学金制度的产生。2010 年,《国家中长期教育改革和发展规划纲要 (2010—2020 年)》明确提出,国家奖助学金应根据经济发展水平和财力状况,建立动态调整的机制。同年,国务院常务会议决定从 2010 年秋季学期起,上调普通高校国家助学金的资助标准,将国家助学金生均资助标准由每年 2000 元上调至每年 3000 元。②

国家助学金政策的恢复与发展,是我国高等教育体制改革,尤其是学费制度改革的直接产物,是教育成本分担机制下的教育补偿措施。国家助学金的最大特点是具有无偿性,它依据学生的家庭状况决定对学生资助等级,突出对教育公平的追求,同时,国家助学金对大学生的学习情况也做了一定的要求,又凸显了对效率的追求。

二 国家助学金政策的价值取向

(一) 助"学"与助"困"之争

在国家助学金的政策执行过程中,存在着一个助"学"与助"困"的争议。从表面上看,助"学"与助"困"的争论是资助对象不明确的问题,而究其本质,则是公平与效率的争论。倾向于支持国家助学金助"困",则是社会公平价值取向,认为国家助学金应是用于资助家庭经济困难的学生,家庭越是贫困,就越应该获得资助,而且资助的等级应该越高。支持国家助学金助"学",则是偏向于国家助学金的效率取向,认为国家助学金助"学"不仅符合国家助学金的字面之意,更符合市场经济的理念:国家对于贫困生资助总是要看到效益的,学习刻苦且优秀的贫困生理应得到更高等级的资助,家庭贫困只是获得资助的必要而非充分条件,如果只以家庭贫困状况为依据,而不论学习成绩、在校表现的好坏,则不利于激发贫困生通过自身努力摆脱贫困的现状。由此看来,关于国家助学金助"学"还是助"困"的争论,各有其道理。那么,该如何理性

---

① 国务院:《关于建立健全普通本科高校、高等职业学校和中等职业学校家庭经济困难学生资助政策体系的意见》,《人民日报》2007 年 5 月 18 日。

② 《普通高校国家助学金资助标准今秋上调至 3000 元》,中新网 (http://www.chinanews.com/cj/2010/09 – 26/2556305.shtml)。

界定国家助学金的资助倾向呢？

　　高校贫困生问题一直是我国高等教育体制改革中不可回避的问题之一，这个问题也一直制约着高等教育体制改革的步伐和高等教育规模的扩大。为了有效解决高校贫困生问题，党和国家先后出台了一系列贫困生资助政策，并逐步形成以"奖、贷、补、助、免"等多维一体的学生资助体系。可以说，这是一个多样化、全方位的资助体系，完成了我国贫困生资助的顶层设计。在这一资助体系中，"奖"包括国家奖学金和励志奖学金，是专门针对品学兼优的学生的一种资助。"贷"包括国家助学贷款和生源地贷款，是一种有借有还的资助措施，借贷与否依据学生家庭实际状况及学生意愿。"补"是针对家庭发生变故或遭受自然灾害等特殊情况的学生群体的困难补助、伙食补助、路费补助等。"减"和"免"即是减免孤残学生、优抚家庭及贫困地区、父母重病或单亲家庭等学生的部分或全部学费的一种资助形式。"勤"，顾名思义，是勤工助学的简称，是学生通过自己的辛勤劳动取得合法的报酬，以改善生活和学习条件的一种资助形式。"绿色通道"是指学校先给家庭贫困的学生办理各项入学必需的手续，保证学生无障碍入学，再对贫困生家庭经济的实际状况进行调查与核实，以有针对性地采取不同的办法予以资助的方式。以上几种资助形式，虽然基本上覆盖全部贫困生，但是也存在着不足，它们或是对学生有着特殊的规定，如奖学金对学生的学业成绩要求很高，或是一种有偿的资助，如勤工俭学要求学生付出一定的劳动。所以，它们不能覆盖家境贫困但是学习情况一般或学业负担较重的贫困学生，而国家助学金与其他贫困生资助形式的最大区别也在于此。国家助学金主要是以学生的家庭经济状况为标准进行资助，而且又是一种覆盖面较广的无偿资助措施，从而弥补了原有资助体系覆盖面不全的缺陷。由此看来，国家助学金用于助"困"似乎更有道理。但是，国家助学金作为一种资助政策，有明确的政策客体，助"学"与助"困"的争议，应由国家助学金政策的价值取向为依据。

　　（二）关于国家助学金政策价值取向的思考

　　1. 人民助学金政策的价值变迁

　　1949 年，我国开始实施人民助学金政策。人民助学金的设置虽是以解决贫困生在校的基本生活为直接目的，但是由于新中国刚刚成立，为了巩固新生的脆弱的人民政权，对外彻底打破帝国主义的包围和封锁，新中国亟须通过设置特殊的政策培养出自己的建设者和接班人，因而，人民助学金政策的设立受政治因素的影响较大。同时，人民助学金在资助额度上的区分，也显示了我国政府试图通过人民助学金引导高校学生的专业选择，如师范专业等。所以，这一时期实施人民助学金政策的政治色彩较为浓厚，且在主观上较少涉及对公平和效率的考虑。

1953 年以后，我国对人民助学金政策进行了一系列的调整，使人民助学金的实施逐步走向规范，并基本形成了一种较为系统和完善的整体框架。同时，人民助学金的实施标准由全国整齐划一调整为结合各个地区的实际状况，这又增强了人民助学金政策的适应性，也使人民助学金制度更具活力。另外，人民助学金由全部发放调整为部分发放，更能直接体现其帮助经济上有困难的学生完成学业的目的。1983 年，我国设立了"人民奖学金"这一新的资助形式。虽然人民奖学金只是占了很小的一部分比例，但却打破了我国原有高等院校学生资助模式的单一状况，是我国高等教育体制改革过程中的重要探索。在这一阶段，人民助学金的政治色彩逐步减弱，公平和效率的价值得到关注，人民助学金政策逐步向其本义回归。

1987 年 6 月，我国正式废除了人民助学金政策。从人民助学金政策的实施与演变过程来看，取消人民助学金在某种意义上体现了对资助政策认识的加深和提高。但是，人民助学金的存在也有其合理性，将其完全取消，虽然符合经济体制转轨、高等教育体制改革的要求，但却无助于解决高校贫困生问题。

2. 现行国家助学金政策的价值取向

2007 年，财政部与教育部联合下发了《高校、高等职业学校国家助学金管理暂行办法》（以下简称《办法》）。《办法》中的第三条，对国家助学金的概念与内涵作了较为明确的界定：国家助学金是用于资助高校全日制本专科（含高职、第二学士学位）在校生中的家庭经济困难学生。根据这一界定来看，国家助学金是用于资助家庭经济贫困的学生。但是，在随后的第六条中，《办法》又对申请国家助学金的资格做了进一步说明：

（1）热爱社会主义祖国，拥护中国共产党的领导；

（2）遵守宪法和法律，遵守学校规章制度；

（3）诚实守信，道德品质优良；

（4）勤奋学习，积极上进；

(5) 家庭经济困难，生活俭朴。①

这一规定对于申请国家助学金资助的资格做了较为详细的要求，使资助对象也更加明确。《办法》不但规定了申请资助学生的思想政治品格，而且规定了申请资助学生的学习态度、学习情况以及家庭条件。同时，从申请国家助学金资助的条件的先后顺序来看，对于学生勤奋学习、积极上进的要求还位于家庭经济困难、生活俭朴之前。这说明，国家关心家庭贫困学生的在校生活，却是有前提条件的，并非是只要家庭贫困的学生都可以享受国家助学金的资助，那是一种没有原则的公平，是伪公平。对学习成绩、学习态度的要求，不仅体现国家助学金助学的一面，更有利于鼓励贫困生努力完成学业，通过自身努力摆脱贫困的现状。同时应该指出的是，国家助学金对于学习成绩的要求，更多的是原则性的、方向性的，并非条件很高，只要学生勤奋学习，积极上进，有一个端正的学习态度，就可以申请国家助学金的资助。这又是对国家奖学金等对于学习成绩要求较高的资助形式的一个有益的补充，不仅对于扩大贫困资助的覆盖面大有裨益，而且对于提升学生崇尚学习的风气有良好的引导作用。

表 3-2　　　　　　　　国家助学金政策沿革及价值变迁

阶段	政策沿革及价值变迁				
	资金来源	权力归属	评定办法	资助对象及标准	价值倾向
产生阶段 1949—1952	中央拨款	中央包办	以经济状况为标准，全体学生自报公议，民主评定	全部享受助学金。全国统一资助标准，一般高校12元/月，师范学校14元/月，干部32元/月	以服务国家建设为中心，政治色彩浓厚，主观上较少涉及公平与效率
调整阶段 1953—1965	中央拨款	地方在中央规定的范围内自行规定资助标准	以经济状况为标准，班级民主评定	学生部分享受助学金，按75%的比例发放。全国分十类地区标准进行资助	政治色彩减弱；开始注重公平，兼顾效率

---

① 财政部、教育部：《高校、高等职业学校国家助学金管理暂行办法（2007）》。

续表

阶段	政策沿革及价值变迁				
	资金来源	权力归属	评定办法	资助对象及标准	价值倾向
停滞阶段 1966—1992	中央拨款	地方自行规定加发补助的办法（1966—1982）	以经济状况为标准，班级民主评定	学生部分享受助学金，按75%的比例发放。全国分六类地区标准进行资助	注重公平，兼顾效率
		地方自行规定评定标准、分等办法及加发补助的范围和办法（1983—1986）	以学生家庭成员的全部固定收入为标准，由学校根据各地区规定的家庭平均生活水平进行评定	职工学生工龄五年以上100%享受助学金，一般学生按60%比例享受。分地区类别发放	
	人民助学金被取消（1987—1992）				
恢复与发展阶段 1993年至今	中央与地方共同承担	地方确定名额、分档办法、资助标准	以经济状况为标准，由学校学生资助管理机构组织评审	家庭经济困难的学生；生均标准从2000元/年提高至3000元/年	教育成本分担下的教育补偿措施，注重公平，兼顾效率

第五节 国家助学金政策执行的公平现状调查

一 调查设计

（一）调查目的

在我国高等教育体制深化改革的过程中，高校贫困生现象一直是一个不容回避的问题。为了有效解决高校贫困生问题，我国逐步设立并形成了多维一体的贫困生资助体系。其中，国家助学金政策的实施，优化了高校贫困生资助体系，帮助众多家境困难学生顺利完成学业。然而，在国家助学金政策执行的过程中，还存在着一些有违公平的现象和问题，使国家助学金政策的实施效果偏离了设置国家助学金的政策预期。因此，本次调查目的在于通过调查，研究国家助学金政策的执行现状，发现国家助学金政策执行中存在的有违公平的问题,并据此为国家助学金政策的执行建言献策,以促使国家助学金公平公正的发放。

(二)调查对象

本书对某民族院校的在校本科生进行抽样调查。该民族院校位于我国中部地区,是一所隶属于国家民委的综合性普通高等院校。截至目前,该民族院校招收有56个民族的学生,其中,少数民族学生比例占60%以上。为解决贫困生问题,该民族院校已经建立并形成以奖(助)学金为导向、勤工助学为主体、生源地信用贷款以及国家助学贷款为主要途径,"奖、贷、勤、助、免、补、减"七维一体的贫困生资助工作体系。①

本次调查发放调查问卷500份,回收调查问卷486份,回收率达97.2%。在回收的调查问卷中,排除了无效的调查问卷后,共筛选出474份有效调查问卷,有效率达94.8%。

(三)调查内容

本节从调查样本基本情况、国家助学金政策的宣传与了解情况,国家助学金资助额度与资助对象的认知情况、家庭贫困证明可信情况、参与评定、透明与民主情况、国家助学金平分与挪用情况、国家助学金政策执行的公平评价情况七个维度,对国家助学金政策执行的公平问题进行问卷调查。

(四)统计方法

本书使用"统计产品与服务解决方案"软件(SPSS 20.0),对调查问卷所获得的数据进行录入整理和统计分析,统计方法有:

1. 信度分析

本书使用克朗巴哈系数(Cronbach's Alpha)统计量对问卷的信度进行分析。克朗巴哈系数统计量是统计分析中较为常用的信度测量方法,是量表所有可能的项目划分方法得到的折半信度系数的平均值。通常克朗巴哈系数的值在0和1之间。如果克朗巴哈系数不超过0.6,一般认为内部信度不足;当克朗巴哈达到0.7到0.8时,说明量表具有相当的信度;当克朗巴哈达到0.8到0.9时,说明量表信度非常好。在实际应用研究中,克朗巴哈系数只需达到0.6以上即被认为合理。

2. 频率分析法

频率分析是统计描述中最常用的方法之一,是一个变量在不同取值的

---

① 王世忠、王明露:《政策知晓度差异对发放国家助学贷款影响的计量分析——基于某委属民族院校的 logit model 分析》,《教育财会研究》2013年第3期。

个案数在总体中所占的比值。频率分析可以对数据的分布趋势进行初步分析，进而为深入分析奠定基础。

3. 相关系数分析

相关分析的作用在于可以直接地判断现象之间大致呈何种关系的形式。斯皮尔曼（Spearman）等级相关是用以考察两个变量中，至少有一个是定序变量时的相关系数。本书使用斯皮尔曼（Spearman）等级相关来判断变量之间的关系。

二 国家助学金政策执行公平现状的调查分析

（一）问卷的信度情况

本书首先对问卷所获数据进行信度分析，发现 Cronbach's Alpha 值为 0.687，基于标准化的 Cronbach's Alpha 值为 0.651，大于 0.6，说明该问卷的信度是可以接受的。

（二）样本基本情况

1. 户口、性别、民族的情况

在本次调查中，按户口进行分类，城镇户口占样本总数的 39.7%，农村户口占样本总数的 60.3%。按性别进行分类，女生占样本总数的 56.9%，男生占样本总数的 43.1%。按民族分，汉族占样本总数的 49.8%，少数民族占样本总数的 42.8%，数据缺失占 7.4%。

2. 年级、学科的情况

在本次调查中，按年级分，大一的学生占样本总数的 21.3%，大二的学生占样本总数的 16.7%，大三的学生占样本总数的 22.9%，大四的学生占样本总数的 39.1%。按专业分，文史类学生占样本总数的 39.1%，理工类学生占样本总数的 48.0%，艺体类学生占样本总数的 2.3%，其他占 10.6%。从总体上看，调查样本分布较为均匀。

3. 生活费用与家庭经济条件情况

生活费用是反映家庭经济状况的一个方面。统计数据显示，每月生活费用在 400 元以下的学生所占比例为 3.63%，每月生活费用在 400—600 元的学生所占比例为 23.08%，每月生活费用在 600—800 元的学生所占比例为 36.68%，每月生活费用在 800 元以上的学生所占比例为 34.62%。从生活费用上看，极端贫困的学生属于少数。与周围同学相比，2.1% 的学生认为自己家庭条件富足，62.7% 的学生认为自己家庭条件中等，33.8% 的学生认为自己家庭条件贫困，缺失 1.5%。统计数据表明，除个别学生认为自身家庭条件富足外，大部分学生对自己家庭条件的评价相差不大。

（三）宣传与了解情况

1. 国家助学金政策的宣传与了解情况

国家助学金政策的宣传工作是执行国家助学金政策的前期铺垫工作。如表3-3所示，只有24.6%的学生认为学校（学院）有关于国家助学金的宣传活动，有75.4%的学生认为学校（学院）没有关于国家助学金的宣传活动。这说明学校（学院）有待于加大国家助学金政策的宣传力度。在关于国家助学金政策了解程度方面，有29.5%的学生不了解国家助学金政策，61.1%的学生对于国家助学金了解一点，而认为自己很了解国家助学金政策的学生只占总数的9.4%。这表明，学生对国家助学金政策的知晓程度不容乐观。

表3-3　学校（学院）宣传活动与政策了解情况

		政策了解情况			合计
		不了解	了解一点	很了解	
宣传活动	没有	23.5%	45.5%	6.4%	75.4%
	有	6.0%	15.6%	3.0%	24.6%
合计		29.5%	61.1%	9.4%	100.0%

2. 国家助学金政策了解情况与获得资助次数的相关分析

如图3-1所示，在调查样本中，有58.60%的学生未获得过国家助学金，18.47%的学生获得过一次国家助学金，14.86%的学生获得过2次国家助学金，6.37%的学生获得过3次国家助学金，1.70%的学生获得过4次国家助学金。由表3-4可知，国家助学金获得次数与国家助学金政策了解情况的Spearman秩相关系数为0.459，检验的p值趋于0，在0.01的显著性水平下通过检验，说明国家助学金的获得次数与国家助学金政策的了解情况是显著相关的。

表3-4　国家助学金政策了解情况与国家助学金获得次数的相关系数

			国家助学金政策了解情况
Spearman 的 rho	国家助学金获得次数	相关系数	0.459**
		Sig.（双侧）	0.000

注：**在置信度（双测）为0.01时，相关性是显著的。

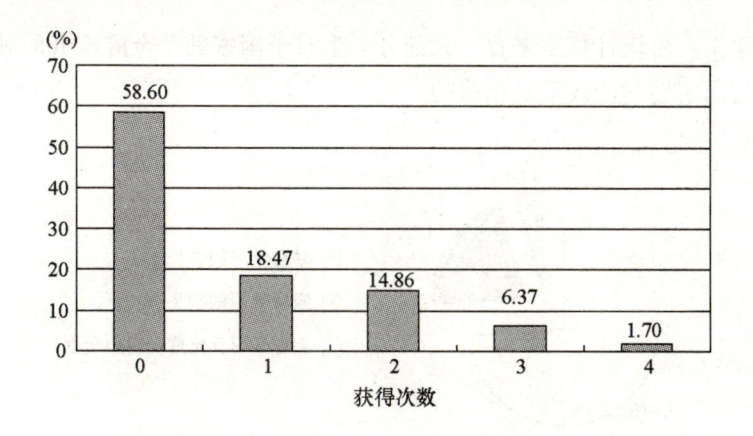

图 3-1 国家助学金的获得次数情况

(四) 资助额度与资助对象的认知情况

1. 国家助学金政策的资助额度评价情况

如图 3-2 所示,有 75.11% 的学生认为国家助学金的资助额度适中,17.09% 的学生认为国家助学金的资助额度较低,有 6.96% 的学生认为国家助学金的资助额度较高,有 0.84% 的学生认为缺失。统计数据显示,大部分学生认为国家助学金政策资助额度适中。

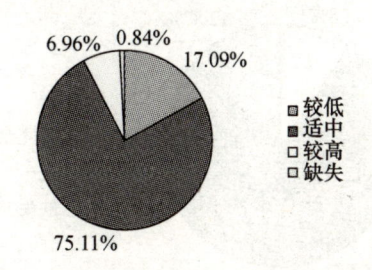

图 3-2 国家助学金的资助额度评价

2. 国家助学金资助对象的认知

关于国家助学金资助对象的认知,涉及对国家助学金资助对象的评判,对国家助学金资助对象的认知的偏差,将会影响到对国家助学金政策执行效果的评价。如图 3-3 所示,有 4.46% 学生认为国家助学金应该资助勤奋学习的学生,有 21.52% 的学生认为国家助学金应该资助家庭贫困的学生,有 73.84% 的学生认为国家助学金应该资助既勤奋学习且家庭贫困的学生。由统计数据来看,大部分学生对于国家助学金应该资助对象的认知与国家助学金政策是相符的。

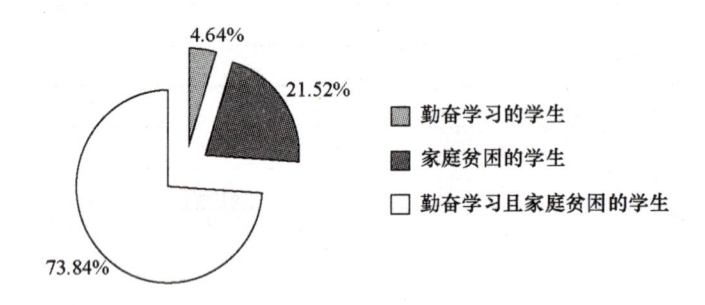

图 3-3 国家助学金资助对象的认知

如图 3-4 所示,由对国家助学金的实际发放结果的评价来看,77.22%的学生认为国家助学金并没有完全用于资助最需要的学生,有 12.87% 的学生认为国家助学金完全没有用于资助最需要的学生,仅有 9.28% 的学生认为国家助学金完全资助了最需要资助的学生。由统计数据来看,国家助学金政策的实际资助对象与学生关于资助对象的认知有较大的偏差。

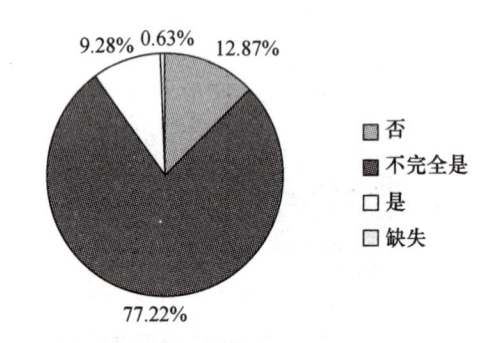

图 3-4 国家助学金是否资助了最需要的学生

(五) 家庭贫困证明可信情况

家庭贫困证明是评定国家助学金的重要参考依据,但是调查发现,有 22.78% 的学生认为家庭贫困证明不可信,68.78% 的学生认为家庭贫困证明不一定可信,仅有 8.23% 的学生认为家庭贫困证明可信,认为缺失的 0.21%。由统计数据来看,学生对于家庭贫困证明的可信度的整体评价较低。

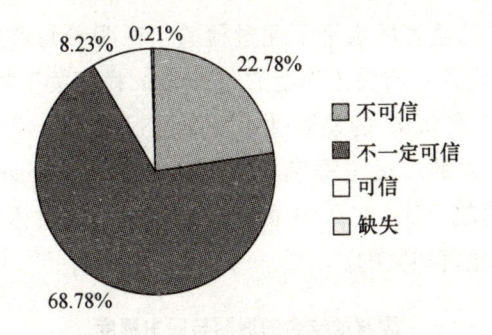

图 3-5 家庭贫困证明的可信情况

(六) 参与评定、透明与民主情况

1. 参与评定情况

如图 3-6 所示,国家助学金在执行过程中,有 60.13% 的学生未参与过评定环节,有 39.87% 的学生表示参与过国家助学金的评定环节。这表明,国家助学金的评定环节的参与率不高,还有待于进一步提升。

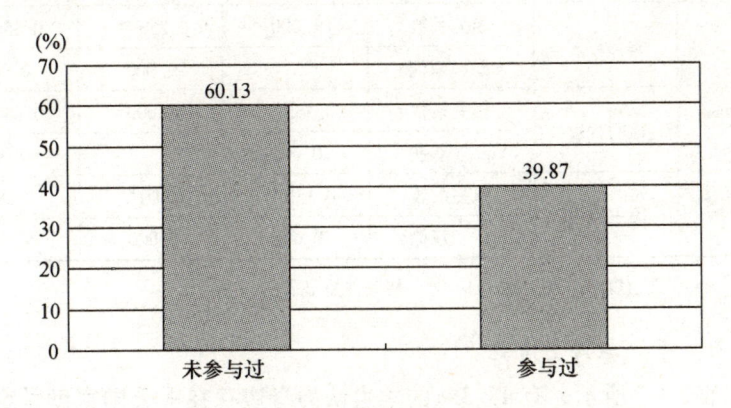

图 3-6 国家助学金参与评定的情况

2. 国家助学金政策执行中的透明与民主程度

由表 3-5 可知,在国家助学金的评定过程中,认为透明度高和民主程度高的学生分别占样本总数的 13.9% 和 12.7%,认为透明程度和民主程度中等的学生分别占样本总数的 51.7% 和 58.4%,认为透明程度和民主程度低的学生分别占样本总数的 33.8% 和 28.9%。调查数据表明,大部分学生认为国家助学金政策执行的透明度和民主程度一般。由表 3-6 可知,参与评定与透明程度的 Spearman 秩相关系数为 0.255,检验的 p 值趋于0，在0.01的显著性水平下通过检验，说明参与评定与透明程度是显著相关的。参与评定与民主程度的Spearman秩相关系数为0.150，检验的p值为0.001，在0.01的显著性水平下通过检验，说明参与评定与民主程度是显著相关的。民主程度与透明程度的Spearman秩相关系数为0.680，检验p值趋于0，在0.01的显著性水平下通过检验，说明民主程度与透明程度是显著相关的。

表3-5　　　　　　国家助学金的透明与民主程度

	低	中	高
透明程度	33.8%	51.7%	13.9%
民主程度	28.9%	58.4%	12.7%

注：数据存在缺失，故相加不到100%。

表3-6　　　参与评定、公开透明与民主程度的相关系数

			参与评定	透明程度	民主程度
Spearman的rho	参与评定	相关系数	1.000	0.255**	0.150**
		Sig.（双侧）		0.000	0.001
	透明程度	相关系数	0.255**	1.000	0.680**
		Sig.（双侧）	0.000		0.000
	民主程度	相关系数	0.150**	0.680**	1.000
		Sig.（双侧）	0.001	0.000	

注：**在置信度（双测）为0.01时，相关性是显著的。

（七）平分与挪用情况

如表3-7所示，有47.3%的学生认为身边存在平分国家助学金的情况，有51.1%的学生认为身边不存在国家助学金的情况。在挪用现象方面，有8.4%的学生认为身边存在国家助学金挪用的情况，89.2%的学生认为身边不存在国家助学金挪用的情况。

表3-7　　　　　　国家助学金平分与挪用情况

	不存在	存在
平分	51.1%	47.3%
挪用	89.2%	8.4%

注：数据存在缺失，故相加不到100%。

(八) 公平评价情况

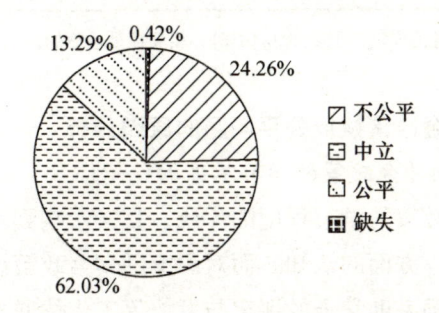

1. 国家助学金政策执行的公平评价情况

如图 3-7 所示，62.03% 的人对国家助学金政策执行的公平性保持中立态度，24.26% 的人认为国家助学金政策执行不公平，仅有 13.29% 的学生认为国家助学金政策执行是公平的，缺失的占 0.42%。统计数据表明，对国家助学金政策执行的公平程度的评价整体较低，提升国家助学金政策执行的公平程度是必要的和迫切的。

图 3-7 国家助学金政策执行的公平评价

2. 国家助学金政策执行的公平评价与多变量的相关分析

由表 3-8 可知，贫困证明与公平评价的 Spearman 秩相关系数为 0.296，检验的 p 值趋于 0，在 0.01 的显著性水平下通过检验，说明对家庭贫困证明的可信度的评价与对国家助学金政策执行的公平评价是显著相关的。参与评定与公平评价的 Spearman 秩相关系数为 0.042，检验的 p 值为 0.361，在 0.05 的显著性水平上未能通过检验，说明参与国家助学金的评定对于国家助学金的公平评价不是显著相关的。民主程度与公平评价的 Spearman 秩相关系数为 0.500，检验的 p 值趋于 0，在 0.01 的显著性水平下通过检验，说明对国家助学金政策执行的民主程度的评价与对国家助学金政策执行的公平的评价是显著相关的。透明程度与公平评价的 Spearman 秩相关系数为 0.434，检验的 p 值趋于 0，在 0.01 的显著性水平下通过检验，说明对国家助学金政策执行的透明程度的评价与对国家助学金政策执行的公平的评价是显著相关的。挪用与公平评价的 Spearman 秩相关系数为 -0.207，检验的 p 值趋于 0，在 0.01 的显著性水平下通过检验，说明挪用国家助学金与对国家助学金公平的评价呈显著负相关。平分与公平评价的 Spearman 秩相关系数为 0.209，检验的 p 值趋于 0，在 0.01 的显著性水平下通过检验，说明挪用国家助学金与对国家助学金公平的评价是正相关的。

表3-8　国家助学金政策执行的公平评价与多变量的相关系数

			贫困证明	参与评定	民主程度	透明程度	挪用	平分
Spearman 的 rho	公平评价	相关系数	0.296**	0.042	0.500**	0.434**	-0.207**	0.209**
		Sig.（双侧）	0.000	0.361	0.000	0.000	0.000	0.000

注："**"表示在置信度（双测）为 0.01 时，相关性是显著的。

三　国家助学金政策执行公平问题的原因分析

（一）对国家助学金政策的学习不透彻

对国家助学金政策的学习程度的深浅，直接影响到对国家助学金政策设定的目的、意义等方面的认知。而对国家助学金政策认知的程度，又与贫困生身份认定、国家助学金的评定与发放等工作休戚相关。因而，对国家助学金政策的相关文件学习不透彻，就难以保证公平公正地发放国家助学金。在国家助学金政策的执行过程中，有些高校学生资助工作部门的工作人员，未能在思想上对国家助学金的相关资助政策的学习给予高度的重视，这就直接影响到国家助学金政策执行的后续各个环节，致使国家助学金政策不能落实到位，使国家助学金政策执行的效果有所偏离。与此同时，国家助学金的直接受益群体——贫困生，也存在对国家助学金政策学习不透彻的问题。这虽与学校有关国家助学金政策的宣传工作不足有关，但是学生自身也存在怠于收集相关信息的问题。对国家助学金政策认知的偏差，导致了对国家助学金政策评价的偏差，如部分学生认为国家设立国家助学金的目的主要在于改善个人生活条件。同时，对国家助学金政策学习的不透彻，也导致贫困生受资助的权利被侵害时维权意识的淡薄。

（二）学校对国家助学金政策的宣传力度不足

政策宣传是政策执行者为了实现既定的政策目标，通过各种媒介，对即将执行的政策，在相应的范围之内宣传，以达到为政策的执行创造良好条件的目的。通过对国家助学金政策的广泛宣传，可以向广大学生解释国家助学金政策的设立目的、评定标准与资助对象等重要相关事宜。国家助学金政策的公平执行，离不开广泛高效的宣传活动。但是，在国家助学金政策是执行过程中，学校存在对国家助学金政策的宣传力度不足的问题，致使很多学生对于国家助学金政策不了解国家助学金政策或者了解程度很低。这一方面说明学校有关部门的不能够从思想上重视国家助学金政策的宣传工作，另一方面也反映了学校相关部门对于国家助学金政策的学习与认识不够深入和透彻。当遇到学生的疑惑时，也难以给予合理的解答，这也导致了学生群体对于国家助学金政策认知程度较低。

（三）贫困生身份认定难度较大

国家助学金的资助对象是勤奋学习且家庭贫困的大学生，除勤奋学习外，家庭经济条件是获得国家助学金资助的依据，且家庭的贫困程度是获得何种等级资助的重要依据。因而，对贫困生的身份及其贫困等级的认定工作，也是高等院校执行贫困生资助政策的重要步骤和关键环节，贫困生认定的结果直接关系到国家助学金政策执行的公平程度。教育部与财政部是国家助学金政策制定的主体，他们对于"贫困生"做的界定是：国家招收的本专科学生中，学生本人及其家庭所能筹集到的资金难以支付其在校学习期间的学习和生活基本费用的学生。[①]然而，这一概念界定相对比较模糊，致使贫困生身份及其贫困程度的认定缺乏具体的可操作的量化标准。

每年在评定国家助学金时，高校虽然都会进行贫困生身份及贫困等级的认定。但是面对为数众多的贫困生，高校不可能去生源所在地，对学生的家庭情况进行深入的调查。通常的做法是将认定工作交由生源所在地相关政府部门，如学校在发放录取通知书时附带发放学生家庭经济状况调查表，让当地政府或民政等相关部门在调查表上予以确认，以证明所填信息的真实性与可靠性。这种贫困生确认的方式的一个前提假设是生源所在地政府或民政等部门对学生家庭的实际情况有所了解，且能够做到公正审查学生所填写的各项申报材料。但是由于公民个人财产的不透明，基层政府或民政部门也无法准确掌握每个学生家庭的确切的经济状况。同时，申请贫困证明的学生又比较多，因而审查核实学生的各项申报材料不仅是费力的，而且是费时的。因此，贫困生身份认定的责任推卸，导致部分伪贫困生浑水摸鱼，趁机编造家庭贫困的事实，或者夸大家庭经济困难程度，因而家庭经济情况

---

① 教育部、财政部：《关于认真做好高等学校家庭经济困难学生认定工作的指导意见》，《中华人民共和国财政部公报（2007）》。

调查表和贫困证明有时并不一定能真正反映学生家庭的真实情况，调查中反映出的贫困证明可信度较低也就不足为奇。但是，虚假的贫困证明又成了学校评定国家助学金的重要参考依据，可想而知，这样的评定结果就极易导致贫困生认定的不准确，造成国家助学金发放的不公平。

（四）国家助学金评定环节的参与度较低

国家助学金的评定是国家助学金政策执行的关键环节，评定的结果直接决定国家助学金的资助对象。同时，参与国家助学金的评定也是每一个大学生的权利，提升国家助学评定的参与广度与深度，对于提升政策客体对于国家助学金的公平评价有重要意义。然而，在国家助学金政策的评定环节中，参与评定的学生群体覆盖面较低，评定人员基本是由班委组成，班委以外的参与评定的学生较少，这就造成了国家助学金参与评定的广度不足的问题，致使国家助学金的评定结果难以服众。有的班级在评定国家助学金时，虽召开了全体班级会议，受资助人员由班级投票决定，但是在投票之前，班级成员并没有进行深入地沟通与交流，大多是在投票之前将候选人名单公布一下，然后直接投票。这样的投票虽然使大部分学生参与了国家助学金的评定，但是这样的参与是一种深度有限的参与，评定结果质量不高，评定过程的形式大于实际。

（五）存在平均主义思想

国家助学金是专门针对勤奋学习且家庭贫困学生的一种资助形式，与其他的资助形式相比，国家助学金的最大的特点是对学生的学习成绩要求较低，而且依据学生的家庭状况决定学生的资助等级，没有较多的附加条件，因而，国家助学金是一种无偿的资助形式。因而，大学生获得资助明显要容易很多。但也正因为国家助学金具有无偿性的特点，致使相当一部分的学生都想从中分一杯羹。本次调查的结果表明，国家助学金政策的执行过程中存在平分的现象，这虽有违公平，但是平分国家助学金却与对国家助学金公平的评价呈正相关。这表明，在国家助学金政策的执行深受平均主义思想的影响。

平均主义思想的一个最通常的表现是，有相当一部分学生认为班级里除了几个家庭特别贫困的同学以外，绝大多数同学的家庭经济状况相差无几。本次的调查问卷所获的数据也证实了大部分学生对自己家庭经济状况的评价相差不大。因此，在民主评议时，大家就先推选出来几个同学作为代表，国家助学金下发后就私下里平分。平均主义思想表现为有学生轮流获得国家助学金的资助。国家助学金政策执行过程中出现的这些问题，不仅背离了国家助学金的政策目标，而且也造成了大学生思想认识状况的模糊与混乱。平均主义思想的存在，不利于砥砺贫困生通过自身的勤奋努力摆脱贫困的现状，同时，平均主义思想的存在也引发了高校大学生思想政治教育工作的新课题。

（六）缺乏国家助学金政策执行的监督惩罚机制

监督机制的作用在于以强制性的、规范性的以及可预见性的力量，制约和引导人们的可能的或潜在的行为，使其按照事先设定的制度标准及其要求，作为或不作为。惩罚机制的作用在于对国家助学金政策执行过程中出现的有违国家助学金政策公平执行的问题给予相应的惩罚。及时有效地监督惩罚是政策有效执行的保证，良好的国家助学金政策执行的监督机制，是实现国家助学金政策设立目标和价值的重要手段和途径。而目前我国国家助学金的相关政策，极少涉及国家助学金政策执行的监督惩罚机制，以致有些学生在获得资助后恣意挥霍，譬如购买奢侈品、吃饭请客、相互攀比等。同时，也正是由于缺乏国家助学金政策执行的监督惩罚机制，致使平分国家助学金以及挪用国家助学金等问题也不能得到有效的遏制。因而，国家助学金政策执行的监督惩罚机制的缺失，使国家助学金政策效果打了折扣。

第六节　提升国家助学金政策执行公平程度的对策

一　建立国家助学金政策执行的宣传和监督机制

（一）深入开展国家助学金政策的宣传工作

深入而广泛地开展国家助学金政策宣传工作，切实改善广大学生群体对于国家助学金政策及其执行过程的认知程度，是顺利实施国家助学金政策的重要前提。只有学生对国家助学金政策有较为透彻的了解，才有可能确保国家助学金政策执行的有序进行。通过深入而高效地开展国家助学金政策的宣传活动，有助于广大学生群体深入了解国家助学金政策的设立目的、资助对象、资助标准等重要事项，并熟悉申请国家助学金资助的程序、方式等重要问题。通过国家助学金政策宣传工作的深入开展，学校相关部门可以了解在学生群体中存在的各种各样的关于国家助学金政策的想法或困惑,以为进一步开展宣传解释和思想引导工作奠定基础。高水平、高质量、高效率的国家助学金政策宣传活动,并不总是意味着高成本。提升国家助学金政策的宣传水平,提高国家助学金政策的宣传质量,必须要各方协同努力、紧密合作。为提升国家助学金政策的宣传效果,确保国家助学金政策的贯彻与落实,首先,各级政府、各相关部门、各新闻媒体应该通过多种形式和渠道,广泛而深入地开展国家助学金政策的宣传工作,以使国家助学金政策深入人心,使广大学生群体了解其所享有的受资助的权利;其次,在每年向大学新生邮寄录取通知书时,可以将国家助学金政策的相关材料附带其中,以向大学新生及其家长介绍国家助学金资助政策以及国家助学金的实施概况;最后,在新生入校后,国家助学金评定前,统一召集新生深入学习国家助学金政策,以切实提升学生群体对国家助学金的政策知晓度。

(二) 加大国家助学金的投入力度

国家助学金作为一种无偿性的资助,无疑是一种稀缺的资源。资源的稀缺导致资源的获取并不一定以资源的利用效益为基准,排队供应与走后门的问题可能会增多。因此,在国家助学金政策执行过程中,伪贫困生泛滥以及将国家助学金平分的现象,虽与大学生诚信缺失、国家助学金评定不规范、监督惩罚机制不完善等因素有关,但与国家助学金投入力度有限也有一定的关系。由于高校贫困生较多,而国家助学金的资助指标有限,如果要严格按照家庭贫困程度进行评定,那么班级中只有最贫困的学生才能获得国家助学金的资助,而次贫困的学生则难以获得资助,这样的资助结果看似绝对公平却不尽合理。因而,有的班级为了实现国家助学金评定的"公平",将国家助学金进行平分,在调查中发现,平分国家助学金有助于提升对国家助学金政策执行的公平评价,但是平分国家助学金看似公平而实质是不公平的。因为有限的资源被不贫困的学生占有,而亟待获取资助的贫困生只获取了少量的资助,国家助学金的效益也没有实现最大化。同时,由于国家助学金的资助名额有限,反倒助长了大学生违背诚信的做法。当然,国家助学金政策本身并没有问题,这只是从一个侧面反映出国家助学金投入力度的不足。因而,应加大国家助学金的投入力度,提供更多的资助指标。加大国家助学金的投入力度,不应只单一地依靠政府,而是应形成政府、社会组织、社会团体和个人等多渠道的投入模式,使国家助学金资金的投入主体呈现多元化，以扩大国家助学金投入资金的来源，增加资助的指标，促使国家助学金政策公平的执行。

（三）建立国家助学金政策执行的监督机制

要保证国家助学金政策执行的公平，就必须建立和完善国家助学金政策执行的监督惩罚机制。监督机制的作用在于监视督查国家助学金政策执行过程中的各个环节，纠正各种有违公平的偏差，以保证国家助学金政策执行的公平和程序的合规，确保国家助学金公平合理的发放。惩罚机制的作用在于对国家助学金政策执行中出现的违背评定程序和规则的问题进行相应的惩罚，以杜绝此类问题的再次发生。一个完善的国家助学金政策执行的监督机制，离不开强有力的惩罚机制，监督机制与惩罚机制是一个有机结合的整体。惩罚机制是监督机制发挥作用的前提条件，否则，国家助学金政策执行的监督机制就是一个纸老虎，监督制度也将成为一纸空文，而不具有任何约束力。因此，应建立和完善国家助学金政策执行的监督惩罚机制，对国家助学金政策执行中虚假贫困证明问题、平分与挪用现象等问题及时监督并给予相应的惩罚，以保证国家助学金政策执行的公平。

二 细化国家助学金政策执行过程和执行环节

（一）完善贫困生身份及贫困等级认定工作

贫困生身份认定以及贫困等级认定工作，是高校开展各种贫困资助工作，提升资助效果的首要环节和基础工作。贫困生身份及贫困等级认定工作直接影响到资助对象和资助效果，影响到高等教育机会的公平与均等。因而，贫困生身份及贫困等级认定工作在国家资助体系中起着举足轻重的作用，科学合理的认定体系可以使贫困生资助工作起到事半功倍的效果。但是，贫困生身份认定及贫困等级的认定也是高等院校顺利开展贫困生资助工作过程中一道亟待解决的难题。要解决这个问题，促进贫困生身份及等级认定工作的完善，实现"公平与效率兼顾，规范与透明并存"的良好局面，首先，应科学界定贫困生的内涵，是经济上的匮乏仅是高校贫困生的外在表征，内部则是能力和机会的被剥夺。所以，在科学合理界定高校贫困生时，不仅要关注到贫困生的生活贫困问题，[①] 还应注意其发展性贫困问题。其次，完善贫困生身份及贫困等级认定体系，不能指望依赖某一个固定的标准或某一个具体的措施，贫困生身份及贫困等级的认定因时

---

① 赵炳起：《高校贫困生认定机制——优化与重构》，《教育财会研究》2006年第4期。

因地而异，没有一个放之四海而皆准的标准，因而应因地制宜地建立符合实际情况且能动态调整的贫困生身份及贫困等级认定体系。同时，应坚持多管齐下，坚持硬性指标与理性评价相结合、确保贫困生身份及贫困等级认定体系，既有硬性指标量化的界定，也要结合柔性评价的人为评价。只有这样，才能优化贫困生认定的相关工作，提高贫困生身份及贫困等级认定方式的规范性和公正性。

（二）规范评定方案和程序

规范国家助学金的评定方案和程序，可以使国家助学金的评定有章可循，有效规避国家助学金评定过程中的各种不确定因素的干扰。第一，班级应成立民主评定小组。评定小组的成员应由全班学生推选，除了班级干部之外，非班级干部也要占一定的比例，同时应尽可能地扩大评定小组的规模和非班级干部所占比例，以利于民主评议公平公正地开展。第二，民主评定小组成员应深入学习国家助学金的相关政策和已有的评定规则。第三，各民主评定小组应坚持公开公正的原则，并结合申请学生的日常生活状况与学习表现，仔细审核学生的申请材料，并通过深入的交流，以达成一致意见。第四，在公平、公开原则的指导下，班级民主评定小组对递交申请的学生的各评定指标进行量化评估，然后得出每个学生的综合得分。第五，根据院（系）的给定指标，确定本班级的受资助名单，并将评定的结果进行一定时间的公示。在公示期间内，若全班同学对公示结果不存在异议，就可以确定国家助学金的评定结果有效。若有同学对公示持有异议，则要对有异议学生所递交的申请材料和证明材料进行重新核查。[①] 若发现浑水摸鱼的问题，就应取消其受资助的资格，并给予相应的批评和处罚。同时，制订出来的评定方案，应严格遵照执行，任何人不得违反和僭越既定的评定规则与程序，以保证评定方案的权威性与评定程序的一致性。

（三）充分发挥辅导员的主导作用

辅导员是班级的组织者和领导者，是专职从事大学生思想教育和大学生行为管理工作的人员。辅导员不仅是学校开展学生工作的得力助手，同时也是学生思想政治工作的中坚力量。辅导员肩负着培育和引导德、智、体、美全面发展的高级专门人才的重任，是保证党的教育方针政策的贯彻

---

① 王凤娟：《大学新生国家助学金评定探讨》，《辽宁行政学院学报》2011 年第 8 期。

落实以及教育目标实现的前线"总指挥"。辅导员能否坚持贯彻落实上级和学校、学院工作指示与精神,以及工作水平、工作效果的高低,直接影响和制约着高校人才培养目标的实现程度。因此,在评定国家助学金时,应充分发挥辅导员的主导作用,以起到总揽全局的效果。首先,辅导员应深入细致地了解每一位同学的家庭基本状况。对学生家庭基本状况的摸底了解,应重在平时与学生的沟通与交往过程中进行,而不应是在等国家助学金评选工作开始时才仓促应对。尤其是在大学新生入校报到的时候,辅导员更应注意观察并做好记录。其次,在国家助学金评选工作开始前,辅导员应积极对学生进行教育和引导,宣讲国家助学金政策目标及相关规定,使学生端正对国家助学金政策的思想态度的同时,确保使每个学生受到教育、熟悉政策和了解程序。再次,严格审核国家助学金的评定结果。对于民主评定的结果,辅导员应结合学生家庭状况以及日常生活与学习情况,进行严格把关,以确保国家助学金公平公正地发放。最后,应做好部分学生的思想工作。由于高校贫困学生较多,而国家助学金的资助指标有限,国家助学金的资助不可能覆盖到每一个贫困生,再加上有时工作难免会有疏漏,国家助学金政策的执行过程中总会产生一些遗留问题,少数学生可能会产生想法。因此,辅导员应主动找这些同学谈心,了解他们的诉求,通过引导教育使其放下思想包袱。

三 加强国家助学金政策执行中的学生主体教育

(一) 充分发挥学生的主体作用

国家助学金的受益群体是大学生,国家助学金政策执行公平与否的评价主体也是大学生,因而有必要提升广大大学生参与国家助学金评定的积极性,这不仅是保证国家助学金公平合理地发放的要求,更是其维护自身受资助权益的具体体现。同时,他们朝夕相处,了解彼此的家庭基本情况和生活的状况,从这一点来看,广泛动员学生群体参与到国家助学金评定环节中来是大有裨益的。只有当学生的主体作用得到充分的调动和发挥时,国家助学金政策的公平执行才有可能实现。要充分发挥学生的主体作用,不仅要注意调动贫困生积极参加国家助学金的申请、民主评定等各环节,也要注重发动其他未申请国家助学金的同学关注和参与国家助学金政策执行的全过程,让更多的学生参与其中,监督国家助学金政策执行的各个环节,确保国家助学金政策的执行在阳光下运行。

(二) 加强诚信教育工作

大学生是祖国的希望、国家的未来。大学生是青年人的杰出代表，是国家培养的高级专门人才。切实提高大学生的诚信道德水平，培养大学生树立良好的诚信道德品质，是高校实现人才培养目标的重要内容之一。在国家助学金政策执行的过程中出现的种种有违公平的问题，虽与现行的贫困生认定标准模糊等因素相关，但不可否认的是，大学生诚信水平滑坡也难辞其咎。针对大学生诚信滑坡的问题，长期、深入而广泛地开展大学生诚信教育，是实现国家助学金公平发放的重要一环。首先，可以通过校园广播、报纸等媒介积极宣传"诚信做人、诚实做事"的理念，也可以通过报道校内外有关诚信的典型个人与先进事迹，为大学生树立诚信楷模，充分发挥榜样的力量，以提升大学生的诚信意识，培养其树立良好的诚信品质；其次，学校应积极引导学生将诚信意识转化为诚信行动，通过组织学生积极参加各种校内活动和社会实践，加强学生的自律与相互监督；最后，也是最重要的一点，建立诚信档案，并将诚信档案纳入各种评优和资助体系之中，使学生的诚信情况与其切身利益相挂钩，诚信的不良记录将直接影响到学生参与各种评优和受资助的机会，增加学生违背诚信的成本，只有这样，才能使学生有坚守诚信的动力。

结　语

教育惠及子孙后代，涉及千家万户。教育公平作为社会公平正义理念在教育领域的延伸和体现，不仅是教育现代化的基本价值和基本目标，也是社会公平正义的重要基石。国家助学金作为我国人力资源投资的重要方式之一，是教育救助的一个重要组成部分，不但有效缓解了高校贫困生问题，而且优化了我国贫困生资助体系。作为一种无偿性的资助，同时也作为我国高校贫困生资助体系中覆盖面最广的资助形式，国家助学金在确保贫困生在校学习期间的基本生活上具有不可替代的作用，有力地促进教育公平和社会公正的实现。

积极探索完善国家助学金的资助方式，创新国家助学金政策的资助管理模式，切实提升国家助学金政策执行的公平性，确保每一位亟须获得资助的贫困生获得相应等级的资助，使国家助学金成为完善和优化高校贫困生资助工作的有效措施，对于实现国家助学金政策的设立初衷，进一步优化贫困生资助体系，构建我国高等教育的人才培养质量保障体系，使我国从人力资源大国向人力资源强国迈进具有重要的意义。

第四章 国家助学贷款政策执行现状研究

第一节 研究概述

一 研究的背景

为适应日益发展的社会主义市场经济对人才的需求，自1999年以来，我国高校招生规模不断扩大，高校学生数量逐年增加。据2011年的统计数据显示，我国高校在校人数为2308.5万人，相比1999年，在12年时间内学生数量增长了5.5倍之多。[①] 与此同时，我国高等教育收费制度于1997年在全国正式实行，高等教育收费制度的确立在一定程度上缓解了高等教育事业经费紧张的局面，促进了高等教育事业的发展，也成为新的经济增长点。但是我们也应该看到，在许多莘莘学子迈入高校大门接受高等教育时，也有相当数量的贫困学生因家庭困难而面临着失学的困境。如何解决高校贫困生上不起学的问题一直以来都是党和政府关注的重点。经过多年的努力，包括"贷、奖、助、勤、补、减"等多种形式并存的高校家庭经济困难学生资助政策体系得以建立并日趋完善。在这个体系中，又以助学贷款资助力度最大，覆盖范围最广而成为资助体系最为重要的内容，是资助高校困难学生最为重要的举措。助学贷款包括国家助学贷款与生源地助学贷款。其中，国家助学贷款经1999年试点，2000年在全国正式全面实施，十多年的发展历程中，国家助学贷款已取得了显著的成效。截至2011年年底的数据显示，国家助学金的覆盖范围已达全国25个省（直辖市、自治区）、1695个县（区）、2546所高校，累计发放助学贷款

[①] 中华人民共和国国家统计局：《中国统计年鉴（2012）》，中国统计出版社2012年版。

金额达 300 亿元，超过 560 万家庭经济困难的学生接受资助。国家助学贷款的实施在一定程度上解决了贫困生的燃眉之急，为其安心入学提供了重要保障。

然而，纵观我国助学贷款发展历史，国家助学贷款从兴起到现今不过十几年的时间，相比于其他国家特别是那些助学贷款制度发达的国家而言，其仍旧存在不足。在实际的政策执行过程中存在各种问题，如制度环境建设不完善、供需矛盾长期存在、政策宣传不足、政策缺乏灵活性、管理不足等，这对我国国家助学贷款的良性发展起着阻碍作用。探究产生这些问题的根源，探讨解决问题的办法，才能最大限度地发挥国家助学贷款的经济与社会效益，从而促进我国教育事业的全面发展，促进我国社会的全面进步。

二 研究意义

（一）理论意义

（1）教育经济与管理研究的核心即是对人、财、物的研究，探讨国家助学贷款的实施就是对人、财、物研究的细化，使得人更好地发展，财更好地使用，物更好地配置。因而对国家助学贷款问题的探讨本身就是对教育经济与管理这一理论学科知识的研究。

（2）国家助学贷款作为一项国家的教育财政政策，对其进行研究即是对相关财政政策进行梳理与补充，这对于完善我国教育财政的理论具有重要的意义。另外，国家助学贷款政策执行有其理论依据，诸如"教育成本分担"、"教育补偿"对国家助学贷款的研究能加深我们对这些理论的深化与认识，将其运用到实际中来更可以提高我们理论操作与运用水平。

（3）国家助学贷款作为我国资助体系的核心部分，是作为一项制度来推广实施的，但是由于受制于各种因素的影响，国家助学贷款在发展过程中也存在诸多的问题，需要得到我们的回应。因而研究国家助学贷款制度也是对这项制度本身的解构与重构，可以丰富与完善相关的理论知识。

（二）实践意义

国家助学贷款的实施缓解了贫困家庭的经济压力，为大量贫困学生提供了接受教育改变命运的机会，促进了我国高等教育事业的发展，也为社会的繁荣与稳定贡献了力量。因此，国家助学贷款制度必然会成为一项稳定的教育政策推行下去。

然而，我们也清楚地认识到，国家助学贷款政策的实施时间较短，还不够完善。在实际政策执行过程中，我们常常发现还有各种各样的问题，而这些问题的存在又严重影响到国家助学贷款政策的良性运行，它亟须得到我们回应。本书通过对国家助学贷款在某民族大学的政策执行状况进行调查分析，探讨国家助学贷款在执行过程中存在的问题，分析产生这些问题的原因，并通过对那些国家助学贷款制度较为发达的国家进行比较研究，以为我国助学贷款制度的完善提供对策参考。这对促进我国助学贷款制度的健康发展具有强烈的现实意义。

第二节　核心概念

一　国家助学贷款政策执行

（一）国家助学贷款

国家助学贷款是指由国家主导的，利用金融财政手段对我国教育事业进行帮扶，以促进我国教育发展的一个教育项目。具体而言，它是指国家通过财政补贴利息的方式，凭借国家权威要求各个金融机构（主要是各银行）通过发放贷款给那些因家庭经济困难而无法上学的学生，以为其提供接受高等教育的机会。经过十多年的发展，我国国家助学贷款项目已经成为我国教育资助体系中最为重要的一部分。这对促进我国高等教育事业的发展起着重要的作用。

（二）政策执行

目前学界对政策执行的概念主要有两类，一类是以琼斯为代表的行动学派认为："政策执行是将一项政策付诸实施的各项活动，在诸多活动中，又以解释、组织和实施三者最为重要。所谓解释是将政策的内容转化为民众所能接受和理解的指令；所谓组织是指建立政策执行机构，拟订执行的办法，从而实现政策目标；所谓实施是由执行机关提供例行的服务与设备，支付经费，从而完成议定的政策目标。"① 在行动学派看来，政策执行是实现政策目标的一系列活动或者过程，在这一过程中政策对行为起着导向作用。另一类是以斯诺和特里林为代表的组织理论学派则认为：

---

① Charles O. Jones, *An Introduction to the study of Public Policy*, North Scituate, Mas: Duxbury Press, 1977, p.139.

"任何一项化观念为行动的作为都涉及某种简化工作，而组织机构正是从事这种简化工作的主体，是它们把问题解剖成具体可以管理的工作项目，再将这些项目分配给专业化的机构去执行。"① 在他们看来，政策执行是一种活动或者行为，它是动态的过程，并且非常强调组织在政策行动中的作用——通过执行发现问题，修正政策目标与政策行为。

综合两学派的研究，笔者认为政策执行是指政策执行者为了达到政策目标而建立专门的组织机构，充分调动各种资源，采取各种行动（包括政策解释、建立执行组织、政策实验、政策控制等系列活动）将政策由观念形态转化为现实形态的一系列活动过程，它是获得政策目标的唯一渠道。政策执行作为政策活动的一部分，具有实现政策目标的中介作用，这种中介活动尽管是一种程序化活动，但是其并非固定不变的；反之，它处于一种动态变化的过程中。也正是基于政策执行的存在，政策由观念形态转化为现实的结果才成为可能。

（三）国家助学贷款政策执行

作为一项教育政策，要对国家助学贷款政策执行作出清晰的界定，我们必须要理清国家助学贷款的利益主体。国家助学贷款运行过程中主要有国家、银行、学校、贷款学生四类利益主体。其中，国家在助学贷款中起着主导作用，它本身作为政策的制定者，是该项制度不断得以完善的主体，它也是资金的提供者与风险的补偿者。银行与学校同样作为该项政策的利益主体，其在国家助学贷款过程中也起着解释、组织与实施的作用，将国家的教育政策进一步由观念形态转化为现实形态在国家助学贷款的过程中扮演着重要的角色。而对于政策执行最下层的贷款学生，政策到此并非意味着政策的终结；相反，贷款学生对政策实施结果的反馈对政策的修正起着重要作用。因此，我们将国家助学贷款政策执行定义为：为保证贫困学生获得平等接受教育的机会，由国家主导，利用金融财政手段将银行、学校、个人等利益相关主体纳入到统一的政策执行体系中来，将国家助学贷款政策由观念形态转化为现实形态，以满足贫困学生接受高等教育的需要的一系列活动的总括。国家助学贷款政策执行首先通过解释宣传将国家助学贷款政策内容告知政策受益者，然后建立各种相关的组织机构，

---

① R. F. Elore, "Organization Models of Social Program Implementation", *Public Policy*, Vol. 26, No. 2, Spring 1978, p. 293.

拟订国家助学贷款政策实施办法,并按照拟订的办法实施国家助学贷款政策,最终实现将观念中的政策转化为现实的可获得的政策结果。

二 民族院校

民族院校是党和国家为解决我国国内民族问题而专门设立的主要培养少数民族人才的综合性高等院校,是我国培养少数民族高素质人才、研究我国民族理论和民族政策、传承和弘扬各民族优秀文化的重要基地,是展示我国民族政策和对外交往的重要窗口。[①] 我们不难看出,在民族院校中,其针对的主要目标群体是人口居于少数的少数民族大学生,其根本目的在于为少数民族地区培养所需的人才,维护民族稳定与团结。在民族院校中,少数民族学生占大多数,汉族学生也存在一定的比例。

按照归口管理原则,民族院校划分为两类,一类是以中央民族大学、中南民族大学等为代表的,由国家民委直属管理的6所民族高校,另一类是广西民族大学、云南民族大学等为代表的民委和地方政府共同管理的民族院校。他们的发展对于促进我国民族教育事业的发展起着重要的作用,是我国教育事业不可或缺的组成部分。

第三节 理论基础与文献综述

一 理论基础

D. 布鲁斯·约翰斯通曾对高等教育投资分析发现,高等教育的发展是一项成本非常高的事业,并且成本处于递增的状态。高等教育也是一项有着巨大收益的投资,对高等教育进行投资不仅能够使得个人受益,而且也能够为国家、企业、社会等利益相关者带来巨大的效益。因而,他认为国家、纳税人、个人、家庭都具有承担支付高等教育成本的责任。他在其著作《高等教育成本分担:英国、联邦德国、法国、瑞典和美国的学生财政资助》中分析认为,高等教育的成本分担应该本着"谁受益,谁支付"的原则,只有这样高等教育才能实现可持续发展。其观点已为世界各国所认同,并成为各国高等教育成本制定的重要依据。

高等教育是一项庞大的公共事业,要维系这个系统的正常运转,经费

---

① 杨胜才:《论民族院校独特的文化功能》,《高等教育研究》2006年第10期。

就成了必不可少的要件。对高等教育进行投资的过程即是将教育资源转化为人力资本的积累过程,对于个人而言,他们通过接受高等教育,获得改变自身命运的机会,通过高等教育带来的知识与能力获得较高的收益率,以提升自身生活品质,实现个人价值。对于整个社会而言,高等教育培养了大量的高素质专业技术与综合管理人才,他们成为先进的生产力,推动了整个社会的发展,影响到社会生活的各个方面。因而,在市场经济条件下,高等教育成本显然也应当由受益者进行分摊。只有这样才能实现教育资源的更高效配置,促进高等教育更好地发展。

然而,在当前的经济体制下,教育资源的配置仍存在一定程度的盲目性、自发性与滞后性,这些难以克服的缺陷使得部分受教育群体由于各种原因而无法拥有获得接受高等教育的同等机会,或者是在教育机会充足的情况下不能接受优质的教育,他们在教育改革和发展中处于不利地位,逐渐沦为教育的弱势群体。这势必影响到整个社会的发展与稳定。因而,教育补偿就显得特别重要。

教育补偿是政府和非政府组织为保障弱势群体(处境不利群体)的基本教育权利而设计的教育补救制度和采取的各种教育补救行为的总称。这些不仅体现了社会的道义,更是文明进步的表现。教育补偿试图通过制度的再设计去保障教育弱势群体的地位,改善其现存的受教育状态,这不仅是基于公民受教育权的要求,更是政府不可推卸的使命和法律责任。

教育补偿一方面是指在教育起点上进行补偿,即政府应当对社会中处于弱势地位的群体进行保障性的补偿,使他们和其他人一样处于同一起跑线上。因而,实现教育起点公平的关键就在于改善教育弱势群体家庭贫穷的现状,提升其家庭经济收入水平。但这涉及社会经济和政策的问题,远非教育所能为。在此情况下,国家应该尽最大努力来保证那些处于贫困状态下的儿童能够获得早期教育的补偿,以确保每个儿童接受同等的教育。另一方面是义务教育后的阶段,对于那些处于同等能力条件下的基于非能力因素而造成的教育不平等的救助性补偿。在此情况下,基于个体能力的相似性,那些诸如个体所处的社会阶层,家庭经济条件的差异性等客观因素存在对个体接受非义务教育的影响只能由政府在政策上向低收入家庭的学生提供诸如助学金和国家助学贷款的帮助。

二 文献综述

(一) 国内研究综述

我国的国家助学贷款制度兴起较晚,但是经过十多年的发展,我国的国家助学贷款的理论研究成果已日渐丰富,这些研究对促进我国助学贷款的顺利推进有着重要的意义。这主要表现在以下四个方面:

1. 对国外助学贷款理论与实践的探讨与比较研究

安慧荣(2006)通过对韩国国家助学贷款的制度改革与发展历程进行回顾总结,认为韩国助学贷款的实施过程中拥有几个特征:健全的助学贷款法律体系;贷款项目多样化、实施多元化;政府建立了良好的风险分担机制并承担主要的风险;最后是建立了科学的贷款信用评价体系,通过对韩国助学贷款的比较研究以对我国国家助学贷款的制度设计提出合理的建议。王春晖(2007)对中美两国的助学贷款制度的政策演变和运行机制进行了比较分析,探讨了两国的助学贷款在政策实践过程中存在的差异,并对我国的国家助学贷款制度提出了借鉴经验。孙涛、沈红(2008)对泰国的高等教育助学贷款改革的两个阶段进行了探讨,分析了各个阶段的发展状况,并对发展中国家的助学贷款提出了相关的建议,认为助学贷款的实施要密切联系本国的制度,降低管理成本、减少补贴的同时应提高贷款回收率。马晶(2008)通过对日本助学贷款的比较与研究,详细论述了日本助学贷款政策产生的背景、发展的概况,着重对学生支援机构贷款模式的成功经验进行阐述,并就完善我国助学贷款提出了自己的看法。花鸥(2011)通过对美、英、日三国助学贷款政策的比较研究,分析了美、英、日三国助学贷款模式的差异,并对我国资助模式的改进提出了可行性建议。

2. 对我国国家助学贷款理论及其制度变迁的研究

沈红、李庆豪(2001)为联合国教科文组织(UNESCO)亚太教育局在韩国举办的国际会议撰写论文"Policy and Practice of Student Loan Schemes for Higher Education in China",该文章全面阐释了我国助学贷款产生的背景,并对我国国家助学贷款的发展历史沿革进行了详尽梳理,她对我国助学贷款的目标、贷款的利率、贷款的范围以及贷款实施管理过程中存在的一系列问题都进行了阐述与介绍。沈红与李文莉(2002)向UNESCO 提交报告"The Student Loans Scheme in China: A Review and Recommendations"。在报告中,她从我国助学贷款的目的及其意义,以及助学贷款组织结构、管理、财务等方面对我国助学贷款进行了详细的研究。彭玫（2007）通过对我国高等教育收费制度发展的四个阶段进行梳理，归纳出我国当前高等教育收费制度存在的诸多问题，证明了当前我国国家助学贷款存在的合理性与必要性，并在此基础上构建以助学贷款为主的资助体系以促进我国高等教育的发展。肖强（2006）探讨了国家实施助学贷款的理论基础：公共产品理论、生息资本理论、委托—代理理论和信贷风险管理理论，结合当前我国的国家助学贷款发展的实际运行情况，针对那些影响到我国助学贷款的影响因子加以分析并提出了相关的建议。魏建国、王蓉（2009）在 *Higher Education in Europe* 上发表"中国助学贷款的改革：问题与挑战"一文，分析了我国高等教育迈入大众化阶段时期的助学贷款发展情况，对比了我国四种典型的助学贷款模式，对其中涉及的利益相关主体进行了详尽的描述，分析了我国大学生助学贷款改革存在的挑战，她预测未来的助学贷款项目应该是各种助学贷款项目共存与竞争的状态，并在此基础上探讨构建更加成熟的助学贷款机制以应对不断发展的高等教育对助学贷款的需求。

3. 对我国国家助学贷款运行机制的研究

胡进（2001）认为我国大学生助学贷款存在着风险，他从经济学的角度分析认为主要有毕业生收入状况不稳定，信息不对称以及制度供给方面的原因。张晋生（2004）通过对国家助学贷款制度运行机制的研究，认为我国国家助学贷款中存在的制度摩擦影响到国家助学贷款的政策实施，并提出要引入市场机制、公平竞争机制与创新机制，以解决贷款中存在的问题。龙显均（2004）认为大学生贷款存在着诚信危机，认为造成此种现象的原因既来自于外界社会的影响，也来自于教育工作的缺失，更有诚信制度设计的不完善，因而要建立相应的对策，开展诚信教育，提高贷款诚信。周雪莲（2004）基于外部性与公平性的角度分析探讨了我国国家助学贷款的制度设计与安排，她从道德风险的角度探讨我国目前助学贷款欠贷率高的成因，并在此基础上提出了要建立个人诚信机制、加快建设政策性银行来取代目前的商业银行来实施助学贷款的政策措施。赵立卫（2005）从政策视角探讨我国的助学贷款，他认为目前存在着国家宏观政策目标与各方利益主体之间的矛盾的冲突，并认为解决这一矛盾的措施是扩大助学贷款的范围，实施差异化的信贷策略以满足这种需求。朴丹丹（2011）从高校的角度出发，认为当前由于政府将助学贷款的责任部分转嫁给学校，导致学校承担的贷款风险加大，她通过对高校助学贷款风险形成原因的分析从助学贷款牵涉的多方利益主体出发探讨减少高校贷款风险的对策。

4. 对我国家助学贷款制度的完善与创新设计

刘志娟（2004）认为我国大学生目前贷款诚信缺乏，因此应该建立大学生诚信档案，加强诚信建设。黄维、沈红（2007）从我国国家助学金贷款实施的历史与现状出发，肯定了我国助学贷款的实施绩效，但也提出其存在的问题，他们认为应综合考虑助学贷款制度当前所处的系统环境与经济目标出发，结合成本原则与收益原则选择合适的金融形态与功能实现机制，以保障助学贷款的可持续发展。黄维、沈红（2007）认为，助学贷款是由一、二级市场共同构成的，其中一级市场是指国家的借贷市场，二级市场是债券转让市场，他们认为我国目前建立二级市场的条件已经成熟，并为建立二级市场提出了相应的对策。季俊杰、沈红（2012）分析了宏观经济发展状况对我国国家资助的影响，从控制论的角度出发，通过为学生设计资助的自适应供给系统并将保险机制引入到助学贷款中来，这为完善我国国家助学金贷款提供了新思路。翟骏、李凌云、曹书瑜（2012）从自身工作经历出发，发现助学贷款案件逐年上升，并分析了导致这种现象的原因，提出"学校＋银行＋司法"的协作模式，以减少不诚信行为。熊丙奇（2013）认为应该建立教育政策银行，以保障我国助学贷款的良性发展。

目前学界对于国家助学贷款的研究已比较丰富，这既表现为研究视角的多元化，也表现为研究方法的多样化。但是，在对已有文献的梳理时，可以发现目前学界在对国家助学贷款的研究上仍旧存在一些不足。

首先，表现在研究对象的选取上不恰当。我国国家助学贷款的对象包括国内全日制普通本、专科生（含高职生）、研究生和第二学士学位学生。国家助学贷款的额度有限，这些学生所学的专业不同、收费的标准也不同，有限的金额对各个专业的学生的影响也应该区分开来，然而学界在分析研究时很少将其做出明确的划分。

其次，在实际的调查分析过程中，学者们很少将国家助学贷款进行合理划分。一般而言，国家助学贷款在实际操作过程中主要面向三类群体——有需求意愿且获得贷款的学生、有需求意愿但是没有获得贷款的学生、没有需求意愿且没有申请贷款的学生，只有明确划分三类主体才能了解产生三类现象的原因并获得真实客观的结果，通而论之只会影响结果的公正性与客观性。

最后，一些学者在对国家助学贷款的比较研究中，忽略国情盲目照搬国外的经验，这都是欠妥的。

（二）国外研究综述

国外助学贷款政策推行较早，经过半个多世纪的发展，其理论体系已十分完善。在具体实施过程中，助学贷款制度经过不断的设计与调整，其发展已经较为健全。这具体表现在贷款项目上呈多元化、执行过程中遵循规范化、科学化。目前，全球有超过60个国家正以助学贷款的形式帮助贫困家庭获得接受教育的机会，助学贷款已经逐渐成为各国主要的资助形式。通过对国外研究文献进行梳理，我们可以看到国外对助学贷款的研究主要表现在以下几个方面。

1. 助学贷款理论研究

Milton Friedman（1955）认为高等教育的最大受益者是接受教育者本人，因而个人应该承担接受教育的一部分费用，而个人申请助学贷款是分担高等教育成本的表现。Gary Becker（1964）的《人力资本》一书中对高等教育的收益率进行了计算，他发现个人对高等教育进行投资能够获得很高的回报。因此，当个人因贫困不能上学时申请助学贷款，用未来的收益来支付当今的教育消费是值得的。这就为个人贷款接受高等教育提供了理论依据。美国州立大学总系统校长 Bruce Johnstone（1986）在其出版的《高等教育的成本分担：英国、联邦德国、法国、瑞典和美国的学生财政资助》一书中认为，在确定教育成本时，应该坚持"谁获益，谁负责"的原则进行教育成本的分担。他认为，高等教育的成本应该由个人、家长、国家、社会等来共同负担。这就是著名的"成本分担"理论，该观点已经为世界各国所接受并指导着高等教育的发展。在他看来，家长对高等教育的分担是指对教育成本的即时的现金支付。学生对教育成本的分担是个人通过助学贷款或者其他的形式进行教育成本的支出，这就为国家实行助学贷款提供了强有力的论证。英国当代著名的教育经济学家 George Psacharopoulos（1980、1985）在其"教育收益：最新国际比较"、"教育收益：最新的国际信息及其含义"的论文中，他从人力资本的角度出发通过长期的研究发现，对高等教育进行投资的个人收益率远远大于社会收益率，因而他认为高等教育的成本个人也应该分担一部分，而针对那些无学可上的人而言应该实施助学贷款以帮助其获得接受教育的机会。此外，罗尔斯的《正义论》认为每个人由于先天的原因而导致所占有的资源不同，因而应该对那些人使用不同的标准，以弥补其先天不足带来的影响，这反映到高等教育中来就是国家应该提供助学贷款以保证那些贫困的学生能够获得同等的受教育机会以实现教育的公正、社会的正义。

2. 各国助学贷款制度的研究与探讨

Rogers、Daniel C. (1972) 调查了肯尼亚的高等教育投资回报率，描述了肯尼亚高等教育的特点和助学贷款计划的可行性。Tooley、James、West、Edwin G. (1998) 分析研究了发展中国家的助学贷款项目，它从发展中国家助学贷款种类与公司助学贷款的收益率出发研究了这些助学项目的发展情况。Larraín、Christian 等 (2008) 对智利助学贷款的介绍，发现智利的助学贷款是由私人资本融资并通过证券化的法律制度框架来实施的，他描述这个助学贷款系统的突出特点，解释了其理论基础并分析其设计时的政策依据。Ziderman、Adrian (2009) 认为助学贷款对高等教育的发展起着重要的促进作用，他认为亚洲的助学贷款计划尽管取得了很大的成效，但是仍存在缺陷，他认为亚洲的助学贷款项目缺少使贫困学生获得成功的先决条件：有效的资格审查以及严格的筛选标准和有针对性的发放。Rani、P. Geeta (2011) 在对目前盛行主要的约 50 种助学贷款的设计因子与操作方法进行综合分析，并将其与印度的助学贷款进行对比研究，认为印度目前的助学贷款对弱势群体的作用不够大，因而需要建立一种以奖、助学金为主的资助体系以代替目前的助学贷款。Mhamed、Ali 等 (2012) 通过对拉脱维亚 2009 年毕业生的收入、债务与其工作领域性别之间的关系研究，通过分析他认为女性毕业生以及人文、教育以及心理学等领域的毕业生收入相比于那些经济与管理领域的学生收入较低，因而助学贷款的还款更难。在此结论基础上，其基于澳大利亚的还款机制建立了一种基于毕业生收入的还款计划，以更好地促进助学贷款的实施。Okae–Adjei、Samuel (2012) 对加纳的高等教育资助政策进行了研究，他发现助学贷款信托基金 (SLTF) 成为当前支持加纳贫困学生的重要选择，并对 SLTF 的特征做了详细的介绍，分析了这种资助政策能够成功开展并可持续发展的六个条件，他还对其中不足提出相关的建议。

3. 助学贷款实施问题与对策研究

MANUEL GóMEZ CAMPO 等 (2009) 分析了哥伦比亚的为低收入学

生提供助学贷款的项目（The ACCES Program），通过调查他发现该计划对那些贫困学生而言是不公的，它加重了这些学生的负担，使得其无法接受同等质量的教育，通过对哥伦比亚高等教育政策的回顾他发现该政策仅仅是一种将高等教育成本向贫困学生转化的工具，是极不公平的。Cunningham、Alisa 等（2011）认为如今的助学贷款使得更多的学生能够接受高等教育，但是这也增加了学生的债务负担。再加上由于信息的不对称，政策制定者在判断违约情况时指标的选取不当。正是基于此，他利用五个贷款机构的数据进行分析研究并提出了相关的建议与对策。Maharshak、Arie 等（2012）对以色列工程专业的大学进行调查发现，大学生中普遍存在着是工作还是接受贷款的矛盾，但是调查发现很大部分人在明知道工作会影响学习的情况下仍旧选择边学习边工作，他从"价值曲线"与"道德曲线"的视角对此情况产生的原因进行了研究报告分析。Wenisch、Michael Catholic（2012）认为自 2008 年以来，全球经济陷入经济危机，世界经济速度放缓并且这一形式要持续几十年，这直接影响到学生贷款债务泡沫的破灭，这一现象使得高等教育发展与需要借贷学生之间利益产生了冲突。并在此基础上对未来学生债务贷款提出了其建设性意见。Lough、Benjamin J.（2010）通过对当前的各种形式的助学经济贷款的利弊进行分析并介绍了在政府与市场失灵情况下拥有志愿机构参与的助学贷款案例，他提出了一种创新性的项目——"永久教育基金"以解决当前存在的矛盾，对当前的助学贷款的发展具有重要的意义。Burd、Stephen 等（2013）认为联邦的助学贷款制度设计已经不再符合现在的需要，呈现出各种各样的问题，因而要改革当前的助学贷款制度，应该实现资源配置与激励之间的再平衡，为此提出了 30 多种政策建议。Carey、Kevin（2013）探讨了奥巴马基于学生学业表现的资助计划实施情况，并研究了佩尔助学金（Pell Grants）让学生陷入债务危机的表现，他认为，政府不应该过多地干预到教育中去，否则会带来许多麻烦。

　　国外对于国家助学贷款的研究大多是建立在实证分析的基础之上，通过调查数据来反映实践过程中存在的问题并提出相应的对策。国外的研究强调过程的规范与严谨、结果的科学与真实，这对于研究我国国家助学贷款的学者而言是很好的启示。然而，尽管国外助学贷款的研究已经十分完善，但是也应该清楚地认识到，无论是地理位置、社会经济发展状况或者是高校本身的发展情况、专业设置等方面，我们都与国外存在较大的差异。因而，在对待国外研究成果上只能辩证地吸收，只有这样才能更好地促进我国国家助学贷款制度的完善，促进我国教育事业的健康发展。

第四节 国家助学贷款政策的历史沿革

一 前期酝酿阶段（1986—1999）

长期以来，我国都实行免费的高等教育政策，在这种政策体制下，国家的财政负担逐渐加重，再加上统招统分的就业政策，高校缺乏竞争的思维，学生学习的进取性也大打折扣，这无疑影响到我国高等教育事业的健康发展。

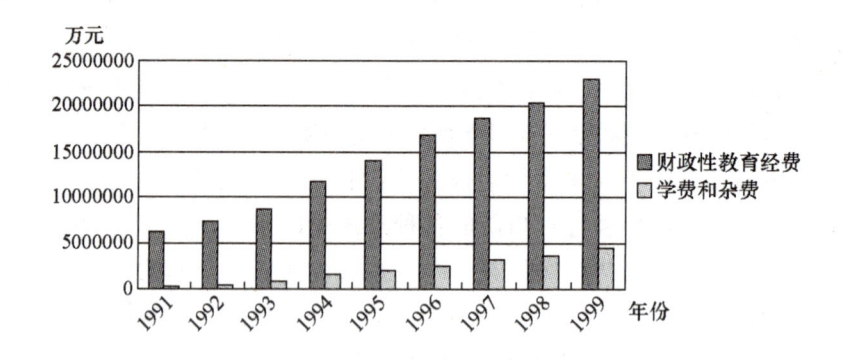

图4-1 1991—1999年我国财政性教育经费与学杂费柱状图

资料来源：1991—1999年教育统计年鉴。

随着我国高等教育体制改革的逐步深化，我国接受高等教育的人数开始逐渐增加，但是有限的教育财政根本无法支撑起庞大的高等教育体系，人民日益增长的对高等教育的需求与有限的教育财政资源的矛盾也越来越突出。这迫使我们必须对当前的高等教育投资体制做出改革与调整。1986年6月2日国务院、财政部联合下达《关于改革现行普通高等学校人民助学金制度的报告》（以下简称《报告》），《报告》认为随着高等教育事业的发展与高等教育体制改革的推进，当前的人民助学金制度的弊端日益明显，不再适应我国高等教育的发展现状，因而要进行改革，将人民助学金制度改为奖学金与助学贷款制度。其中学生助学贷款是用来帮助那些家庭经济确实存在困难、学习努力刻苦并且思想品德较好的学生。报告中还对学生助学贷款的还款情况以及免还情况都做了相应的介绍，初步构建了由国家政府、中国工商银行、学校贷款机构、学生等行为主体的国家助学贷款体系。1987年7月31日国家教育委员会、财政部修订发布《普通高等学校本、专科学生实行贷款制度的办法》（以下简称《办法》）。《办法》指出对高校中部分存在经济困难的学生可以通过少量的无息贷款以保证其完成正常的学业，学校负责对这笔贷款进行发放与回收管理工作。另外，还对贷款的数额与比例进行了严格的规定与限制。可以说，这是我国国家助学贷款的小范围实验，也是我国助学贷款的雏形。1993年8月14日，原国家教委、财政部发布关于修改《普通高等学校本、专科学生实行贷款制度的办法》部分条款的通知。通知对原来的《办法》的部分条款作了补充修改，以适应我国不断深化的高等教育体制改革的战略需要。通知对学生贷款的数额、贷款的比例以及对奖学金、助学金的领取都进一步作了补充说明，使得助学贷款更好地适应了经济发展的要求，适应了学生的需要，更加符合当时发展的实际情况。为顺应经济体制改革，高等教育体制也着手进行改革，1994年4月7日，原国家教委发布《关于进一步改革普通高等学校招生和毕业生就业制度的试点意见》，该意见对我国的招生与就业制度进行了一系列的调整，并考虑适时推出新的助学贷款的计划。1995年8月7日，国家教育部发布《关于改革国家教委直属院校学生贷款办法的通知》，对原有的贷款制度与办法进行了一些调整与改革并在直属院校中推行。1986—1999年的诸多国家助学贷款政策主要是为了确保部分优秀学生能够通过助学贷款的办法避免失学的危险，尽管制度的设计存在诸多的问题，但是对于我国以后的助学贷款政策的正式颁布与实施提供了许多可供借鉴的经验。

二 政策兴起阶段（1999—2004）

1999年，随着教育部《面向21世纪教育振兴行动计划》文件的出台，我国正式开始实行高等学校全面的扩招计划，高等教育招生人数迅速扩大，我国高等教育正逐步由精英化阶段迈入大众化阶段。扩招计划的实施，在很大程度上促进了我国高等教育的发展，满足了人民群众对高等教育不断增加的需求，提升了国民素质；并且在一定程度上拉动了国内需求增长，带动了经济发展，对消除经济危机影响起到了重要作用。但是，日渐增加的高等教育人数大大加重了我国的财政负担，高等教育经费捉襟见肘。这使得我国许多家庭经济贫困的学子面临失学的危险，并且随着高等教育的扩招表现得更为明显。

为缓解这种情况，1999年5月13日，中国人民银行、教育部、财政部颁布了《关于国家助学贷款的管理规定（试行）》，对国家助学贷款的管理体制、贷款的申请与发放、贷款的期限、利率和贴息以及贷款的回收做了详细的规定。1999年9月1日，北京、南京、天津、上海等8个城市的中央部委所属高校关于国家助学贷款的试点工作正式开始实施，教育部负责全部的管理工作。这标志着我国国家助学贷款制度正式实施。2000年8月26日，《国务院办公厅转发中国人民银行等部门关于助学贷款管理补充意见的通知》由国务院办公厅以明电形式转发，该通知针对助学贷款政策的实施过程中出现的一些新问题做出调整。扩大了国家助学贷款的适用范围；增加了经办银行数量和范围；放宽了助学贷款借贷的基本条件；规定了助学贷款的利率，采用灵活的付息方式等，这些都为助学贷款的全面推进打下了坚实的基础。

2000年9月1日，在结束为期一年的试点工作后，我国助学贷款正式在全国范围内由点到面扩展开来。自此，国家助学贷款进入全新的发展阶段，更多的学生在此政策中受惠得益。2002年2月9日中国人民银行、教育部、财政部下发《关于切实推进国家助学贷款工作有关问题的通知》。该通知在总结之前工作经验的基础上，对我国的助学贷款工作做了进一步的规定与总结。要求各助学贷款工作部门提高对助学贷款的认识，并实行由省教育行政部门确定本省申请贷款的学校（"定学校"）；确定申请国家助学贷款的学生包括全日制本专科生（含高职生）、研究生和第二学位学生（"定范围"）；各地区根据实际情况由省教育部门、银行等部门确定申请贷款的比例，但是原则上不超过20%，并且规定最高金额为6000元（"定额度"）；各个学校根据实际选择发放贷款的银行（"定银行"）；还要求各个放贷银行定期对申请贷款的人数、申请金额、已申请人数和实际放贷人数与金额进行考核（"三考核"），并要求各个相关部门做好贷款的管理工作，建立风险防范机制，加强对助学贷款的监督与检查。

2003年8月8日，中国人民银行发布《关于下达2003年度国家助学贷款指导性贷款计划的通知》，该通知规定办理助学贷款的银行机构其贷款的违约比例达到其所贷款总数比例的20%或者出现高校学生贷款违约人数在20人以上的情况，银行可以停止对其发放贷款。此政策一经出台，国家助学贷款立即被推到了风口浪尖。各银行依此政策纷纷停止了助学贷款的发放，学校无法获得助学贷款导致贫困家庭学生再次面临失学的危险。这些普遍引起了社会的强烈不满。在此情形下，国家发挥其主导作用，再次对国家助学贷款政策进行调整。2004年1月19日，中国人民银行、教育部、中国银行业监督管理委员会联合下达《关于加强和改进国家助学贷款工作的通知》。该通知着力改变当前助学贷款发展情况，对之前的贷款政策进行了相应的改变与调整，银行根据实际的情况与高校之间建立合作关系，规范对贷款的管理与发放，建立相应的机制保障贷款回收。然而，受前期政策的影响，我国的助学贷款制度受到了严重的打击，2003年整个国家助学贷款发展迟滞不前。2004年6月12日，国务院办公厅颁布了《国务院办公厅转发教育部财政部人民银行银监会关于进一步完善国家助学贷款工作若干意见的通知》，该通知针对当前学生还款问题作出政策调整，改变贴息办法，在校期间政府予以100%贴息；延长还款年限，由原来的毕业即4年内还清贷款的做法改为毕业后推迟1—2年，分六年内还清贷款的做法，给学生更多的时间减轻压力，保证贷款的回收率；不再指定银行进行放贷，而是改用省级政府通过招标的方式确定贷款的办理银行，这使得贷款更具灵活性；另外，还对还款优惠、健全贷款管理机制、建立风险机制等都做了相应的规定。

三　政策的稳步发展阶段（2004至今）

2006年9月1日，教育部、财政部联合颁发《高等学校毕业生国家助学贷款代偿资助暂行办法》，该办法建立了我国高等教育国家助学贷款的代偿机制。积极引导大学毕业生到西部地区和艰苦边远地区基层单位就业，如果服务年限达到三年以上（含三年）的，由国家给予利息的补偿。助学贷款的代偿机制的建立不仅缓解了大学生因就业苦难或者家庭贫困无法及时还贷的风险，完善了我国资助体系；而且对于鼓励大学生服务西部、服务边远地区起到了重要的作用。2006年7月21日，中国银行与教育部全国学生资助管理中心正式签订2010年到2014年的中央部属院校的国家助学贷款合作协议，这使得我国中央部属院校的助学贷款得到进一步的保障。2011年国家助学贷款增加了支付宝还款方式，这使得还款方式增加。除此之外，银校合作在全国铺开，这对于促进我国助学贷款政策实施，解决我国贫困大学生上学困难有着重要的作用。

第五节　高校国家助学贷款政策执行现状调查

国家助学贷款作为高校资助政策的重要组成部分，其在帮助贫困学生获得平等的受教育机会上起着重要作用。民族院校作为我国高校的重要组成部分，同样也受益于国家助学贷款的优惠政策，这对民族地区学生接受教育，促进民族地区发展具有重要的作用。为了进一步了解高校国家助学贷款实施状况，我们选择某民族大学为实例，进行了问卷调查，并对此做了实证研究与分析。

一　调查设计

（一）调查对象

为使得结论更具针对性，保证研究结果的可靠，调查对象限定为该校本科生。为保证调查结果的真实性，该论文将研究对象进一步细分，为此在调查对象的选取上包括已经获得国家助学贷款的学生和未获得国家助学贷款的学生。

（二）调查方法

调查采取随机抽样的方法一共发放 500 份调查问卷，回收问卷 486 份，回收率达到 97.2%，其中有效问卷 469 份，有效率达到 96.5%。

（三）调查内容

调查内容包括被调查学生的基本信息；是否具有国家助学贷款申请意愿；国家助学贷款信息的了解程度与信息获取渠道；申请或者不申请国家助学贷款的原因；诚信评价；获得国家助学贷款的影响；国家助学贷款还贷压力与所学专业还贷预期；国家助学贷款的改进意见。

（四）统计工具

本书采用"统计产品与服务解决方案"软件（SPSS 17.0）对调查数据进行统计与分析。

二　调查结果与分析

（一）基本情况介绍

1. 性别、民族、专业情况

统计结果显示，被调查者当中男生占到 38.8%，女生占到 61.2%，汉族学生占到调查总数的52%，而少数民族学生占到48%，其中文科类专业比例为41.2%，理工类为53.7%，艺体类2.3%，其他专业为2.8%。

2. 户口与消费水平状况

在民族院校中少数民族学生生源占总人数的很大比例，而少数民族地区又大多属于偏远的农村地区，在此次随机抽样调查中我们发现户口为农村地区的占到54.4%，而城市和乡镇分别占到27.7%和17.9%，这也证明了此点。然而在对其每月的消费额度状况进行调查发现，无论是申请了国家助学贷款并获得贷款的学生还是没有申请或者没有获得国家助学贷款的学生，他们的消费额度是趋同的，调查中都有超过半数的人的消费区间集中在300—500元和500—800元两个档次。这意味着随着社会经济的发展，贫困生的消费水平随着消费结构多元化、生活方式的变化而得到提高，其经济压力也显著增加。

(二) 申请意愿与实际获得贷款情况

调查中具有国家助学贷款申请意愿的学生为216名，在216名具有需求意愿的群体中，申请并获得国家助学贷款的为110人，所占比例为50.9%，另外递交了申请但是没有获得国家助学贷款的群体为33人，占15.3%，而从未递交申请的人数达到73人，占到样本比例的33.8%，这说明在该校国家助学贷款的实际需求要远远大于实际所供给。其中获得国家助学贷款的群体中农村户口占到74.5%，乡镇户口为14.5%，而城市户口为近11%，这也证明了国家助学贷款的主要受益群体还是农村的贫困学生（见表4-1）。

表4-1 户口与获得贷款情况

			是否申请了国家助学贷款			合计
			申请并获得	申请未获得	从未申请	
户口类型	农村	计数	82	20	46	148
	乡镇	计数	16	5	14	35
	城市	计数	12	8	13	33

(三) 学生对国家助学贷款的了解程度以及了解渠道

一般而言，越是需要国家助学贷款的人，其对国家助学贷款信息的了解程度越高。因此，在对国家助学贷款信息了解程度上我们选择那些具有申请意愿的216个群体作为样本量进行分析研究。统计结果显示需要申请贷款的学生主要是通过老师、同学、宣传手册和网络了解国家助学贷款政策的。然而在国家助学贷款了解程度上，仅 6.5% 的学生对国家助学贷款有较高程度的了解，比较了解的比例为 65.3%，而不了解的比例为 28.2%。并且大多数了解仅仅停留在简单的认知层面，而更有大部分被调查者对国家助学贷款政策根本就不清楚，更不用说熟知了，甚至这部分学生中还包括部分已经得到国家助学贷款的人（见图 4-2、表 4-2）。

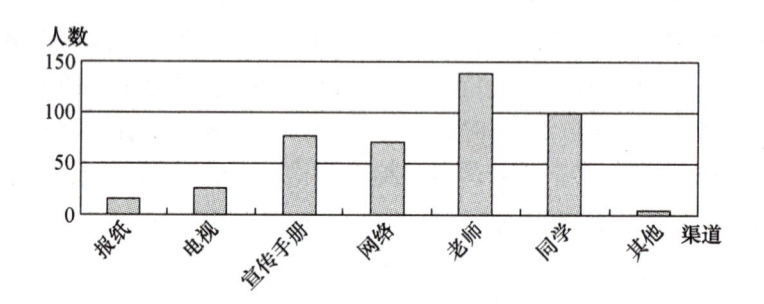

图 4-2　申请国家助学贷款学生了解国家助学贷款的渠道

表 4-2　　　　　　大学生国家助学贷款的了解程度

了解程度	频率	百分比（%）
非常了解	14	6.5
比较了解	141	65.3
不清楚	61	28.2
合计	216	100.0

（四）申请贷款的原因和未申请贷款的原因

根据高等教育成本分担的原则，每个接受高等教育的学生必须支付相应的成本。对于家庭经济困难的学生而言，国家助学贷款是一种较好的资助方式。在对 216 名具有国家助学贷款意愿的学生进行调查发现，大部分学生是基于家庭经济困难难以支付学费或者是家庭经济勉强能够维持而想通过国家助学贷款减轻家庭负担考虑而选择贷款的，这一比例占到总数的 78.7%，也有 5.1% 的学生是想经济上独立而考虑贷款，另外还有 16.2% 的学生是基于国家助学贷款是一种无息贷款，在读书期间无须支付利息，他们希望通过国家助学贷款满足自己某些非必需品的需求。这一方面说明国家助学贷款在很大程度上发挥了助困的作用，成为大多数贫困学子用以缓解经济压力的选择之一；另一方面也反映出国家助学贷款政策在实际的执行过程中确实出现了偏差，损害了部分贫困学生的利益，影响到了政策的执行效果（见表4-3）。

表4-3　　　　　　　　　　申请国家助学贷款的原因

申请贷款的原因	频率	百分比（%）
家庭经济困难	86	39.8
想减轻家庭负担	84	38.9
想经济独立	11	5.1
不用付利息	29	13.4
满足非必需品需求	6	2.8
合计	216	100.0

在对为什么不将国家助学贷款作为筹资方式中，我们选取具有需求意愿但是从未递交申请的学生作为样本总量，通过统计发现，这些具有需求意愿的学生不将国家助学贷款作为首要资助方式的原因主要之一便是贷款手续烦琐，因为在国家助学贷款的申请过程中，申请手续过于繁杂。无论是从申请前的证明，申请中的认定，以及申请后的审核，手续都十分繁杂。每一道程序都是一个手印和一个公章，需要耗费了大量的时间与精力。并且一次申请年限仅为一年，之后需要申请时又需要再次进行相关的审核与认定（再次申请国家助学贷款需要提供申请者在上一个学年的成绩单并由学院出具加盖公章的品行表现证明材料），这让许多学生怨声载道，因此便放弃了贷款的念头。另外，一些学生觉得国家助学贷款名额有限、贷款年限太短、贷款的透明度不高使得自己并没有希望能够争取到国家助学贷款，因此即便亟须国家助学贷款帮助自己完成学业，他们也放弃选择国家助学贷款而转向其他渠道（见表4-4）。

表4-4　　　　　　不将国家助学贷款作为筹资方式的原因

不将国家助学贷款作为筹资方式的原因	频率	总数	百分比（%）
手续烦琐	53	73	72.6
名额有限	34	73	46.6

续表

不将国家助学贷款作为筹资方式的原因	频率	总数	百分比（%）
额度过小	40	73	54.8
条件苛刻	25	73	34.2
利率太高	44	73	60.3
透明度不高	12	73	16.4
还款年限短	38	73	50.1
其他	2	73	2.7

（五）贷款学生诚信问题

国家助学贷款作为一种优惠性贷款，无论是在贷款前的资格认定还是贷款后的使用以及最后的还款上都要求借贷人讲求诚信。为此我们引入第三方评价，即在样本选取中我们将那些并未获得国家助学贷款的群体也纳入进来，以更好地反映学生的诚信问题。一般认为，如果被调查学生认为国家助学贷款给予了最需要的人，则证明贫困学生并不存在"恶意"贷款的现象，学生诚信度较高，如果他们认为国家助学贷款并没有给予最需要的人并且周围存在将国家助学贷款用于非学业用途的行为，则证明存在不诚信行为，学生诚信度较低。统计结果显示，有很大部分学生认为一些申请获得国家助学贷款的学生存在不诚信行为，他们将贷款用作非必需的学业行为。尽管大多数高校国家助学贷款基本以代扣学费的方式发放，但是有调查者反映一些学生，家长给了学费，但是他用来存在银行，而利用国家助学贷款缴纳学费，等到毕业后再将存入的钱取出来还贷，还可以获得四年的利息，而且他们可以将部分学费拿去做其他一些诸如炒股、小本创业的投资活动。这些都反映出国家助学贷款在实际操作过程中确实存在一定程度的不诚信行为（见表4-5）。

（六）申请国家助学贷款对学生的影响

通过调查我们发现，大部分学生认为申请到国家助学贷款的学生经济压力变小了，申请到国家助学贷款的学生能够以更好的精力投入到学生中去，学习效率有着明显的提高。但是我们也发现，有很大一部分学生认为一些学生因为申请了国家助学贷款而担心还不起贷款或者怕经济隐私暴露而受到"有色眼镜"待遇感到压力很大。这也一定程度反映了国家助学贷款的宣传还不到位，让大家对国家助学贷款有认识误区。另外，申请大学生的心理素质也有待增强（见表4-6）。

表4-5　国家助学贷款是否给予了最需要的人与是否存在乱消费行为交叉表

<table>
<tr><th colspan="3"></th><th colspan="6">是否存在乱消费行为</th></tr>
<tr><th colspan="3"></th><th>十分普遍</th><th>比较普遍</th><th>存在但不多</th><th>不存在</th><th>不清楚</th><th>合计</th></tr>
<tr><td rowspan="4">是否给予了最需要的人</td><td rowspan="2">是</td><td>计数</td><td>5</td><td>34</td><td>97</td><td>69</td><td>87</td><td>292</td></tr>
<tr><td>占是否存在乱消费行为的百分比（%）</td><td>55.6%</td><td>45.3%</td><td>55.1%</td><td>83.1%</td><td>69.0%</td><td>62.3%</td></tr>
<tr><td rowspan="2">否</td><td>计数</td><td>4</td><td>41</td><td>79</td><td>14</td><td>39</td><td>177</td></tr>
<tr><td>占是否存在乱消费行为的百分比（%）</td><td>44.4%</td><td>54.7%</td><td>44.9%</td><td>16.9%</td><td>31.0%</td><td>37.7%</td></tr>
</table>

表4-6　获得国家助学贷款对学生的影响

获得国家助学贷款后的变化	频率	总数	百分比（%）
经济压力变小	284	471	60.3
精神压力增大	75	471	16.0
学习效率提高	65	471	13.8
没有明显变化	160	471	33.9

（七）国家助学贷款还贷压力与所学专业还贷预期

调查结果显示，申请贷款的学生中，认为还贷压力非常重的占到3.6%，还贷压力比较重的为59.1%，而还贷压力一般为34.5%，而认为还贷压力较轻的仅为2.7%（见表4-7）。这说明大多数申请国家助学贷款的学生认为未来存在太多不确定因素，预期还贷压力比较重。另外，在所学专业还贷预期中，我们发现有55名学生认为自己所学专业在未来就业市场中存在较强的竞争力，还贷压力不是太重。而有46名学生觉得无法预估未来就业市场如何则持有保守态度，这反映出很大部分学生对自己所学专业在未来就业市场中竞争力还是持有怀疑态度的。另外，我们发现在选择悲观与很悲观中，文科学生人数为7人，远大于理科人数的2人，这说明相比理科生而言，文科专业的受助学生更认为自己在未来就业市场中竞争力不大，这大大增加了其还贷压力（见表4-8）。

表4-7　　　　　　　国家助学贷款还贷压力调查表

还贷压力	频率	百分比（%）
非常重	4	3.6
比较重	65	59.1
一般	38	34.5
比较轻	3	2.7
合计	110	100.0

表4-8　　　　　　　所学专业与还贷预期交叉表

		还贷预期计数					合计
		很乐观	可以应付	不清楚	比较悲观	很悲观	
专业	文科类	2	17	18	6	1	44
	理工类	2	33	26	2	0	63
	艺体类	0	0	1	0	0	1
	其他	0	1	1	0	0	2
合计		4	51	46	8	1	110

（八）国家助学贷款改进意见

绝大多数学生在调查中认为国家助学贷款政策的实施大大地帮助了贫困生接受获得高等教育的机会，是非常值得肯定的。但是其在具体实施过程中还存在诸多值得改进的地方。这些意见一方面主要集中在要精简程序、延长还款时限、增加还款方式等制度条款的改进上，另一方面则主要表现在建议加强对贫困生的审核与认定，提高国家助学贷款执行中的公平性，防止出现有些学生边贷款边用"苹果"（注：苹果系列如手机、电脑等）的现象，也避免一些真正困难的学生出现没办法贷到款的情况。另外，在提高经办人员服务态度上也有不少学生提出需要提高服务质量的建议。

第六节　国家助学贷款政策执行中存在的问题分析

一　国家助学贷款制度环境不完善

（一）法律体系建设不完善

国家助学贷款运行16年，其用于指导和保障工作开展的大部分是政策性文本，而缺少一部专门的国家助学贷款法律法规用以明确指导贷前、贷中、贷后各方的权利与义务。也正因如此，在国家助学贷款执行过程中各利益主体大多基于自身利益考虑而做出自利行为，导致国家助学贷款运行过程中存在着各种无序与混乱。"无法可依"的局面势必将长期影响国家助学贷款的顺利运行。

（二）诚信体制建设滞后

2013年3月15日，酝酿十年之久的《征信业管理条例》正式实施，这标志着我国征信管理从此有法律可以依循，对推进我国信用制度的建设具有重要的作用。但是我国征信体系建设仍有许多地方需要补充和完善，整个征信信用体系的建设仍旧不够完善。诸如：征信数据不完整、不全面；征信建设相互独立无法实现信息共享；信用报告的使用缺乏科学性等。另外，整个社会的道德建设要滞后于经济发展水平。部分大学生并没有树立深刻的诚信意识和诚信观念，他们在面对国家助学贷款时，并没有体会到国家的良苦用心，他们将国家助学贷款用作其他非学业方面的用途，并没有合理利用教育资源实现人力资本的转化与积累，这明显违背了国家设立该项目的初衷，这些都使得国家助学贷款在运行过程中出现了不诚信的状况。

二 政府缺位导致供给矛盾长期存在

国家助学贷款是由国家主导，利用金融财政手段对我国教育事业进行帮扶，以促进我国教育发展的教育项目。在贷款对象、贷款利率、贷款条件等方面都有别于传统意义上的贷款业务。它是一种优惠性贷款，具有很强的政策性。而作为经营主体的银行，为客户和股东创造最大价值并规避一切可能存在的风险是其永恒的目标，因而将助学贷款纳入其业务范围本非自己的本意。尽管国家相关规定要求银行不得设置比例给予需要的学生贷款，但是由于国家助学贷款业务数量大、业务数额小、管理成本高等特点，商业银行在国家助学贷款上一直持有保守态度。之前银行出现的国家助学贷款停发风波也证明了这点。除此之外，责任共担机制将学校也纳入到整个贷款体系中来，使得学校同样需要承担一定的风险。但是，学校本身是非营利组织，其发展经费有限。在对国家助学贷款的提供上难免力不从心，再加上考虑到风险，学校更愿意降低发放贷款比例并将贷款给予那些并非真正困难的学生，这明显违背了国家助学贷款政策设立的最初目的。

国家助学贷款作为教育类准公共产品，其竞争性决定了国家在对助学贷款的发放过程中不可能有求必应，而是具有一定的限额。在某种意义上，某一个体的获得代表了其他个体的失去。但是，教育又作为一类具有极强的正外部效性的准公共产品，国家作为主要受益者之一毫无疑问应该支付相应的成本。但实际上，政府在对高等教育的投入与收益是严重不对等的。一直以来我们国家对整个教育事业的投入比例要大大低于同一时期同等水平的国家，这就直接导致了国家助学贷款有效供给的不足。根据全国资助管理中心数据显示，2012年全国高校中获得国家助学贷款的平均比例达到12.88%，中央高校获得比例为12.02%，地方高校获得比例为12.98%[①]。同样是官方数据显示，我国高校现有贫困学生比例占到高校总人数的20%，这其中有5%—10%属于特别困难的学生。[②]据此，我们可以估算至少还有7%的学生对国家助学贷款有潜在的巨大需求。

综上可知，由于政府在国家助学贷款的投入上不足，没有承担起助学贷款管理的主要责任导致国家助学贷款的政策性与商业性矛盾长期存在，直接导致了国家助学贷款在供给上出现不足，供需矛盾长期存在。

三 国家助学贷款宣传不足

国家助学贷款宣传不足主要包括两个方面，第一是政策的知晓度的宣传。调查中我们发现尽管许多学生完成了贷款程序并且获得了国家助学贷款，但是他们对国家助学贷款的了解程度并不高，大多只是停留在国家助学贷款是一种给贫困生的无息贷款，要填写一系列的表格并盖很多公章才能获得国家助学贷款的简单了解层面，而对具体的申请资质、申请流程知之较少。如果有申请国家助学贷款的意愿，他们便按照辅导员的指导完成所需的步骤，但是由于信息在传达过程中难免存在失真与遗漏，以致许多学生常常出现申请材料不足而来回学校与家庭的情况，大大增加了借贷的成本，更有学生因此而耽误时间失去了申请资格。

国家助学贷款宣传不足另一方面表现在对政策认知水平的宣传不够。当前国家助学贷款的宣传主要有两种趋势，其一是以宣传手册、报纸和网络等为传媒的载体强调国家助学贷款政策性特点的宣传，在这种宣传中，

---

① 《2012年国家助学贷款再创历史新高》，全国学生资助中心网站（http://www.xszz.cee.edu.cn/jianbao/gongzuojianbao/2013-03-27/1596.html）。

② 《全国普通高校约有240万贫困生，占总数20%》，新华网（http://news.xinhuanet.com/2004-09/01/content_1933138.htm）。

大多强调国家助学贷款助困帮扶的作用,鼓励大家不要有后顾之忧而积极争取贷款。其二是以学校、银行为代表的认为要持谨慎贷款态度的贷款宣传,他们特别强调对具有申请意愿的学生申明违约后果很严重,必须要慎重选择是否贷款。正是在这两种观点的作用下再加上缺少完善的管理与监督体系,出现了部分学生因为看重国家助学贷款的政策性而隐瞒自己的真实经济情况去积极争取国家助学贷款,抢占本来就并不充足的名额,而部分学生基于对自身和未来的不确定而出现"不敢贷款"的现象。

四 国家助学贷款资格审定机制不健全

国家助学贷款的首要申请资格是家庭经济困难。但是在具体的操作过程中却缺少一个明确的评判标准去鉴定申请者是否真实贫困。这也就使得贫困的真实性大打折扣。

通常,在贫困生认定环节,大多数班级首先采取的是自叙式证明,但是由于学生生源地不同,各个地方经济发展水平存在差异,贫困的标准也就有着显著的差异,这种自叙式证明便无法有效证明学生贫困与否。其次是贫困材料的证明,由于信息不对称的客观存在,审核者无法采取上门入户的调查方式去获取贫困学生的家庭经济状况,这就使得一些申请者基于利己的心理而隐瞒真实的需求状况,通过伪造相应的材料来自证贫困。这些显然会影响到国家助学贷款实施的公平公正。这也是为什么问卷中许多学生都提议要严格资格审查制度,杜绝占用国家助学贷款名额的现象的原因所在。

另外,国家助学贷款要求对申请学生进行学业水平和品行进行鉴定,大多数学校要求申请国家助学贷款的学生成绩排名在前百分之多少并且品行表现良好。但是学业水平的好坏和品行状况同家庭贫困程度是没有必然联系的。再加上某些同学出于个人对课程设置的偏好程度与天赋的差异性而存在学业成绩不够理想的状况,这也会一定程度上导致一些学生丧失申请国家助学贷款的资格。

五 国家助学贷款政策缺乏灵活性

公共政策的实施是具有时效性的,任何公共政策的制定都是在一定时空条件下针对特定问题制定的,时空的变化会影响到政策实施的效力,国家助学贷款政策的实施也同样具有时效性特点。国家助学贷款肇始于1999年,运行到现在已经有16年时间。无论是从审核、发放到回收都基本沿用以往的实施办法。就此而言,这证明了国家助学贷款得到了国家的高度重视,将作为一项长期的公共政策推行下去。然而,社会是不断变化发展的,这种变化必定要求国家助学贷款政策作出相应的改变。

(一) 国家助学贷款金额未能随社会经济水平的提高而增加

根据高等教育成本分担原则，高等教育不是义务教育，收取学费理所应当；而高等教育收费标准是基于高等教育培养成本而制定的，最高不得超过 25%。[①] 物价在涨，培养成本在涨，大学学费总体上稳中有升。另外，随着社会经济水平的不断提高，消费层次、消费结构都得到了改变，大学生的消费水平也同步提高。但是，家庭收入的提高随着物质消费水平的提高而难以得到显著改变。根据学生贷款金额等于所在学校收取的学费加上所在城市规定的基本生活费减去个人可得收入（包括家庭提供的收入、社会等其他方面资助的收入）公式[②]，我们可以发现，学生贷款金额也应该随着等式右边的增加而增加。但是实际上贷款金额自 2002 年确定以来就一直等于学费（或者学费加住宿费）并且总和小于 6000 元，这是难以满足当前贫困生的需求的。

(二) 国家助学贷款还款政策未能随就业形势的变化而变化

国家助学贷款本质上是通过个人的信用凭证去透支未来的预期收入，它是未来的债务。因而未来收入的高低将直接影响到国家助学贷款的需求意愿的强弱和还贷压力的轻重。然而随着经济形势日渐严峻，就业前景变得不明朗，大学生就业困难重重。以 2013 年为例，2013 年大学生就业困难人数预计达到 300 多万。尽管 2012 届大学生毕业半年后的就业率（90.9%）比 2011 届（90.2%）略有上升。但就目前来看，2013 届毕业生就业率较去年相比下滑严重。[③] 再加上扩招的学科大多是以文科为主，然而文科类的就业形势要远远弱于理工科类。但是国家助学贷款的还贷周期自 2004 年确定为 6 年以来便基本保持稳定。贫困学生由于自身经济条件较差，占有的社会资源较少，相比于其他学生而言，他们在未来的就业市场中更处于劣势。这些都迫使他们不得不放弃通过国家助学贷款缓解目前经济压力的机会。即便一些学生获得了国家助学贷款也因为前途渺茫而压力重重进而学习效率下降。

此外，在还款对象设计上，国家助学贷款并没有综合考虑差异性的存

[①] 国家教育委员会：《国家计划委员会、财政部 高等学校收费管理暂行办法 (1996)》。

[②] 教育部：《国家助学贷款管理操作规程 (1999)》。

[③] 《大学生就业难问题及原因分析》，应届毕业生求职网（http://career.eol.cn/kuai_xun_4343/20130609/t20130609_959917）。

在。我们可以预估，在国家中长期就业市场中，理工科相对于文科更好就业，其薪酬水平也更高，沿海地区相对于中西部地区而言更好就业，薪酬水平一般也高于这些地区，而就业市场的竞争力直接决定了其偿债能力，单一的还款设计无疑让部分学生面临着较大的还贷压力。

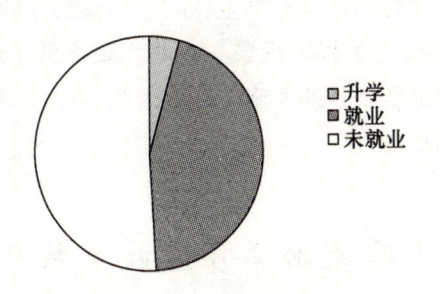

图 4-3　高校毕业生去向

资料来源：根据网络数据整理。①

六　国家助学贷款贷后管理不足

（一）人员配置不合理

在高校中，国家助学贷款一般由资助中心负责，由各个学院辅导员协助执行开展。然而国家助学贷款工作繁杂，需要耗费工作人员大量的时间和精力去处理和应对。再加上许多学校在配置人员的过程中并没有严格按照 1∶2500② 的标准来执行，这就使得原本就烦琐的任务更是繁重。这大大降低了其服务的质量，这也是有些学生在问卷中反映国家助学贷款工作人员服务态度差，有种高高在上的感觉的原因。同样，在对国家助学贷款资格的认定与审核以及贷后的监督与管理中缺位明显，由于人手不够，工作积极性不高，无法对申请贷款的学生进行真实的认定。

（二）缺少贷后干预

国家助学贷款在一定程度上缓解了受助学生的经济压力，这些学生就能够更加集中精力投入到学习研究中去。但是，还有部分学生在贷款后却出现压力倍增的情况，他们有的担心经济状况公开后会时刻受到监督而自尊心受挫，有的则害怕国家助学贷款无法按时偿还会带来违约风险，这些

---

①《大学生就业难问题及原因分析》，应届毕业生求职网（http：//career.eol.cn/kuai_xun_4343/20130609/t20130609_959917）。

② 中国人民银行等部门：《关于国家助学贷款的管理规定（1999）》。

都使得他们心理负担加重，影响了其以后的学习和生活，这些都需要助学贷款管理人员进行干预指导。

另外，国家助学贷款在贷款后的使用上仍旧缺乏有效的监督机制。在涉及助学贷款是否被恶意占领用于完成非学业行为时，部分学生认为这种情况在一定程度上存在，甚至有学生在问卷中反映有同学一边领取国家助学贷款一边买"苹果"手机的现象。这些无疑降低了国家助学贷款的公平性，影响到国家助学贷款的实施效果。因此，加强国家助学贷款的使用的监督就显得特别重要。

第七节 优化国家助学贷款政策执行环节的对策

一 创设国家助学贷款的制度环境

（一）制定完善的国家助学贷款法律法规体系

法律作为约束各利益主体的一系列规则，它在强调各自权利的同时也规定了其所应该履行的义务，对于那些违反规定的将面临可能的制裁。因此对于规范各方行为有着重要的作用。

国家助学贷款政策在我国运行已有16年，经过不断地调整与完善使其稳步发展，各方的权责也得以清晰和明确。可以说出台一部关于国家助学贷款的法律条件已经十分成熟。另外，国外高等教育发达国家在助学贷款立法上的成功经验也为我们提供了很好的借鉴。以韩国为例，自1961年颁布实施了《贷学金法》以来，先后颁布了《贷学金发放实施细则》、《公务员年金法》、《私立学校教员年金法补充规定》、《韩国奖学金法》、《农渔村地区特别法》、《学术振兴及助学贷款信用担保法》等相关的法律法规，可以说韩国助学贷款发展历程也是韩国助学贷款法律法规不断完善与健全的过程。它们之间相互影响相互促进，共同推动了韩国高等教育事业的发展。

因此，借鉴国外成功经验结合我国自身情况，我们可以出台一部《助学贷款法》，该法包括明确国家助学贷款的性质与内容，贷前、贷中、贷后各利益主体之间的权利与义务。使得国家助学贷款中各相关主体之间能有法可依、有法必依、违法必究。另外，相关的法律配套应该也不断得到完善，诸如《征信业管理条例》就是很好的补充，这些都对完善国家助学贷款的法律体系具有重要作用。

(二) 加大国家助学贷款政策宣传

作为高校资助体系中最为重要的组成部分,国家助学贷款的作用与意义是不言而喻的。如何让更多学生更加深入了解国家助学贷款是什么,设立的初衷与目的是什么,如何合理地获取国家助学贷款,政策宣传起着重要作用。良好的政策宣传是国家助学贷款工作开展的第一步,也能够为后续工作开展奠定坚实的基础。在对国家助学贷款的宣传上,我们应该立足于两点:

第一,加强对国家助学贷款申请程序与流程的介绍。在对国家助学贷款信息发布上,我们应该更加专注于建立一个畅通的信息发布机制。信息的发布应该更加注重实际效果的取得而非流程形式的完善程度。尽管随着通信传媒的日渐发达,无论是政府、银行或者是学校都已经采取一些手段和方法来详细地介绍助学贷款的申请办法与申请流程。特别是小到班级,都有通讯录等方法去介绍国家助学贷款的申请与发放。然而,这并不意味着每个有着潜在需求的学生就能够获得对信息的完全了解,他们或许有着各种各样的问题想要咨询了解,因此辅导员或者负责国家助学贷款的学校资助中心的工作人员可以下到每个宿舍了解情况,一方面能够加强开展国家助学贷款政策的宣传工作,另一方面也能够对学生的综合情况进行初步的了解与评估,保证国家助学贷款接下来发放的合理性。

第二,加强对国家性质与作用的宣传与引导。一直以来,我们在国家助学贷款的宣传过程中更加倾向于助困的性质的宣传,然而我们也应该看到国家助学贷款作为资助体系的最重要的部分,绝非是国家对贫困生的施舍与赠予。它是学生在对自己未来收益充分自信的基础上,提前消费未来的部分收入,凭借个人的信用而取得。获得国家助学贷款的资格也不是任意给予的,它是经过层层审核,在对个人学业成绩、生活作风等综合素质严格评定的基础上而取得的资格。因而,每个申请或者获得国家助学贷款的学生可以看作是优秀的象征,是勤俭节约、自强不息的象征,这些精神和品质是值得我们提倡的,任何个人都应该抛开有色眼镜去看待获得国家助学贷款的学生。这样就能形成一种良好的舆论氛围,让受助的学生能够更自信从容地面对以后的学习与生活,也能够充分挖掘真正具有需求的群体,以满足其需求意愿,达到帮扶的目的。此外,我们在宣传中还应该明确国家助学贷款绝对不是免费的政策福利,它是一种特殊的教育资源,有其特定的享受群体，所以绝对不能恶意借贷与随意挥霍。以减少那些家庭经济并不困难的学生恶意占用名额的行为。

(三) 加强国家助学贷款的贷后监督与管理

第一，加强国家助学贷款人员配置。国家助学贷款是一系列烦琐的工作，需要耗费大量的时间与精力。因此合理配置高校国家助学贷款工作人员是重中之重。我们应该严格按照1∶2500的最低标准来配备相关的工作人员。此外，国家助学贷款也是一项综合业务，我们应该加强对工作人员专业知识的培训，不断提高其服务质量与服务水平，以更好地服务于广大具有贷款需求的学生。

第二，加强贷后干预。现行的国家助学贷款政策在发放上管理较为严格，而在贷后的使用管理上却不容乐观。这也就使得一些学生在投机获得国家助学贷款后并没有将其使用在本应该有的学业用途中，这不仅严重违背了国家助学贷款设立的初衷，更是滋生了一种不劳而获的心理现象，影响到其他学生对国家助学贷款的信任程度。因此，我们应该积极加强监督与管理，由那些品行较好的学生组成评议小组，不定期地对申请国家助学贷款的学生进行贷后使用评议。一旦发现具有不诚信行为的学生应由资助中心出面终止国家助学贷款并处以相应的惩罚。对那些家庭经济困难学生因申请国家助学贷款而导致的压力增加现象学院应该及时进行心理指导与干预，以帮助其走出心理困境，更从容地面对以后的学习与生活。

二 构建以政府为主导的国家助学贷款权责体系

(一) 明确政府在国家助学贷款中的主导作用

国家助学贷款的供需矛盾尽管部分是由于银行、学校办理国家助学贷款的积极性不高造成的。但是归根结底，国家作为准公共产品的提供者，对国家助学贷款的供需矛盾起着主要引致作用。按照高等教育成本分担理论，本着"谁受益，谁支付"的原则，国家在教育供给中应该承担相应的责任。尽管具体要承担多少责任难以精确化，但是通过国际比较我们不难发现我们国家在对教育的支出增长水平上明显要滞后于经济的发展水平。根据2010年的统计数据显示，我国教育经费仅占GDP的2.8%，而同期世界平均水平为4.9%，发达国家为5.1%，欠发达国家为4.1%。[①]

---

① 《世界各国教育经费数据对比》，凤凰网（http://edu.ifeng.com/news/201002/02221_6978_1550955.shtml）。

尽管在2012年我国的教育财政性经费支出首次超过4%达到4.23%，但是我国距离发达国家甚至是世界平均水平仍然有较大差距。因此提高国家教育经费投入势在必行，只有提高国家对教育经费的投入，国家用于助学贷款的金额规模才更大，才更能满足国家助学贷款者的申请需求。

根据现行的国家助学贷款政策，国家在助学贷款中应承担起贴息、助学贷款管理费用和违约款项三项成本。国家助学贷款作为一种政策性贷款，基于责任共担原则，政府、银行、高校都被纳入到整个贷款体系中来。但是责任共担并非是责任平摊，恰恰相反，国家作为政策的发起者，对国家助学贷款的承担起着主导作用，而银行与高校只是作为政策的执行者协助政府完成这项任务。国家应该且有必要承担起助学贷款主要风险以提高各利益主体的服务积极性。因而，政府必须要承担起更多的责任。首先政府应该加强其宏观调控职能，积极引导各利益主体之间为实现助学贷款的健康运行而努力。其次通过对当前的制度进行再设计，政策的再调整与安排，不断加大财政资金对国家助学贷款的投入力度，积极控制可能发生的风险。具体而言，政府应当建立健全国家助学贷款管理体制，对部分贷款进行贴息以减少其他利益主体的放贷和借贷成本，政府还应该承担起由于各种原因导致的违约的潜在风险管理成本。除此，政府应积极协调好各个地区、不同类属高校之间的国家助学贷款发放平衡状况，健全国家助学贷款代偿机制，真正实现教育机会均等，增进教育事业发展，促进社会进步。

(二) 经办银行转变认识，提高国家助学贷款工作积极性

作为国家助学贷款政策执行的重要参与方之一的银行应该明确这样一个认识，尽管自身作为营利组织不断追求利润最大化的目标无可厚非，但是同样作为社会组织，实现社会价值的最大化是其应该追求的永恒目标与努力的方向。国家助学贷款作为一项关乎国计民生的教育事业，尽管在短期内难以看到盈利的成效，但是作为一种新增的国家助学贷款项目与服务，国家助学贷款的出现在一定程度上拓展了银行同类业务，提升了服务质量与水平。再加上国家助学贷款是由国家给予贴息或者免税优惠的，银行也可能间接地获得一定的利润以维持其他经营活动的正常开展。另外，国家助学贷款的面向群体是大学生，他们通常是未来就业市场上的中坚力量，也是未来财富持有的中坚力量，因而也是潜在的客户群体，他们现今接受的业务水平与服务质量将直接影响到其未来的金融服务者的选择，这对未来银行业务增量有显著效果。为此，银行应该提高国家助学贷款的业

务管理水平，采用信息化手段及时披露国家助学贷款政策信息。简化申请程序，缩短国家助学贷款申请者的资格审核与助学贷款的发放周期；完善风险管理体制，积极与学校和学生进行沟通，加强对国家助学贷款知识与内容的宣传与引导，做好贷后的跟踪管理，防范和化解潜在的风险。此外，还应当增强国家助学贷款工作人员的业务素质，加强对其进行相关内容的培训，促进业务水平与服务质量的提升。

（三）明确高校国家助学贷款管理职能

作为沟通学生与经办银行的主体，高校在整个国家助学贷款的过程中起着中介作用，其服务的好坏将直接影响到国家助学贷款政策的执行效果。因此，高校应当建立起一套行之有效的管理体制来正确处理好包括国家助学贷款在内的高校资助体系中各个部分的职责与功能。高校资助管理部门应当畅通国家助学贷款政策的信息发布渠道，积极宣传国家助学贷款政策。此外，高校还应该努力丰富助学机会，创造更多的助学项目，弥补当前资助体系的不足。另外，高校作为服务主体之一，不断提升国家助学贷款工作人员的业务水平与服务质量，保证国家助学贷款业务有序高效地开展也是其努力的方向。

正是由于国家助学贷款是一项牵涉各方利益主体的系统性教育工程，国家助学贷款的发展也绝非是某一个部分的改良能够实现的；相反，任何局部的不良状况将对全局目标的实现起到负面影响。因此，只有建立以政府为主导的，银行、高校、贷款学生、社会为多元的权责体系，各个部分通力合作，共同努力才能真正确保国家助学贷款健康有序地发展。

三 制定灵活的国家助学贷款政策

（一）创新助学贷款项目并实行浮动贷款金额

在高等教育发达的美国，其国家助学贷款的发展也比较完善。一方面就表现在其丰富的贷款项目上。在美国，学生可以选择的贷款项目有 Federal Perkins Loan、Stafford Loans、Federal parent Loans for Undergraduate Students、Direct Loan 等，这些丰富的项目对于便利学生贷款、减轻学生负担、促进高等教育事业的发展起了重要作用。对此我们可以加以借鉴，将中央政府、地方政府、企业甚至个人纳入到国家助学贷款提供体系中来，根据不同的需求群体的实际情况创新不同的贷款项目以满足更多的需求。例如，目前我国开发的生源地贷款项目就是一种很好的补充选择，应该大力推广和发扬。

根据学生国家助学贷款金额等于所在学校收取的学费加上所在城市规定的基本生活费减去个人可得收入（包括家庭提供的收入、社会等其他方面资助的收入）。[①] 我们应该摒弃当前国家助学贷款额度"一刀切"的做法，综合考虑申请国家助学贷款学生的各个方面的情况（包括家庭经济困难程度、学费、住宿费和生活费以及该生在学校的综合表现等），在此基础之上，制定一套行之有效的额度发放标准，使得国家助学贷款真正能够解决学生的燃眉之急，使得其能够安心于学业。当然，除提高国家助学贷款发放基本金额外，我们还可以实行浮动的贷款金额制度，即根据各个学校、各个地区、各个年份的不同来确定助学贷款发放金额限度，最大限度地发挥国家助学贷款的效用。

（二）适当延长还款期限

我国的国家贷款还款条件较之国外无论是发达国家或者是发展中国家而言条件都是相对严格的（见表4-9），还款期限较短导致部分学生还款压力较大。因此将还款期限进行适当的延长对于减轻学生贷款压力是有重要帮助的。

表4-9　　　　　　　　部分国家和地区学生贷款偿还条件[②]

国家	最长还款期限（年）	宽限期（月）
美国	30	6
加拿大	15	6
泰国	15	24
印度	10	12
俄罗斯	10	6
日本	20	6
中国（大陆）	6	0

通常国际上认为还款压力为10%左右为合适，结合我国目前的就业市场的发展情况，我国大学生本科基本月薪为3048元[③]，薪资待遇以每

---

① 教育部：《国家助学贷款管理操作规程（1999）》。
② 转引自李红桃《国家助学贷款运行机制研究》，华中科技大学，博士学位论文，2005年。
③ 《2013年中国大学生就业报告分析》，中国教育在线（http://career.eol.cn/kuai_xun_4343/20130609/t20130609_959917.shtml）。

年15%的速度增加①，按照最高贷款额6000元计算，4年内共借款24000元，银行贷款基准利率为6.55个点（2013年），因此6年内累计利息达到9432元，按照分期等额偿还方式每月应该还款额度为5572元，因此6年内平均还款负担率为11%左右，要略高于国际平均水平（见表4-10）。另外，我们还应该注意到的是在我国尽管本科生的平均薪资待遇水平在一定程度上得到了提高，但是我国目前的消费水平增长速度要高于人均收入增长水平，再加上地方之间的工资待遇差距还较大，如北京为4746元，上海为4859元，而郑州、石家庄、太原、昆明、哈尔滨仅仅达到2000元的水平②。这就直接导致了这些地区的学生在偿还国家助学贷款时压力增加。

表4-10　　　　　国家助学贷款学生还款压力测算表

年收入（元）	还款额度（元）	还款额度与收入比（%）
36576	5572	15.2
42062	5572	13.2
48372	5572	11.5
55628	5572	10.0
63972	5572	8.7
73567	5572	7.6

因此，我们应该因地制宜地制定还款期限，诸如在东部就业的学生我们可以明确标准为6年，在中部就业的学生我们可以适当延长为7—10年，对于那些在西部就业的学生我们可以考虑放宽更长的时间，以充分缓解学生因经济压力而带来的还款困难。

另外，我们可以引入学科（专业）分类加还贷风险的还款方法选择还款期限，对于那些较好就业还贷风险较小的学科（专业）还款期限适

---

① 陆根书、钟宇平：《高等教育成本回收的理论与实证分析》，北京师范大学出版社2002年版。

② 《全国应届生平均工资榜单曝光，石家庄仅2000元》，陕西新闻网（http://news.cnwest.com/content/2013-06/21/content_9580294.htm）。

当缩短，而对于那些不好就业还贷风险较大的学科（专业）还款期限适当延长，以更好地缓解贫困学生的压力并降低国家助学贷款的违约风险。

（三）加强贷款者的道德教育

道德建设作为制度建设的软实力，它不仅能够补充法律制度建设的不足，更能内化为一种行为的自觉。这对整个国家助学贷款制度环境的建设作用是不言而喻的。

要建设良好的道德环境我们首先就应该加强对大学生的诚信教育。积极创建良好的诚信氛围。学校在申请国家助学贷款前应该大力加强对学生的诚信教育，学校的各项工作也应该处处体现"以人为本、诚实守信"的原则。我们以美国诚信教育为例，在美国，每个大学生在入校时会签订一项规则——荣誉准则（Honor Code），该准则要求全体成员在入学前经一个十分正式的仪式才能够签订，一旦签订表示你遵守准则规定的所有内容不得违反，否则取消入学资格。为了保证该准则的良性运行，学校会定期委派那些"优秀的荣誉准则教育者"对学生进行"荣誉教育"，学校网站上也会公布"荣誉准则"的具体实施细则，以确保学生能够在此环境下注重自身的诚信。对此我们可以积极加以借鉴，我们可以在入学时候要求学生签订"诚信承诺书"，并成立由那些具有诚信美德的学生组成的"诚信委员会"对学生进行诚信教育，并积极监督学生的诚信行为，并因校制宜制定相应的学校条例以惩戒那些不诚信的行为，减少不诚信的现象的发生，营造健康的诚信氛围。除此，学校应该积极开展各种"诚信"主题的活动，借用各种校园传播媒介来进行诚信宣传，要让大家认识到诚信的重要性，同样让大家认识到不讲求诚信是一种可耻的行为，使得诚信观念深入人心。

尽管诚信教育的作用十分重要，但我们知道并非每个学生在接受诚信教育后都会讲诚信，因此建立一套行之有效的诚信机制就显得特别重要。为此，高校应该积极推动诚信档案制度的建设，在学生就学期间该诚信档案应该翔实地记录该生在校各个方面的表现情况，利用动态化网络实现信息更新与共享。高校还可以利用自身的优势积极建设信息的披露与互通机制，实现大学生诚信档案的可追查。将诚信档案与升学、就业各个环节实现连接，以减少各种不诚信行为的发生。

结　语

作为一项惠及广大贫困学子的教育工程，国家助学贷款在 16 年的时间里帮助数以百万计的"寒门学子"圆了大学梦，使其能够更加集中精力学习，以学有所成来回报社会。

作为一项系统而又持久的教育工程，国家助学贷款自出现伊始，便成为学界关注的焦点。然而，当研究的热潮退去，对国家助学贷款研究便处于被"冷落"的尴尬境地。此时，持续深入探讨国家助学贷款的发展状况，及时发现并解决国家助学贷款运行的新问题就显得尤为珍贵。

本章尝试运用教育经济与管理的学科知识，去探讨当前高校国家助学贷款实施过程中存在的问题，并对产生这些问题的原因进行分析。在研究对象的选取上，本章将调查对象细分为申请并获得国家助学贷款、申请未获得国家助学贷款、具有需求意愿但是从未申请国家助学贷款、无需求意愿四类群体，厘清各类群体以便更科学地调查国家助学贷款的实施现状。在对策探讨时，本章从公共政策的执行层面来探索解决高校国家助学贷款实施问题的办法，以便为国家助学贷款的发展提供一些新思路，希望对促进我国助学贷款的发展有所裨益。

第五章 民族地区生源地助学贷款政策执行现状研究

第一节 研究概述

一 研究背景

自 20 世纪 90 年代我国高校开始大规模扩招以来,高校贫困生问题便一直是深化高等教育体制改革的阻力之一。高校贫困生问题不但是高等教育公平问题,同时也是影响高校和谐稳定的重要因素之一。为切实解决高校贫困生问题,我国相继出台了一系列政策法规,2004 年,教育部、财政部、人民银行等部门共同制定了《关于进一步完善国家助学贷款工作的若干意见》,在对国家助学贷款政策进一步完善和改革的同时,要求各地积极推进生源地助学贷款业务。2007 年,国务院在发布的《关于建立健全普通本科高校高等职业学校和中等职业学校家庭经济困难学生资助政策体系的意见》中,明确提出要大力开展生源地信用助学贷款。生源地信用助学贷款是国家助学贷款的重要组成部分,与国家助学贷款享有同等优惠政策。

湖北恩施土家族苗族自治州是鄂西南一个多民族聚居地区,是我国最年轻的少数民族自治州,总人口数约为 385 万(2005 年普查统计),除汉族外,还居住着土家族、苗族、侗族、白族、蒙古族、回族等 28 个少数民族,其中以土家族、苗族居多,少数民族人口 211.75 万人,占总人口的 55%,是湖北省中少数民族聚居最多的地区之一。其地理环境和社会文化差异,决定了其经济文化的相对落后的特性。

而湖北恩施土家族苗族自治州巴东县(以下简称巴东县)地处鄂西南边陲,隶属于湖北省恩施土家族苗族自治州,位于川鄂交界的巫峡与西陵峡之间，在大巴山东，长江三峡中段，居湖北省西部，恩施土家族苗族自治州的东北部。东连兴山、秭归和长阳土家族自治州，东南与五峰土家族自治县相邻，南与鹤峰县接壤，西邻建始、重庆市巫山县，北界神农架林区。县内聚居着汉、土家、回、苗、侗等24个民族，总面积3354平方公里，辖一个开发区、12个乡镇、491个村（居委会），2010年11月1日零时，全县有常住人口420840人。全县有户籍人口（含"户口待定人口"）494583人。全县常住人口中，汉族人口为208321人，占全县常住人口的49.5%。少数民族为212519人，占全县常住人口的50.5%。是个老、少、边、穷、库的山区县，是国家重点扶持的贫困县（市）之一，属享受国家西部大开发政策的地区。

巴东县拥有各类学校89所，其中普通中学23所，职业高中2所，小学64所，拥有专任教师3611人，在校学生50423人。在2010年全国高考中，有3296人参加考试，达到省调档线3205人，其中一类学校上线人数411人，二、三类学校上线人数1574人，高考上线率达到97%，有4人被北大、清华高等学府录取。

巴东县城镇居民人均可支配收入14457元，农民人均纯收入4552元。在问及"家庭人口"时，回答"三至四口人"的占68.71%，"五口人以上"的多人口家庭占25.29%；在对家庭人均年收入进行调查中，家庭人均年收入在2000—4000元以下的占55.67%，4000—8000元以下的占29.09%。因此，巴东县居民整体人均收入较低，承担高等教育成本的能力较弱。为此，巴东县按照省州的安排，从2007年9月起开展生源地助学贷款试点工作。

二 研究意义

从2007年湖北生源地助学贷款工作正式启动起，生源地助学贷款在恩施州推行了五年，随着政策的推行，取得了一定的成效。但这项政策在执行过程中，由于经验不足，在边远山区开展此项业务面临信息闭塞、资金缺乏等诸多困难，生源地助学贷款的资助效果不太理想，不能从根本上解除助学贷款存在的风险。如何解决恩施州贫困地少数民族地区生源地助学贷款中存在的问题直接影响到它施行的效果，关系到当地群众的切身利益。本章以巴东县为例进行实地调查，对恩施州生源地助学贷款工作开展过程中存在的问题进行分析，并提出合理的建议，以优化生源地助学贷款的资助方式，提升生源地助学贷款的资助效果。

第二节 核心概念

一 生源地助学贷款

生源地助学贷款是国家开发银行等金融机构向符合条件的家庭经济困难的普通高校新生和在校生（以下简称学生）发放的，学生和家长（或其他法定监护人）向学生入学户籍所在县（市区）的学生资助管理中心或金融机构申请办理的，帮助家庭经济困难学生支付在校学习期间所需的学费、住宿费的助学贷款。生源地助学贷款工作以国家开发银行为主承办，同时，鼓励其他银行类金融机构开展此项业务。申请生源地助学贷款的学生必须同时符合以下条件：①具有中华人民共和国国籍；②诚实守信，遵纪守法；③已被实施高等学历教育的全日制普通本科高校、高等职业学校和高等专科学校正式录取，取得真实、合法、有效的录取通知书的新生或高校在读的本专科学生、研究生和第二学士学生；④学生本人入前户籍、其父母（或其他法定监护人）户籍均在本县（市、区）；⑤家庭经济困难，所能获得的收入不足以支付在校期间完成学业所需的基本费用。生源地助学贷款最突出的特点是在学生的生源地也就是家庭所在地申请，学生在收到大学的录取通知书后，在入学报到前就可以完成贷款手续，不会因此耽误入学报。生源地助学贷款由生源地当地的学生资助管理中心组织办理，便于核实学生家庭经济状况，增强了贷款还款的催还力度。

1999 年，国家助学贷款开始试行。2004 年，为了解决国家助学贷款居高不下的还款违约率，教育部、财政部、人民银行等部门共同制定了《关于进一步完善国家助学贷款工作的若干意见》，在对国家助学贷款政策进一步完善和改革的同时，要求各地积极推进生源地助学贷款业务。2007 年 8 月，为贯彻落实《国务院关于建立健全普通本科高校、高等职业学校和中等职业学校家庭经济贫困学生资助体系的意见》，帮助家庭经济困难学生顺利完成学业，财政部、教育部和国家开发银行决定在江苏、湖北、重庆、陕西、甘肃 5 省市开展生源地助学贷款试点工作，资助金额也达到每生每年 6000 元。同时，教育部、财政部下发《关于要求县级教育行政部门成立学生资助管理中心的紧急通知》，至此，生源地助学贷款政策在中国部分省市正式开展。2010年，山东、安徽、广西、湖南、福建、河北等众多省市也都相继开展了生源地助学贷款。①

二 民族地区

少数民族地区是指以少数民族为主聚集生活的地区。我国的少数民族主要分布在西部、北部等边疆地区，如内蒙古、新疆、宁夏、广西、西藏、云南、贵州、青海、四川、甘肃、黑龙江、辽宁、吉林、湖南、湖北、海南、台湾等省（区）。本书中的民族地区是指根据《中华人民共和国民族区族自治法》所划分的少数民族自治地区，它既是一个地理的概念更是一个"行政"的概念。

少数民族地区是全国主要的农业经济区域，而农业是效益偏低的产业。同时由于自然禀赋和历史原因，少数民族地区人均GDP、人均工业总产值、人均储蓄、人均消费、人均收入等指标均低于全国平均水平。少数民族地区第一产业比重下降落后于全国平均水平，少数民族地区采掘工业和原料工业等资源型重工业所占比重较高，投资效益较差。少数民族地区由于市场化意识比较薄弱，市场化程度较低，体制改革相对滞后，非国有经济发展相对缓慢。这也是以国有经济为主导的西部少数民族地区经济之所以难以实现高增长的重要原因之一。整体而言，民族地区与全国发展平均水平相比，处于劣势和滞后状态。

三 农村贫困地区

贫困，是一种社会物质生活贫乏的现象，贫困是一种社会物质生活和精神生活的综合现象，其主要根源是物质生活条件缺乏与精神生活没有或缺乏出路。农村贫困地区是一个相对概念，它是指社会成员生活水平低下、发展机会匮乏以及发展能力不足的地区，主要是指人均收入不高，以老、少、边、穷为核心的农村地区。从自然条件、生态环境和社会基础方面分析，我国农村贫困地区具有如下现状：

第一，贫困地区自然条件恶劣，农业基础薄弱，抗御自然灾害的能力低。一遇天灾人祸，已经解决温饱的贫困户又会返贫。虽然国家目前没有统一完整的返贫数字和返贫率的统计，但根据曾毅在《反贫困与可持续发展》一书中指出广西一些贫困县的返贫率的计算估计，目前全国按最保守的10%左右的平均返贫率来算，应有1000万左右的返贫人口。还有

---

① 余荣丽：《生源地信用助学贷款政策分析》，《中国冶金教育》2011年第3期。

农村非贫困地区的贫困人口,即未列入国家级贫困县的乡村,仍然存在着一个贫困阶层,尽管缺乏准确的统计数据,但若按照3.5%的保守比率计算,亦有2000多万。

第二,人口增长过快,教育、卫生等基本社会服务水平太低。人口增长速度快,表现为农村贫困户新增人口的程度快和城镇贫困人口随着企业改革的深化而增加。根据"四普"资料,农村贫困地区的人口出生率多数高于全国平均水平。农村非贫困地区的贫困户的人口出生率和自然增长率也普遍高于全国平均水平。城镇贫困人口的增加还表现为另外一个特征,就是老年贫困人的出现。

第三,贫困人口结构不合理,分布既集中又零星。农村贫困人口分布有两个显著特点:一是集中性。全国农村贫困人口绝大部分集中在由国家和省、自治区政府分别确定的国家级和省级贫困县中。二是零星,位于贫困县之外的农村贫困人口零星地分布在广大农村地区。另外在我国大部分城镇都存在着由各种原因造成的贫困人口,这些人口的分布也表现出零星性的特点。我国贫困人口零星分布还表现为牧区人口、库区人口、高山高寒人口、边界人口、雷区人口、船民人口等。

第四,传统、落后的生育观念,导致生育行为与计划生育政策相悖。由于诸多主观、客观因素的综合影响,长期以来逐渐形成农村独特的、与自然经济相联系的生育观念。例如,在农村以"传宗接代"等为主要内容的传统、落后生育观念,驱使农村计划外生育普遍存在,超生数量增加,从而导致盲目的实际生育行为。这些都是与计划生育基本国策相矛盾,无法减轻人口与土地、资源和生态环境的巨大压力,无法走出一条可持续发展之路。

第三节 理论基础及文献综述

一 理论基础

(一) 教育公平理论

教育公平是指在特定的社会条件下,人人享有平等的受教育权利和机会,促使自身潜能得到最充分与自由发展的教育理想。通常所说的"教育平等"、"教育机会均等",都包含在这一范畴之中。"教育机会"四条具体的原则是：使初等教育免费并成为义务性质；使各种形式的中等教育普遍设立，并对一切人开放；使高等教育根据个人成绩，对一切人平等开放；保证人人遵守法定的入学义务。

教育机会的公平有两层含义：一是共享教育机会，即从总体上来说让每个受教育者都享有大致相同的接受基本教育的机会；二是差别机会，即受教育者之间的受教育机会不可能是完全相等的，有着程度不同的差别。教育机会是指受教育者发展的可能性空间，是每个受教育者进入教育机构和参与教育活动的各种条件的总和。教育机会直接影响着未来的分配状况，教育机会的不同将导致受教育者未来发展可能结果的不同。根据平等的理念，每个受教育者应当具有相同的发展权利，因而在教育机会面前，也应该是人人平等。从现实的角度来看，就受教育者所面对的最基本的学习机会而言，受教育者有着相似的发展潜能，其基本的学习技能能够大致具备。教育是培养人的事业，那么教育公平首先必须符合人发展的起码要求，保证每个人平等地接受基本的基础教育。这与经济领域市场公平的标准有所不同，市场公平主要指的是竞争的公平，而竞争的公平可能会引起"强者越强，弱者越弱"的现象。而教育则不同，它的作用是使受教育者处于同一起跑线。

促进教育公平，保障社会公平，是构建社会主义和谐社会的客观要求。教育公平是人发展起点的公平，是社会公平的重要组成部分。坚持教育的社会主义性质和公益性原则，保障人民享有接受良好教育的机会，促进教育公平，对保障社会公平、构建社会主义和谐社会具有重要意义。在我国，对教育公平的研究，涉及教育公平的四个层面。第一，教育的最终目的是人的发展，要尊重每一个个体的基本人权和自由的发展。第二，保证每个公民受教育权利平等。第三，确保个人有均等的入学机会、在教育过程中有均等的对待，坚持教育机会均等原则。第四，根据受教育者个人的天赋、机会与机遇的不同，采取差别性教育对待的原则。教育公平是社会公平的重要基础，教育公平的基本要求是保障公民依法享有受教育的权利，把促进公平作为国家基本教育政策。教育公平的主要责任在政府，全社会要共同促进教育公平。合理配置教育资源，形成惠及全民的公平教育。坚持教育的公益性和普惠性，使学生不因经济状况差而失学，建成覆盖城乡的基本公共教育服务体系，实现基本公共教育服务均等化，缩小区域差距，保障人民享有接受良好教育的机会。

(二) 教育成本分担理论

随着知识经济时代的到来，高等教育对于一个国家发展的巨大作用在近年来日益显现。如何发展高等教育，解决高等教育经费问题，是世界各国的研究重点。教育成本分担原则就是教育经费由谁支付以及如何支付的问题，即高教成本如何在政府、社会、企业团体、个人、家庭等社会各方之间合理分担并最终实现的问题，与"高等教育成本摊还"及"高等教育成本补偿"等诸多提法属同一范畴。

当今世界，除一些高福利国家和特殊国家的高等教育实行免费外，世界绝大多数国家和地区的高等教育成本都实行国家和个人分担，在这个分担机制中国家是负担高等教育的主要部分。高等教育虽在未达到拥挤的前提下具有一定的非竞争性，但又具有排他性，不是纯粹的公共品而是准公共品。虽然说发展高等教育的收益方面，社会收益大于个人收益，但接受高等教育者从中得到的收益，如个人收入的提高和生活质量的改善等，则是内部化的，因此高等教育的个人收益也是明显的。这就决定高等教育的成本，若单独由国家负担则会出现高等教育的供给不足，单独由个人负担则会使大量低收入者被排斥在高等教育之外。因此，政府与受教育者应共同承担其成本，受教育者直接负担教育成本的形式就是学费，学费从性质上来说是准公共产品的收费，或者是成本分担。由此，学费只是高等教育成本的一部分，它不等于成本，更不应高于成本，也不是高等教育服务的价格。在确定了需要分担的成本之后，接下来的问题是如何在社会和个人之间进行分担，即教育成本分担的收益结构原则和能力结构原则。收益结构原则，即根据社会和个人收益的大小来确定各自应承担的成本份额，这是市场经济条件下的经济公平的内在客观要求。高等教育作为一种准公共产品，具有私人产品的特征，能给受教育者本人及其家庭带来很大的预期收益，属于个人收益。同时，高等教育还具有公共产品的特征，提供这种服务还会给社会带来很大的收益，属于社会收益，高等教育兼有社会收益和个人收益。高等教育的投入是社会和受教育者所分担的成本，收入则是社会和受教育者所获得的收益。所以，社会必须承担一部分成本，受教育者个人也必须承担一部分成本。能力结构原则，即以分担能力作为确定高等教育成本分担标准的依据，这是社会公平的内在客观要求。制约社会和个人分担能力大小的因素是各自所掌握的财力。社会的分担能力取决于作为社会代表者的政府所掌握的财力，这是社会分担教育成本的经济基础。

个人的分担能力取决于个人所掌握的财力，这是个人分担高等教育成本的经济基础。在依据能力结构原则确定成本分担标准时，首先，应该考虑社会和个人的平均分担能力，即成本分担水平的确定应该符合社会大多数人的普遍分担能力，使分担标准能为大多数人接受。其次，还要参考成本分担能力的差异，即能力强者多分担一点，能力弱者少分担一点。再次，还要考虑社会和个人收入的增长潜力，这是对未来的成本分担能力的一种预测，这种增长潜力是适当提高成本分担水平的基本依据。最后，还可适当参考社会和个人的融资能力。总之，社会和个人真正的分担能力才是提出和确定教育成本分担标准的因素。

我国高等教育在校生总规模居世界第一，截至 2012 年，我国高等教育毛入学率已达到 30%，进入国际公认的"大众化"阶段。我国高等教育处于从精英教育向大众教育的过渡过程中，这也是实现"人才立国"、"人才强国"和建设创新型国家的战略目标所必须经历的进程。但是，自 1999 年扩大招生规模，提高大学学费收费标准以来，高等教育投资个人负担水平成为人们关注与争论的焦点。高等教育的成本分担来源于高等教育的非营利性，高等教育的准公共产品特性以及高等教育收益。高等教育收费机制是对高等教育成本的一种补偿机制，是为了补充高等教育经费的不足。尽管学费收入是高等院校收入的一个重要来源，但不是也不应该是高等院校收入的唯一来源，更不能成为高等教育成本补偿的唯一途径。

（三）不对称信息理论

不对称信息（asymmetric information）是指买方或者卖方在交易过程中，拥有一些另一方可能并不知道的信息。信息不对称的基本含义包括两方面，第一，有关市场交易的信息在交易双方之间的分布是不对称的，即一方比另一方占有较多的信息；第二，交易双方对各自信息占有方面的相对地位是清楚的，处于信息劣势的一方缺乏相关信息，但可以知道相关信息的概论分布，并据此对市场形成一定的预期。现实生活中处处存在着信息不对称现象，即交易双方都拥有一些对方不知道的私人信息，并可能在交易中策略性地利用这种信息而为自己谋利。

这种现象在生源地助学贷款的运行中，经办金融机构和借款学生之间同样存在。一方面，由于对借款学生的信用状况、还款能力等相关信息了解不够，经办金融机构方面存在着不对称信息。另一方面，由于借款学生主观和客观方面的原因，对贷款利率调整、还款渠道、还款方式等信息不了解，借款学生也存在着不对称信息。不对称信息的存在使得生源地助学贷款存在着出现信用风险的可能。其表现为：贷款前的逆向选择。那些最积极寻找贷款、最可能得到贷款的人，通常是最可能造成信贷风险的借款者。譬如，某些有超前消费意识的学生，尽管家庭经济较好，但他可能是最努力获得贴息贷款的申请者；反之，一些家庭经济确实困难、品学兼优的学生可能出于"自尊"而消极对待国家助学贷款。在助学贷款业务中，贷款后的道德风险突出表现在，获得助学贷款的大学生，有可能用这笔钱去从事非学业活动，不认真学习，以致受到学校开除等处罚，甚至还有少数人会故意逃避还贷义务。

二 文献综述

（一）国外文献综述

对国外助学贷款模式的研究，有利于了解国外助学贷款实施的状况，以吸取教训，借鉴经验，对解决我国生源地助学贷款存在的问题有很大的启示。目前，对介绍国外助学贷款模式的研究很丰厚，一般都是将国外现行助学贷款模式与我国助学贷款模式加以比较，介绍经验、得出启示。

1986年，约翰·斯通在其出版的《高等教育的成本分担》中及其以后的一系列研究中，主张学生及家长应分担高等教育的部分成本，但另一方面，学生承担成本不一定都是在入学之前和在校学习期间，成本也可以到毕业后再要求学生补偿。这些研究推动了各国探索、使用贷学金和其他"推迟付费性资助"方式。Adrian Ziderman（2000）将世界各国学生贷款的目标归纳为五组：①弥补高等教育财政不足；②扩展高等教育规模；③增加贫困家庭子女入学机会，促进入学机会公平；④满足特殊领域、特殊地区人力资源的需求；⑤减轻学生经济负担。胡茂波、袁飞（2004）从还款方案、还款延期与减免等方面对我国助学贷款与美英日三个国家的助学贷款进行比较，借鉴他们的经验并结合我国实际，指出应该从完善学生贷款工作机构、建立灵活的还款方式、健全展期与减免政策、加快个人信用体系建设等方面对我国助学贷款进行完善。周莉萍（2004）介绍了美国、俄罗斯、日本、加拿大、韩国五个国家的助学贷款的制度设计与实施状况，指出政府统一管理、贷款范围明确、惩罚严格等是我们可以借鉴的经验。闫屹、程晓娜（2006）对美日韩三国的助学贷款体系进行了介绍和比较，并对我国目前助学贷款存在的问题进行了分析，提出了三国在贷款性质、偿还机制、资金来源和外部运行环境等方面对我国具有一定的启示作用。

(二) 国内文献综述

国内对生源地助学贷款的研究主要集中在三个方面：一是对我国生源地助学贷款模式特点的研究；二是对我国生源地助学贷款存在的问题与对策的研究；三是对我国生源地助学贷款的实证研究。

首先，有学者对我国生源地助学贷款模式的特点进行了研究，学者们在这一方面的基本看法趋于一致，认为相对于国家助学贷款来说，我国生源地助学贷款模式的特点，主要表现在贷款主体、贷款属地、贷款方式三个方面。柳伏虎、甘团粒（2004）认为与高校集中办理的助学贷款相比，生源地助学贷款在学生家乡办理将有效缓解供求矛盾。贷前调查较准确，手续简便；贷后管理与回收风险便于控制是我国生源地助学贷款的优势所在。司晓悦、王超敏（2006）从贷款申请人的界定、贷款贷后追讨及贷款方式等方面指出了由于我国生源地助学贷款在学生所在地办理，省去了中间的高校环节，银行直接面向学生本人，权责清晰，且银行利于掌握贷款人的情况，具备贷款人界定和贷后追踪相对容易等优势。认为我国生源地助学贷款可以在一定程度上解决国家助学贷款存在的问题，最后我国生源地助学贷款问题研究得出应全面推进生源地助学贷款，并采取相应措施保障生源地助学贷款的实施。杨锋、刘冬梅（2006）分析了我国生源地助学贷款的模式，说明实施生源地助学贷款的必要性与可行性，认为我国生源地助学贷款学生属地化，在贷款申请、追踪方面变许多不确定因素为确定性因素；贷款担保弹性较大，方式多，银行债权更有保障，应推进生源地助学贷款的实施。王卫霞（2006）认为我国生源地助学贷款模式具有贷款性质双重性、参与主体多元化、贷款管理属地化和贷款方式多样化等特点，这些特点扩大了生源地助学贷款的选择范围，又为贷款的偿还提供了保证；省去高校的中间环节，使当事人双方权责更加明晰；多种贷款方式，分散了贷款机构的风险。

其次，有学者对推进我国生源地助学贷款相关问题的研究。李庆豪、沈红（2005）认为目前我国生源地助学贷款实施各省步伐不一、内容各异，政策缺乏灵活性，研究了我国生源地助学贷款存在的困难，如地方金融机构体制改革使基层银行逐步萎缩、生源地助学贷款配套运行环境不充分、生源地助学贷款实施环节不完善等，进一步指出需要在生源地助学贷款的定位、生源地助学贷款政策的制定以及政府在推进生源地助学贷款中的作用等几个方面加以完善。王卫霞（2006）从我国生源地助学贷款的管理体制、隐性补助、贷款对象和贷款担保四个方面提出了诸如政府是否要在具体的操作程序上全面参与、隐性补助由谁承担、承担多少、贷款对象是否应该面向省外，如何协调信用贷款与担保贷款的关系等需要进一步探讨和研究的问题。王世忠（2012）认为与在校国家助学贷款相比，生源地助学贷款在运行机制上更加符合我国国情的某些特征。因而受到了人们越来越广泛的关注。但因助学贷款主体就业去向不定，加大了按期收回的难度和回收成本，加之生源地助学贷款机构不健全，银行贷款积极性不高。以湖北恩施土家族苗族自治州宣恩县的调查为例，从政策执行层面进行了分析，以便进一步阐明生源地助学贷款政策的运行机制及其优势与局限。从而进一步更精确地解决人们很难确定什么是生源地助学贷款的通行模式，也不能断定什么才是好的生源地助学贷款方式的问题。

最后，有学者对我国生源地助学贷款进行了实证研究。目前，对我国生源地助学贷款的实证研究也占有一定的比例，学者们都是以我国某地为个案，如对当地生源地助学贷款的实施情况进行调查，分析各地推进生源地助学贷款存在的问题，面临的困境，并有针对性地提出解决问题的相关对策。朱奕名（2006）对商洛市生源地助学贷款情况进行了调查，赵淑红（2004）对定西市开展生源地助学贷款业务情况进行了调查，黎晖（2006）在对贫困地区推广生源地小额贴息助学贷款情况进行了调查，还有2006年，杨文红、魏饶兵以江西玉山县为个案的《开展生源地国家助学贷款难点与建议》等。

第四节 生源地助学贷款政策沿革及解析

一 生源地助学贷款的政策沿革

（一）探索与试点阶段

1999年5月，经国务院批准，中国人民银行、教育部、财政部联合出台了《关于国家助学贷款的管理规定（试行）》，指定中国工商银行为国家助学贷款的承办银行，并先行在全国高校较集中的北京、上海、天津等8个试点城市中央部委所属高校试点。国家助学贷款是运用金融手段支持教育，通过银行贷款以帮助家庭经济困难学生支付学费和生活费。实行一次性申请，学费贷款分年发放，基本生活费贷款分月发放，贷款需提供担保人。贷款学生每年可以得到的贷款金额根据其所在学校收取的学费加上所在城市的基本生活费。一个人可以获得的助学贷款的上限为8000元。国家助学贷款期限最长不超过借款学生毕业后4年。还款时间最迟在毕业后第一年开始，毕业后4年内还清。其利率按照中国人民银行公布的法定贷款利率和国家有关利率政策执行。国家财政贴息50%，学生个人负担50%。中央部委所属高校国家助学贷款发放总量为7亿元人民币，面向39个部委、局、总公司所属的136所高校中的经济困难学生。

1999年12月，中国人民银行、教育部、财政部又联合出台了《关于助学贷款管理的若干意见》，指出助学贷款包括国家助学贷款和一般商业性助学贷款两类。国家助学贷款是按照《国务院办公厅转发中国人民银行等部门关于国家助学贷款管理规定（试行）的通知》（国办发[1999]号）的要求，由中国工商银行开办的、国家财政贴息的，适用于高等学校中经济确实困难的全日制本、专科学生的助学贷款。一般商业性助学贷款是指金融机构对正在接受非义务教育学习的学生、直系亲属或法定监护人发放的商业性贷款；只能用于学生的学杂费、生活费以及其他与学习有关的费用。一般商业性助学贷款财政不贴息，各商业银行、城市信用社、农村信用社等金融机构均可开办。

同时提出了完善国家助学贷款的管理办法，并出台了进一步开办一般商业性助学贷款的管理规定。关于国家助学贷款，要求在防范风险的前提下，继续探索国家助学贷款的多种担保形式；简化贷款审批程序，合理确定贷款期限；在规定的范围内，对借款人给予适当的利率优惠。对一般商业性助学贷款要求各金融机构要在信贷原则的指导下，积极开办一般商业性助学贷款业务，其中，包括信用助学贷款和担保助学贷款。对在校大学生发放信用助学贷款，学生所在学校必须提供贷款介绍人和见证人。

（二）调整与改进阶段

2000年8月，中国人民银行、教育部、财政部制定的《关于助学贷款管理的补充意见》要求，把中央财政贴息的国家助学贷款，由8个试点城市扩大到全国范围，其经办银行由中国工商银行扩大到中国农业银行、中国银行和中国建设银行。各级财政贴息的国家助学贷款的贷款对象，由全日制本、专科学生扩大至研究生；贷款学生本科毕业后继续攻读研究生及第二学士学位的，在读期间贷款期限相应延长至毕业后四年内。

2001年7月，中国人民银行、财政部、教育部、国家税务总局《关于进一步推进国家助学贷款业务发展的通知》（银发［2001］245号），要求各经办银行要进一步改进金融服务，切实加强贷款管理，防范金融风险。简化贷款程序，只要学生持有本人入学通知书、有效居民身份证及贷款申请表，并符合有关文件规定，都应对其发放国家助学贷款。国家助学贷款是无担保的贷款，为有效防范助学贷款风险，各经办银行应以学校为单位，在公开报刊等信息媒体上公布助学贷款违约情况，对不讲信用的借款人的违约行为公开曝光。对违约的借款学生，也要记录在案，将来纳入全国个人信用信息系统。同时，规定了贷款呆坏账的个人免除，只要基层机构和信贷人员规范操作，对形成的国家助学贷款呆坏账，不应再追究责任。

2002年2月，中国人民银行、教育部、财政部《关于切实推进国家助学贷款工作有关问题的通知》（银发［2002］38号）实行"四定"、"三考核"，确保经济困难学生能够及时得到国家助学贷款。调整财政贴息办法，财政部门对国家助学贷款在贷款期内贴息50%，剩余的50%利息由借款学生个人负担。实行灵活的还本付息方式。借款学生根据个人的经济情况，可以在学习期间偿还国家助学贷款本金和利息，也可以在毕业后第一年开始偿还国家助学贷款本金和利息。落实国家助学贷款免征营业税等政策，对按照国家规定和操作规程发放和催收国家助学贷款后出现的确实难以收回的呆坏账，可按规定上报核销，不追究经办人员及其主管领导的责任。为加强国家助学贷款管理，建立风险防范机制，规定了贷款各方的责任。教育行政部门和学校做好学生信用意识教育培养，在贷款审核上把关，收集借款学生的有关信息，积极配合银行防范贷款风险。各国有独资商业银行要建立国家助学贷款学生的个人信用档案，将其纳入电子化系统管理。

2004年6月，教育部、财政部、人民银行、银监会出台了《关于进一步完善国家助学贷款工作的若干意见》。针对助学贷款运行中出现的问题和没有达到的预定目标，提出改进和完善措施。提出坚持"方便贷款、防范风险"的原则，进一步理顺国家、高校、学生、银行之间的经济关系，健全国家助学贷款管理体制，改革贷款审批和发放办法，强化普通高校和银行的管理职责，完善还贷约束机制和风险防范机制，确保国家助学贷款工作持续、健康发展，基本满足普通高校经济困难学生的需要，降低国家助学贷款风险。新措施包括：改革财政贴息方式，实行借款学生在校期间的贷款利息全部由财政补贴，毕业后全部自付的办法，延长还贷年限，实行毕业后视借款学生就业情况，在1—2年后开始还贷、6年内还清的做法；对毕业后自愿到艰苦地区、行业工作，服务期达到一定年限的借款学生，由国家代偿其贷款本息。同时进一步改革国家助学贷款实施机制，实行由政府按隶属关系委托全国和省级国家助学贷款管理中心通过招投标方式确定国家助学贷款经办银行；对普通高校实行借款总额包干办法；明确普通高校、银行和学生在国家助学贷款实施工作中的责任。建立和完善贷款偿还的风险防范与补偿机制。建议各地探索不同的助学贷款方式和办理办法。

（三）提高与完善阶段

2007年8月，财政部、教育部、国家开发银行联合发出《关于在部分地区开展生源地助学贷款试点的通知》（财教〔2007〕135号），在江苏、湖北、重庆、陕西、甘肃5省市开展生源地助学贷款试点。这是进一步完善国家助学贷款运行机制、推动国家助学贷款工作的重要步骤，是利用财政、金融手段，创新金融服务体系，解决家庭经济困难学生就学问题的重要探索和实践，新政策的实行对进一步完善我国家庭经济困难学生资助政策体系、充分发挥政策整体效应、确保实现国家资助政策落实到位等目标具有十分重要的意义。

生源地助学贷款是指国家开发银行向符合条件的家庭经济困难的普通高校新生和在校生发放的、在学生入学前户籍所在县（市、区）办理的助学贷款。生源地贷款为信用贷款，学生和家长（或其他法定监护人）为共同借款人，共同承担还款责任。生源地助学贷款按年度申请、审批和发放。每个借款人每年申请的贷款原则上最高不超过6000元，主要用于解决学生在校期间的学费和住宿费问题。贷款期限原则上按全日制本专科学制加10年确定，最长不超过14年。贷款利率执行中国人民银行同期公布的同档次基准利率，不上浮。贷款利息按年计收，学生在校期间的利息由财政金额贴息，毕业后的利息由学生和家长（或其他法定监护人）共同负担。学生在校及毕业后两年期间为宽限期，宽限期后由学生和家长（或其他法定监护人）按借款合同约定，按年度分期偿还贷款本金。建立生源地助学贷款风险补偿专项资金，风险补偿金比例按当年贷款发生额的15%确定。

2008年9月，财政部、教育部、银监会联合发出了《关于大力开展生源地助学贷款的通知》（财教［2008］196号），决定从2008年起进一步扩大生源地助学贷款覆盖范围，大力推进生源地助学贷款工作。生源地助学贷款工作继续以国家开发银行为主承办，同时，鼓励其他银行类金融机构开展此项业务。具体承办银行由各地财政、教育、银监部门与拟开办生源地助学贷款业务的金融机构协商确定，并报全国学生资助管理中心备案。

二 生源地助学贷款政策的意义及进展情况

（一）生源地助学贷款政策实施意义

生源地助学贷款是国家助学贷款的重要组成部分。实施生源地助学贷款制度，是实践"三个代表"重要思想、落实科学发展观、构建社会主义和谐社会的重要举措；是实施科教兴国和人才强国战略，优化教育结构，促进教育公平和社会公正的有效手段；是切实履行公共财政职能，推进基本公共服务均等化的必然要求。

第一，实施生源地助学贷款制度，是进一步完善国家助学贷款运行机制、推动国家助学贷款工作的重要步骤，是利用财政、金融手段，创新金融服务体系，解决家庭经济困难学生就学问题的重要探索和实践，对进一步完善我国家庭经济困难学生资助政策体系、充分发挥政策整体效应、确保实现国家资助政策既定目标等具有十分重要的意义。发展生源地助学贷款作为健全资助政策体系，履行政府公共财政职能的重要内容，作为在当前形势下保障民生、保持经济平稳较快增长的重要措施，其实施能够确保家庭经济困难学生"应助尽助"，把党和政府的温暖送到受资助同学的心坎上，把国家的各项资助政策落到实处，使所有的家庭经济困难学生都能上得起学。这是中央提出的保障和改善民生的精神在教育战线的落实。

第二，发展生源地助学贷款，是落实教育公平基本政策的具体体现。教育公平是社会主义制度的本质要求，是实现社会公平的重要基础，也是人民群众的迫切要求和期盼。没有教育公平，就没有教育的科学发展，就没有人民满意的教育，就没有社会的和谐稳定。党中央、国务院始终把教育公益性和促进教育公平作为基本的教育政策，切实保障全体人民特别是困难群体的受教育权，保障每一个学生不因家庭经济困难而失学。在高等学校，建立健全了以国家奖助学金制度和国家助学贷款制度为主要内容的资助政策体系，每年资助约450万人，总资助面超过20%。基本解决了高校家庭经济困难学生的就学难问题。

第三，发展生源地助学贷款，是促进教育事业持续协调健康发展，维护学校和社会稳定的基本要求。生源地助学贷款实施以来，财政部、教育部、银监会、国家开发银行积极推动，各级地方政府、有关部门和学校狠抓落实，紧紧围绕落实新的贷款政策开展了大量卓有成效的工作。助学贷款新机制进一步推进，生源地助学贷款取得一定进展，贷款政策的顺利实施，使广大家庭经济困难学生切实感受到了党和国家的关怀和温暖，并且也有力地促进了教育事业的持续、协调和健康发展，对于维护学校和社会的稳定起到了积极的作用。

(二) 生源地助学贷款政策进展的基本情况

2005年1月，国家开发银行获准在河南开展国家助学贷款探索，这是生源地助学贷款的雏形。新贷款模式把融资优势和政府组织协调优势相结合，采用"批发方式"开展零售业务。试点当年共向河南省83所高校、12.3万人次家庭经济困难学生发放国家助学贷款5.69亿元，是河南省自1999年实施国家助学贷款政策以来，商业银行累计发放贷款的5.2倍。

2007年8月，生源地助学贷款正式启动试点并取得了阶段性成绩。截至2008年3月，国家开发银行在5省、市试点的生源地助学贷款申请人数11.3万人，审批11.3万人，申请金额13.5亿元，审批金额13.5亿元，提出贷款申请的学生全部通过审批，初步实现应贷尽贷的目标。

2008年在全国大范围推广，其中，甘肃省为6.7万名学生办理了生源地助学贷款，发放贷款金额达到4.52亿元，2008年贷款人数占当年招生人数的32%。2008年全国助学贷款新增发放约66亿元，生源地助学贷款在其中发放30亿元，占全国助学贷款市场份额的46%。

2009年，国开行进一步扩大助学贷款的覆盖面和受益面。安徽省启动了国家开发银行生源地助学贷款，截至2009年7月，全省共受理贷款5638人、3070万元，共发放贷款4511人、2456万元，及时解决部分家庭经济困难学生的学费住宿费问题，对学生安心学习及完善省高校资助体系发挥了积极作用。江苏、湖北、陕西等19家分行也开展了生源地助学贷款，新增发放贷款39亿元，覆盖全国1422个县（区），支持家庭经济困难学生约75万人。截至2009年12月30日，国开行累计发放助学贷款约119亿元，覆盖全国24个省（自治区、市），共支持了家庭经济困难学生约200万人次，成为助学贷款的主力银行。

三 生源地助学贷款与高校国家助学贷款的比较

国家助学贷款分为高校国家助学贷款和生源地助学贷款两个类别，高校国家助学贷款是由政府主导、财政贴息、财政和高校共同给予银行一定风险补偿金，银行、教育行政部门与高校共同操作的，帮助高校家庭经济困难学生支付在校学习期间所需的学费、住宿费及生活费的银行贷款。而生源地助学贷款是我国新资助体系的重要内容，是完善国家助学贷款运行机制的重要步骤，是促进教育公平与公正的有效手段。同时，它是近年来教育部、财政部、中国人民银行等国家相关部门在推行国家助学贷款过程中，探索出的比较符合金融属性、能够可持续发展的一项助学贷款政策，与以往的国家助学贷款政策相比，存在一些不同。

（一）经办金融机构不同

以往的国家助学贷款经办金融机构一般是以国有商业银行为主的国内的各类商业银行，信用合作社等商业性金融机构。生源地贷款以国家开发银行为主承办，同时，鼓励其他银行类金融机构开展。生源地助学贷款开展到目前为止，国家开发银行承办了全部的贷款业务。国家开发银行属于政策性银行，因此生源地助学贷款的政策性、公益性、帮扶性特征更加明显。

（二）政策对象不同

以往的国家助学贷款，贷款的对象是学生或是学生家长。与以往贷款模式不同，生源地助学贷款采取学生及其家长作为共同借款人，避免了因学生毕业后更换联系地址、更换通讯号码、失去联系方式引起催款困难的问题，贷款学生毕业后流动性较大，而作为共同借款人的学生家长则较为稳定，流动性不大，便于追踪联系，学生与家长作为共同借款人，突出信用约束优势，进一步强化了家长的还款责任，有助于降低银行的信贷风险，调动了金融机构的积极性。

（三）办理时间不同

以往的国家助学贷款，一般在学生入学后，到就读的高校办理各项贷款手续。这种贷款时间安排的缺陷是：一方面，部分家庭经济困难学生因为不了解国家政策，因为困难而无法到学校报到。另一方面，很多学生往往受贷款办理规定的限制，在入学后因耽误时间，无法办理入学当年的学费贷款。生源地助学贷款是贫困大学生在其入学前户籍所在地申请办理的一项助学贷款。学生凭借入学通知书在入学前就可获得国家的资助，顺利到校报到入学。

（四）贷款期限不同

以往的国家助学贷款，还款期限一般为毕业后4—6年，加上在校时间总的贷款时间为8—10年。而生源地助学贷款的贷款期限原则上按全日制本专科学制加10年确定，最长不超过14年，比国家助学贷款延长了4—6年。还款期延长，缓解贷款学生及家长的还款压力，降低了借款人的还款负担率，从而可以在一定程度上降低贷款拖欠率。学生在校期间和毕业后2年为"不还本金、只付利息"的宽限期，宽限期后由学生和家长（或其他法定监护人）按借款合同约定，按年度分期偿还贷款本息。学生及其家长可根据其自身情况还款，贷款期限更加合理，更加符合助学贷款的实际。

（五）担保方式不同

以往的助学贷款往往都有担保或见证环节，需要借款学生寻找担保人或者进行财产抵押。借款学生在寻找担保或抵押的过程中需要花费一定的精力和成本，有的学生甚至找不到担保或抵押，这就影响了贷款的申请，生源地助学贷款定位是信用贷款，无须担保或抵押。

（六）风险补偿管理办法不同

以往的助学贷款，按照"风险分担"原则，按隶属关系，由财政和普通高校按贷款当年发生额的一定比例建立国家助学贷款风险补偿专项资金，给予经办银行适当补偿。生源地助学贷款按当年贷款发生额的15%确定风险补偿专项资金。风险补偿金由中央财政、地方财政或中央财政与地方财政分担。高校不再承担助学贷款的风险补偿金的支付。

第五节 民族地区生源地助学贷款实施现状分析

一 生源地助学贷款的实施现状调查

恩施州少数民族地区由于特殊历史因素、地理环境等，其经济相对比较落后，宏观社会经济条件的制约不利于当地大学生顺利完成学业。同时，国家制定了生源地助学贷款，以保障贫困大学生顺利完成学业。以巴东县为例，通过对其进行实地调查、访谈、电话咨询和发放问卷等多种形式，发现少数民族地区生源地助学贷款在实行当中出现贫困生资格认定模糊、发放额度较低、工作效率较低等多种问题。

2012年9月中旬，对湖北省恩施土家族苗族自治州生源地助学贷款实施情况进行了调研。2007年，恩施州8县市均启动了生源地助学贷款，共向1624名学生发放贷款848.7622万元，学生资助管理中心办公地点一般为所在县市教育局计财科（财务科）。但贷款合同上没有细化还款方案，学生如果提前还款，意味着中断合同，个人信用可能会受到影响。据介绍，恩施州8县市学生资助管理中心工作人员都有正式编制，且其中5个已有了"独立法人资格"。主任认为，生源地贷款整个流程手续"非常复杂"，各县市资料汇总到省里，省里要逐个审核，工作量相当大，2008年生源地贷款受理工作直到2009年7月才基本结束。因此，钱要拨到账上"才是钱"，每学年第一批贷款12月才会兑现，最后一批要拖到次年7月。2008年，该州有1427名在校生续贷，金额768.7235万元，新贷学生共3547人，金额2045.137万元，贷款按学制一年一贷，借款合同上对"还款方案"进行了明确约定，借款人也可以申请提前还款。2009年，贷款分3批进行，全州约8171名贫困学生获贷4902.6万元。表5-1展示了恩施州下属5县的生源地助学贷款获贷人数。

表5-1 2009年恩施州5个县级地区生源地助学贷款获贷人数比较

县（市）	恩施市	利川市	巴东县	建始县	鹤峰县
获贷人数（人）	925	1794	2070	1038	926

（一）宣传效果不到位

调查数据显示，在被调查对象当中有59.08%的认为目前生源地助学贷款这一政策的宣传做得比较好、很好；有71.54%对生源地助学贷款了解一些，有15.59%不太了解；82.69%的被调查对象仅仅是通过同学、朋友以及校内媒体了解到生源地贷款这一政策。这表明生源地助学贷款这一政策在宣传工作方面还是做得不够到位（见图5-1）。

（二）资助办效率较低

被调查对象当中有41.34%认为当地资助办办事效率不高，57.70%的工作人员基本能够回答生源地助学贷款的问题，69.23%被调查者认为办理手续过于烦琐，66.83%的被调查者认为发放助学贷款时间长，21.63%的被调查者认为信息掌握不及时，错过办理时机，还有36.06%的被调查者认为认定标准太严格或太松散（见图5-2）。

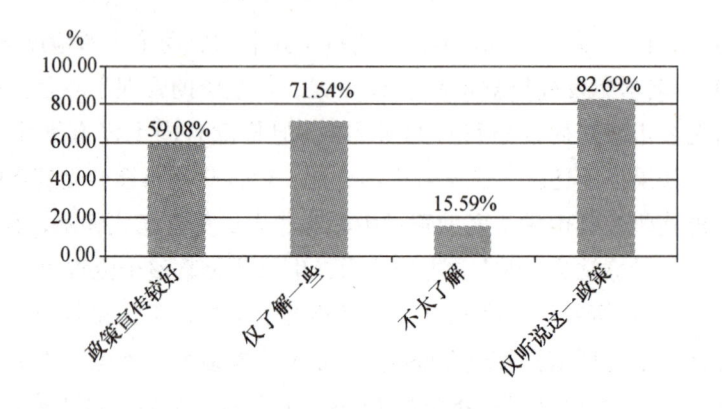

图 5-1　助学贷款政策宣传效果

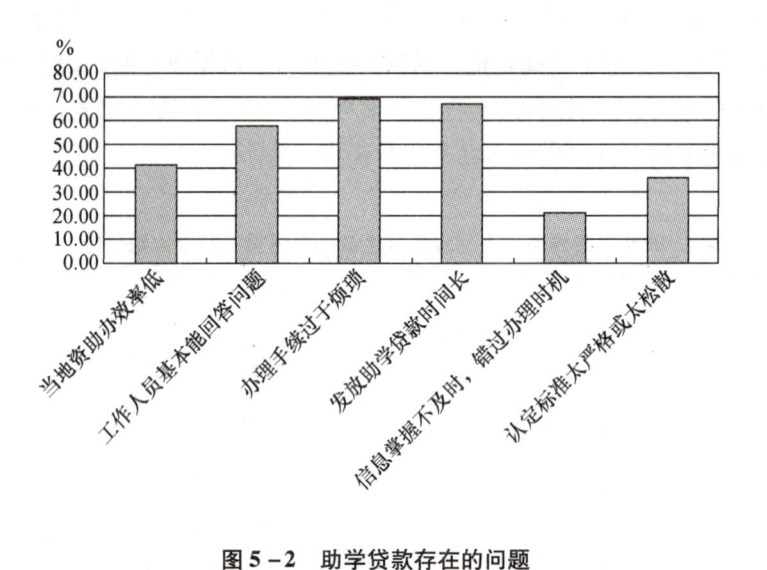

图 5-2　助学贷款存在的问题

(三) 学生诚信度不高

通过结合在校大学生关于国家助学贷款还款率的调查结果发现，为数不少的贷款学生诚信度较低，这直接影响到助学贷款体制的运行。大学生诚信缺失情况要受到重视。在问及"您对个人信用征信系统了解吗？"时，竟有89.1%的被调查者表示对"个人征信系统"不了解，48.08%的毕业生信用意识淡薄，没有树立起码的诚信意识，不重视还款；在问及"您觉得目前相当一部分大学生拖欠贷款的最主要原因有哪些？"时，有87.02%的毕业生表示刚毕业，工作不稳定，无力还贷，44.23%的被调查者认为国家信用体系相对还不够完善,对贷款学生的监督和惩罚不力,没能起到积极有效的保证作用(见图5-3)。

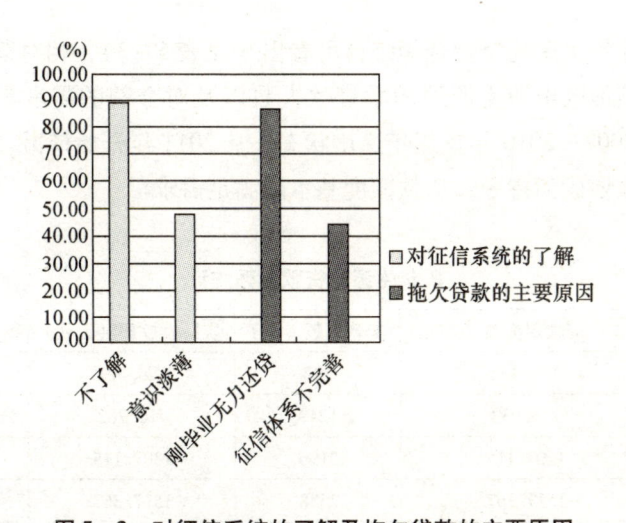

图5-3 对征信系统的了解及拖欠贷款的主要原因

(四)贷款额度只能基本满足

从巴东县教育局的历年高考报名人数、录取人数和本科人数统计数据来看:2007年报名5074人,录取4821人,其中本科3418人;2008年报名4834人,录取4501人,其中本科3271人;2009年报名4483人,录取人4187,其中本科2988人;2010年报名4275人,录取3832人,其中本科2693人;2011年报名3601人,录取3410人,其中本科2256人;2012年报名3499人,录取3363人,其中本科2183人;2013年报名3324人,录取3203人,其中本科2109人(见表5-2)。

表5-2 巴东县2007—2013年高考报名人数、录取人数和本科人数统计

	2007年	2008年	2009年	2010年	2011年	2012年	2013年
报名人数(人)	5074	4834	4483	4275	3601	3499	3324
录取人数(人)	4821	4501	4187	3832	3410	3363	3203
本科人数(人)	3418	3271	2988	2693	2256	2183	2109

从面向有可能需要办理的同学的问卷调查来看,有35.70%的同学非常需要生源地助学贷款来完成大学学业,有64.30%的同学需要。针对目

前规定的最高贷款金额为 6000 元这一政策，70.69% 的被调查者表示基本上能满足需求，有 13.47% 表示不满意，希望能再放宽最高贷款金额额度。

从近 6 年生源地贷款金额统计可看出（见表 5-3），相对落后的恩施州少数民族地区申请生源地助学贷款人数以及对金额的需求量是比较大的，而且 2007—2010 年呈逐年递增状态，从 2011 年开始递减。实际发放额与省贷款划拨额持平，贷款额度基本能满足需求。

表 5-3　　　　　　　　历年生源地贷款金额统计

年份	（省）贷款划拨额（万元）	贷款人数（人）	实际发放额（万元）	相差额（万元）
2007	174.421	332	174.421	0
2008	713.032	1249	710.782	2.25
2009	1307.115	2196	1307.115	0
2010	1517.367	2538	1517.367	0
2011	1312.687	2202	1312.687	0
2012	952.22	1601	952.22	0
合计	5976.85	10118	5974.592	2.25

二　生源地助学贷款的问题及原因分析

通过实地调研，我们发现高校助学贷款中的许多"老问题"同样也出现在生源地助学贷款中，比如家庭经济困难学生认定难，政府、银行、高校等多个部门主体间沟通难，以及由于信息不对称引起的道德风险依然客观存在等；另外，由于地方政府在生源地助学贷款中有了更多的"话语权"，也就容易在"本位主义"驱使下出台"具有地方特色"的"土政策"，从而给生源地助学贷款的正常运行带来一些"新问题"。

（一）政策宣传力度不足

目前贷款政策的宣传有的还只是停留在高校层面，除了在新学期招生时向家长进行咨询外也只是在学校校园内部或校园网上贴出一些公告向新生宣传。然而由于生源地助学贷款实施时间比较短，许多学生和家长还不了解此项政策。特别是对那些在贫困山区备战高考的莘莘学子而言，由于地理位置等因素的制约，对国家出台的这些助学贷款政策一无所知，从而错失了贷款机会，更可能也会因此让一些本高中十分优秀的学生，因为不知道资助政策,从而连高考都放弃参加了。另外一个就是,知晓了贷款政策,但不知道到哪里去办理,笔者接触了很多家庭经济困难的大学报到新生,因为不清楚具体的办理程序和方法,而未能在入学以前在生源地办理好助学贷款,而到了学校之后,咨询得知了具体的办理手续和办理方法,但往往因为当地资助中心的贷款办理时间已经错过,而不能贷款。

(二)基层资助管理中心工作难落实

一般认为,学生在生源地贷款,当地银行比较容易调查学生家庭经济困难的情况,操作比较方便,成本较低。但事实上,目前生源地经办行、社作为国开行的代理行,仅代理结算业务,不承担任何风险,也就没有"激情"与"闲情"去走访调查学生家庭经济困难情况。2009 年,湖北省响应地方呼吁,规定生源地助学贷款新贷业务由中国邮政储蓄银行代理国开行经办。笔者 10 月在湖北省恩施市白杨坪乡邮政分局调研发现,该邮政分局和邮政储蓄银行合在一起,有 12 名正式工作人员,由于长期的邮政工作经历,他们对本乡的情况是非常熟悉的。然而对于生源地助学贷款情况,该支局负责人却很肯定地表示"没有任何印象",甚至称本乡根本没有这种业务,更不必说组织人员去走访了。

至于县级学生资助管理中心,身处教育行政管理机构的末梢或边缘位置,1—3 个人管理一个县(市),其工作难度与效度可以想象。就算对贫困学生的认定会"更加准确",但地方上希望本地区多出大学生,在几乎不增加自身任何成本的前提下,基层单位普遍把开具贫困证明作为一种对村(居)民的福利,随意性很大,生源地县(市)、乡镇、街道办事处、村(居)委会以及家长所在单位,都有一种提供贫困证明的利益驱动,这势必导致证明的可信性受到怀疑。另外,一些的确贫困的家庭由于各种原因并没有纳入民政低保和救助范围,反而无法取得贷款申请资格。

生源地助学贷款按规定是发放给那些"经济确实困难"的学生,但贫困生的资格认定却缺乏具体的量化和认定标准。生源地助学贷款是一种比较优惠的贷款,一些家庭经济条件并未符合贫困家庭标准的学生也提出了申请,而当地民政部门对申请人家庭条件的认定缺乏公正权威的认定标准和操作程序。在调查学生对当地资助办认定标准的看法时,36.06% 的同学认为认定标准不太严格或一点都不严格。学生申请办理助学贷款只需提交申请材料就被认定为家庭经济困难,相关部门并没有认真核查申请人的家庭实际经济情况。银行在进行审核材料时也没有去调查当事人家庭实际经济条件。由于缺乏严格的认定标准，生源地助学贷款在发放中不可避免地出现一些弄虚作假的现象，使得一些真正需要资助的学生没有得到帮助。

在湖北省学生资助管理中心，负责人介绍，生源地助学贷款不贷给考入本省高校的学生，原因是本省的都到高校贷，而高校助学贷款已经是"应贷尽贷"了，凡是报上来的，没有一个被他们否定的。但是，两种贷款制度并行也带来了沟通上的极大困难，因为"与外省核实沟通特别难"。生源地助学贷款业务政策性强，涉及家庭、高中、高校、银行、财政、民政、教育行政等多个部门，各参与主体都承担了相应的职责，沟通难度大、成本高，容易出现相互推诿现象。多部门主体间沟通与协调不仅难度大，而且还直接导致生源地助学贷款政策的部分失效。恩施自治州学生资助管理中心主任介绍，生源地助学贷款整个流程手续"非常复杂"，各县市资料汇总到省里，省里要逐个审核，工作量相当大，2008年生源地助学贷款受理工作直到2009年7月才基本结束。因此，钱要拨到账上"才是钱"，每学年第一批贷款12月才会兑现，最后一批要拖到次年7月，有些高校"等得不耐烦"了，就不让欠款学生参加毕业考试，这导致不少学生纷纷放弃贷款。

国家开发银行生源地助学贷款的承办机构为国家开发银行，而国家开发银行作为政府开发性的金融机构，在全国所设的分支机构较少，所以在贷款金额支付上需委托其他金融机构。大部分省份的国家开发银行生源地贷款在2010年之前委托邮政储蓄银行，从2010年开始学生贷款金额通过支付宝支付。支付宝相对于邮政银行来说在速度和时间可能会快些，但是作为家庭经济困难的偏远农村学生来说，需要在网上进行贷款申请，确实有些困难。

县资助中心作为独立法人资格单位，通过采访调查发现，恩施州地区的巴东县资助办办公条件相对简陋，只有40%的工作人员认为其办公设备够用，三张办公桌，三台电脑，挤在一间小办公室里。工作人员偏少，大部分县资助办平均只有1—3个工作人员，大大影响了办事效率。专职工作人员不足，有两年以上的工作经验者更是寥寥无几，学生的疑问得不到及时和全面的解答。部分学生还因信息掌握不及时，而错过最佳办理时机。每县每年3000元的办公经费，办公经费包括文件、表格打印等日常办公所需及在电视、报纸上宣传生源地贷款广告、咨询电话等费用，以及到省城报送资料。这样看来办公经费是远远不够的。为使这项工作较为全方位地展开，县教育局越重视这项工作的展开就要不断地贴钱。这对财政支付能力较为薄弱的贫困地区县教育局来说，其积极性会受到严重影响。

(三) 部门分工不协调

生源地助学贷款的政策中，已经明确了金融机构、教育部门、财政部门等各自的权利与职责，同时也梳理了各自的关系，但是在实际操作过程当中，由于政策不够细化，各部门对文件理解政策不一样，审核的标准不一样，在办理方法和办理程序上存在着不一致的地方。生源地助学贷款业务政策性强，涉及高校、银行、财政、教育管理等多个部门，各部门都承担了相应的职责，如果各方协调不够，往往出现部分贫困生无法及时取得贷款的情况。笔者在接触的办理助学贷款的学生中，很大部分学生在办理生源地助学贷款的过程中不知道先找哪个单位，各单位之间也缺乏必要的沟通，出现互相推诿现象。这种种因素都影响了助学贷款业务的开展。

(四) 银行配合不积极

目前，恩施州县区都由城乡信用社办理，其中城市信用社办理1笔，农村信用社办理62笔，城乡信用社对商业银行自己不办而把客户"介绍"到信用社办理生源地助学贷款的做法意见较大，认为生源地助学贷款既属于社会义务，各家金融机构就都应该承办，单由信用社承接业务不符合社会道义，同时，城乡信用社的资金实力和抗风险能力更弱，承担不了全部的政策性业务。

很多贫困生和家长积极向各家银行机构咨询办贷手续，然而多数遭到婉拒，有的学生家长直接向人民银行、教育部门、团委以及媒体反映情况，寻求帮助解决，这一现象反映了各家商业银行不受理生源地助学贷款。根据《管理办法》规定：生源地财政贴息助学贷款既可采用信用贷款方式也可采用担保贷款方式。但在实际操作中承办银行一般不发放信用贷款。因此学生申请助学贷款时必须出具由经办银行认可的担保，担保人应与经办银行订立担保合同。但大部分需要助学贷款的学生家庭过于贫困基本上是零就业家庭，家庭成员没有就业单位及稳定的工资收入，居住条件较差，没有有效的抵押物品，而其生活圈又大多是贫困群体，能提供担保的人也很少。目前又没有专门的机构或政府部门提供担保。因此，大部分家庭负担重、筹资能力有限，偿债能力弱的贫困家庭学生无法取得金融机构的贷款支持。而且开学临近而办贷时间长，学费高而贷款金额过小等，其中贷款难的问题占首位。而无抵押对特殊人群，例如孤儿，办理生源地助学贷款更成难题。

（五）贷款的信用存在风险

生源地助学贷款的政策明确指出此项贷款是信用贷款，不需要任何其他形式的抵押。这样，简化了贷款的程序，降低了贷款的门槛，有助于家庭经济困难学生更加便捷地获得助学贷款。但是，目前我国尚未建立社会诚信监督机制，后期还款保障相对脆弱。由于个人征信体系尚不健全，缺乏较为完备的社会诚信监督机制，学生及其家长仍然不能因失信而受到惩罚，从而才会出现获得贷款后不予问津、贷款本息多年不还、特殊变迁不与银行联系、信息变更不及时到银行更改等现象。同时，生源地助学贷款在实际长达14年的实施过程中，银行仍可能面临学生家庭搬迁、家庭重大变故、确实无力偿还等各种意想不到的情况。生源地助学贷款的政策取消了担保，是单纯的信用贷款，在学生信用意识不强，还款能力不确定的情况下，势必存在着一定的信用风险。

在恩施市学生资助管理中心，笔者了解到，2008年，已有30多名毕业学生进入还款的"两年缓冲期"，年底前需还4个月的利息。工作人员先将花名册传到省里，省开行逐个进行利息测算后，再将名册传回来，由资助中心通知学生还息。但只有"极个别"的学生会主动打电话来询问还息事宜，"95%的学生"都要工作人员一个个查找、通知，而且其中有近20人完全联系不上。这些学生当初留下的"有效"固定或移动电话号码要么停机，要么是空号，而工作人员因为"贷款学生数一年年递增，工作量太大"的缘故，也没有下去"走乡串户"地催收；另外，由于每年的助学贷款做法不一样，贷后管理难度相当大。贷款学生80%都在本地三所院校就读，工作人员将所有进入还息缓冲期学生的信息发给相关高校资助中心，但高校反馈回来的信息对市资助中心"帮助很有限，几乎为零"。由此可见，在目前的生源地助学贷款操作中，借款者容易了解到贷款银行和资助中心的信息，但银行和资助中心却很难弄清学生的真实信息和准确评估学生的信用，使得助学贷款借贷双方的信息不对称。目前个人征信体系依然缺失，又强化了贷款者恶意逃债的侥幸心理，导致生源地助学贷款的道德风险仍然很大。

2007年12月，湖北开始推行生源地助学贷款政策，时至2012年生源地助学贷款开始进入还贷期。据统计，2010年国家生源地助学贷款违约率较高，是普通人贷款坏账的数倍。如果不认真解决好这一问题，国家生源地助学贷款就会陷入一个尴尬的局面。而有的是由于部分贫困生依赖心理较强，认为国家有相关的政策，所以自己经济上的困难理应由学校想办法，所以在办理贷款时积极性不高。并有不少学生觉得自己在生源地办理贷款太麻烦，认为应该在学校办理国家助学贷款，这样可以减少他们的麻烦。这种心理使得每年高校开学时总有部分学生既没有贷款也没有交学费，导致学校的欠费率上升。

（六）还款要求烦琐且还款机制不完善

2010年，是第一批申请国家生源地助学贷款的学生进入还款期，除了还款风险开始呈现，还有不容忽视的是一部分学生按时正确还款后却依然遭遇了信誉的缺失。据网络搜索发现，相当一部分网友表示，自己在到期前全部按时还清了助学贷款，但后来发现人民银行有自己的不良信用记录。一位2009年办贷款的网友表示，经过自己去当地信用社咨询，信用社表示有出现过类似情况，缘由是因为财政部每年都要12月31日才会交付利息，而贷款者已经在此前交付了贷款本金，而财务部给付的利息还未到，所以银行就留下了贷款者的不良信用记录，而且最主要是没办法取消不良信用记录。最后该网友只得拿着信用社开的证明，到时候需要在其他银行办理业务时出示证明。这样并非自身原因的个人银行信誉损失，带来了诸多麻烦：办理不了信用卡，贷款利息会高出正常。导致一部分贫困生因这个原因顾虑，左右为难。

通过对一家信用社工作人员的咨询了解到，这种按时还清贷款却仍有不良记录的违约记录与个人还贷无关，而是由于财政贴息拨款与银行结算存在时间差造成的。在这种情况下，信用社一般会对个人信用记录进行处理，因此部分同学遇到的这种情况很可能是系统出错导致的。这位工作人员同时表示，信用社能够开具一份相关材料，证明不良信用记录并非个人原因造成。而从建行巴东支行了解到，信用社开具的证明并不能保证贷款审批顺利通过。这种特殊情况即便能够通过审批，还贷结算时利率也要在正常基础上上浮30%。从中国人民银行征信中心了解到，个人对自己信用报告上的信息有异议，可以提出异议申请。由财政贴息造成的不良记录，一般情况下可以得到删除。但是银行这样的对策依然不完善，不便利，对贷款者以后生活带来不良影响。

第六节 完善少数民族地区生源地助学贷款政策建议

一 加强对生源地金融机构的扶持力度

（一）加大宣传力度

首先，加大生源地财政贴息助学贷款推广力度，多措并举。人民银行要发挥窗口指导作用，以"常沟通、勤督促、防风险"为原则。主动与政府沟通配合、协调农村信用社积极开办生源地财政贴息助学贷款业务。使这项德政工程、惠民政策惠及所有贫困家庭的学生。其次，开展形式多样的助学贷款宣传工作。各有关部门及新闻单位要向社会广泛宣传生源地助学贷款的重大意义和申领程序。使广大学生和家长都了解有关资助政策，做到家喻户晓，人人皆知。一是通过教育局要求各高中学校制作宣传栏，长期保留，使需要贷款的学生尽早了解相关信息，解除后顾之忧，同时也有利于纠正居民把国家助学贷款看成扶贫贷款而不积极归还的错误认识；二是鼓励农村信用社在各网点张贴宣传单或设置宣传栏，详细说明助学贷款业务的操作程序与方法，建立咨询申请者登记统计表；三是通过政府部门要求街道办事处在所辖社区内建立宣传栏，宣传有关政策，介绍经办机构，提供担保的解决途径。及时避免一些优秀的学生因为不知道资助政策，从而放弃参加高考的现象。

（二）加大对生源地金融机构的资金扶持力度

人民银行应加大对生源地金融机构的资金扶持力度。对因开办生源地助学贷款、资金缺口较大的地方金融机构，人民银行应适当给予再贷款支持，尤其应加大对老、少、边、民族地区的再贷款和财政转移支付力度，切实解决其资金短缺难题，消除其对生源地助学贷款风险补偿金的种种顾虑。省级政府可以考虑用转移支付形式给予经办行、社减免助学贷款所得税，教育经费投入重点向国家级或省级贫困县倾斜，以减少生源地金融机构的"惜贷"现象，克服生源地县级政府的"恐贷"情绪。总之，只有充分调动地方的积极性，激活其创造力，才能使生源地助学贷款真正在全国范围内蓬勃发展。

二 完善贫困学生认定机制

县级学生资助管理中心首先要充分利用身处教育系统的优势，在本县中小学广泛建立学生资助联络点。其次，逐渐将范围扩大到乡镇政府、街道办事处和村委会，由联络点参与、配合和监督家庭经济困难学生的认定工作，并对受质疑的贷款对象通过明察暗访进行核实。再次，资助管理中心要与基层银行定期沟通，借助信用社、邮政储蓄银行的网点和渠道优势来开展工作，以明晰贷款学生的资格。最后，应制定收入标准，细化贷款发放对象的量化标准，探索并完善贫困证明材料提供的方式方法。近年来，部分地区在贫困生认定方面已开始积极探索。如2009年，湖北省为防止"骗贷"，出台了比较细致的"八贷八不贷"政策；陕西省规定，新生贷款资格由其所在中学认定，省内在校大学生的贷款资格由其所在高校认定，外省在校大学生的贷款资格仍由其户籍所在地的民政部门认定，并对户籍为本县高中毕业生家庭经济困难情况进行调查摸底，建立健全贫困学生档案，还据此编创生源地助学贷款需求报县资助中心备案，以作为当年困难学生生源地贷款发放的依据，贷款学生信息录入"国家开发银行基层金融业务系统"；2009年10月，淄博市教育局出台了《淄博市家庭经济困难学生认定办法（暂行）》，细化了家庭经济困难学生认定标准，将家庭经济困难学生分成三类：参照淄博市各区县城镇最低生活保障标准或农村最低生活保障标准家庭人均收入，达到当年最低生活保障标准的120%—160%定为"一般困难学生"，达到80%—120%的定为"困难学生"，低于80%的定为"特殊困难学生"。这些好的做法都是各个地方在生源地助学贷款实践中针对现实问题进行制度创新的结果，充分发挥了地方的自主性和积极性，很值得在全国范围推广。

制作生源地贷款跟踪调查表，由各高校学生资助管理中心制定生源地贷款跟踪调查表，全面了解贷款学生基本信息包括民族、院系、身份证号、手机、QQ号、E-mail等，学生家庭基本信息包括家庭详细地址、父母姓名、父母单位、父母电话；贷款学生单位电话、单位地址，便于学生追踪和还款督促。

第一，高校配合各区县资助中心制作还款须知，各高校学生资助管理中心与各区县资助中心深入交流，制作《还款须知》，并发放给每位班主任和辅导员，组织相关学生学习并签字。该《还款须知》应包括计算利息时间、还本金时间、如何查询及如何还款等相关事项。第二，进行毕业生还款确认，由国家开发银行组织，各高校资助管理中心负责执行，每年6月毕业生离校前，对贷款毕业生进行贷款还款确认，保证每名贷款学生清楚还款事项。第三，开展诚信教育，每年9月开学初，高校资助管理中心策划，系部班主任辅导员负责实施，对学生进行生源地贷款还款诚信教育。第四，特色活动，开展特色活动，教育学生提高自身诚信。如开展"我与我的信用记录——生源地助学贷款诚信教育校园行"活动，"诚信知识和生源地助学贷款知识宣传教育"活动，以及"大学生诚信宣传志愿者队伍咨询解答"活动等，都有利于学生信用的提高。第五，加强信息沟通，国家开发银行、各区县资助管理中心、各高校资助管理中心，以及学生四方要加强信息沟通，信息交流力求对等，便于四方各自履行好自己的责任与义务，不推诿逃避。第六，开通"人性化"通道，对于家庭特别困难或没有就业确无偿还能力的同学，学生、高校资助管理中心、区县资助管理中心、国家开发银行四方共同协商，为学生开通"人性化"渠道，改变还款方式或延长还款期限。

三 引入保险机制参与贷后管理

（一）提高资助办效率

首先，县级教育行政部门要制定生源地助学贷款工作应急预案，明确职责分工和突发性事件处理流程。同时要与当地银行建立协调和沟通机制，合力预防和处理各种突发性事件。要主动学习相关政策，组织开展生源地助学贷款工作培训会，主动模拟贷款办理流程，加强资助中心的工作人员或专职人员之间的联系，互相交流工作心得和经验。通过不断学习和总结经验，使专职人员熟悉掌握生源地助学贷款政策和流程等，确保各种信息、统计报表的准确性和完整性，保证贷款高效而顺利地进行。同时，应采取有力的措施，做好生源地助学贷款受理准备工作，提高受理申请的效率。各项工作都要提前筹备：①及时为县级资助中心安排充足的人员、经费和设备，保证足够的办理窗口数量；②充分发挥县政府、教育部门和高中的组织协调作用，以学校或乡镇为单位，组织学生分批办理，避免学生和家长过度集中，从而提高工作效率；③必要时各市还需要抽调力量组成工作组进行现场指导和援助；④还可以充分利用当地资源，发动当地大学生作为志愿者协助资助办办理生源地贷款，提高办事效率；⑤还可以借助高速发展的网络媒体，建立和完善网络办理程序，精简办理手续，省时省力；⑥在充分保证贫困生认定环节的可靠性的基础上，可以采取一次性办理代替分期办理的烦琐手续。其次，应调整贷款机构，原来的贷款机构是中标的商业银行，新政策规定为农村信用社。农村信用社在农村地区营业网点多、贴近农民生产生活、熟悉农户经济状况，可以深入到学生的家庭进行调查，有效地防止出现"假贫困"现象，有利于提高助学贷款政策执行的绩效。

（二）引入保险机制参与贷后管理

中国人民银行 2007 年《关于做好家庭经济困难学生助学贷款工作的通知》中提出，发放助学贷款的金融机构"要加强与保险机构合作，探索将保险引入助学贷款业务的新途径，有效转移和防范助学贷款风险"。银行可以引入市场化的担保机制，与保险公司联手，在发放生源地助学贷款后，向保险机构投保生源地助学贷款信用险，让保险公司来承保生源地助学贷款，这样既可保证贷款银行的信贷资金如期收回，又使保险公司开辟了新的保源。商业保险引入生源地助学贷款后，金融机构放贷风险减少，还能获得一定的风险补偿金，放贷积极性提高；保险公司获得新的利润来源和市场机会；学生资助管理中心可以更大胆地开展工作，并借助商业保险机构的风险管控技术，推动生源地贷款政策和措施的全面落实。这样就形成了多赢的局面，更多的贫困大学生将从中受益，学生贷款的公平目标也更易于实现。

建议地方政府加强对生源地财政贴息助学贷款业务的管理和协调，落实好生源地财政贴息助学贷款政策；生源地财政贴息助学贷款政策是一项利国利民的好政策，为恩施自治州巴东县学有所成的莘莘学子步入高等学府开辟了一条绿色通道，政府有关部门应尽快落实自治区财政、市级财政和高校的贴息和风险补偿政策，并确保贴息和补偿资金按时足额拨补到位。提高农村信用社发放生源地财政贴息助学贷款的积极性，真正把党和国家"科教兴国、人才强国"的政策落到实处，让贫困学生及时享受到生源地财政贴息助学贷款的优惠待遇。农村信用社应转变观念，提高服务水平。农村信用社应在有效防范贷款风险的前提下，着眼于构建社会主义和谐社会和保持社会稳定的大局，以高度的社会责任感，开展全方位金融服务。要不断提高生源地财政贴息助学贷款重要性的认识，采取积极态度，克服畏难情绪，改善信贷服务，在注重经济效益的同时，适当兼顾社会效益，建立适合生源地财政贴息助学贷款业务的信贷管理体制，加大考核力度，努力开拓生源地助学贷款业务。加快建立个人信用信息基础数据库的步伐。个人信用信息数据库的建立能在一定层面上遏制个人在银行体系内的违约行为,对个人最大的好处是为个人积累信誉财富,引导个人树立信用观念,提高还款意识。可把大学生作为一个特殊群体,单独建立大学生个人信用信息基础数据库,作为个人征信基础数据库的子库,便于银行和高校查询、掌握贷款学生的贷款、还款等方面的情况,及时跟踪其个人信用,提高其履约的主动性。

不断完善生源地财政贴息助学贷款风险补偿机制。一是适当提高生源地财政贴息助学贷款的风险补偿率,建议由15%提高至20%,提高农村信用社发放生源地财政贴息助学贷款的积极性。二是生源地财政贴息助学贷款发生呆账不足抵偿部分允许信用社按实际损失额在所得税前按规定核销。

(三) 完善还款机制

完善还款机制首先应重视过程管理,规范生源地助学贷款操作流程。应将生源地助学贷款从个贷业务中分离出来,对其质量实行单独考核,并完善现有业务操作和管理系统功能,调整系统计息还款方式、数据要素和统计功能,制定《生源地助学贷款风险补偿金管理制度》,明确风险补偿金的使用标准及范围,允许在风险补偿金中按一定比例列支业务承办费用和考核奖励费用。人行各中心支行应配合协调各县(市、区、旗)经办行、社开设生源地助学贷款专用账户,确保生源地贷款业务不在金融系统内部遇到阻滞。基层经办行、社可把开办生源地助学贷款与农户小额信用贷款、小额农户联保贷款和城镇小额信用款等信贷品种有机结合起来,通过创建信用户、信用村和信用乡镇等诚信示范效应来加快个人信用数据库建设,从而净化社会信用环境,降低贷款风险。

结 语

生源地助学贷款是国家助学贷款的一个类型,但却有自身鲜明的特色。自2007年8月试点以来,有效地缓解了高校贫困生现象,帮助广大贫困生完成大学学业。与国内的高校助学贷款相比,其优势是明显的,但问题仍然很多。尤其是随着申请生源地信用贷款的学生逐渐进入还款环节,一些问题也越发凸显。本章通过对恩施州巴东县生源地助学贷款实证研究，发现信息不对称，银行积极性较低，还款不及时是生源地助学贷款实施过程中的主要阻力，并据此提出了相应的对策。

　　当然，由于本书选取的样本数量较少，不能完全代表生源地助学贷款的实际情况。同时，在生源地助学贷款实证研究的问题上，由于取得的各种资料不是很完善，所以在分析问题的过程中，略显经验不足，分析问题不够全面、细致，这也是本书今后继续努力完善的方向。

第六章 高校贫困生勤工助学问题研究

第一节 研究概述

一 研究的背景

当前,国家在高等教育阶段建立起国家奖学金、国家励志奖学金、国家助学金、师范生免费教育、国家助学贷款、勤工助学、学费减免等多种形式的高校家庭经济困难学生资助政策体系,并且先后出台了高校勤工助学工作的政策规定和管理条例,对学生参加勤工助学的基本态度、政策保障、内容方式等问题提出原则性、指导性意见。1997年,国家教委办公厅下发了关于进一步加强勤工俭学、校办企业安全防范工作的通知,2004年,中共中央、国务院发出《关于进一步加强和改进大学生思想政治教育的意见》,要求高校"积极组织学生参加社会调查、生产劳动、志愿服务、公益活动和勤工助学等社会实践活动。"明确要求高校把勤工助学作为人才培养和社会实践活动的重要载体。说明党和国家高度重视高校贫困生的学习和为贫困生顺利完成学业所开展的勤工助学等工作。本章就勤工助学这一主题进行探讨和研究。

第一,勤工助学具有解困助学、励志育人的双重功能。加强高校勤工助学研究,着力构建科学、健全、实用的勤工助学体系,既是高校实施素质教育、培养高素质复合型人才的重要途径,又是贫困大学生解决生活困难和精神困乏问题的有力保障;既是顺应教育改革发展形势的内在要求,又是服务于大学生成长成才的现实需求。

第二,随着经济体制改革和高等教育的深入发展,高校勤工助学在德育践履与实践锻炼等方面的特征明显优于其他助学方式,其实践育人意义与功能日益突出。同时由于国家计划生育政策的落实,当代大学生绝大多数是独生子女,家长望子成龙、望女成凤心切,大多把着眼点放在孩子的学习成绩提高上，而忽略了对孩子的品德教育和劳动教育。所以，大多数学生没有经历生活实践的磨炼和劳动锻炼，其意志力和耐挫折能力脆弱，他们虽然读了很多的书，但面临困难和挫折却弱不禁风、不堪一击。有的甚至因经不起生活中的一起小风波就自杀轻生。此类事件，在当今社会不胜枚举。所以，高校勤工助学活动不仅是对贫困生具有实际意义，对全体大学生成长成才也具有不可忽视的作用。同时勤工助学活动不仅让贫困学生从经济上获得救助，而且也为广大学生实践锻炼、了解社会、自强自立提供了良好的机会。

第三，面对知识经济时代的到来，要实现全面建设小康社会的目标，首先得提高全民文化素质，真正落实"九年义务教育"和高等教育的普及，实现高等教育大众化，而国家又不可能为此背上太大的负担，于是通过招生"并轨"和学费制度改革，逐步把教育投资的相当一部分责任摊分到了个体家庭的身上。此外，随着经济的不断发展，人民的生活水平不断上升，国民之间的贫富差距也日趋增大，处于不同经济环境的个体家庭对教育投资的承担能力是不一致的。在如此现状下，高校为完成国家和社会交给的教育任务，又必须持续扩招，这必然导致在校大学生中的贫困生比例越来越大。虽然国家出台了相关资助体系和措施，社会、高校以及其他社会团体都积极地参与资助，但由于这一体系本身及其在实践中缺乏健全性，同时由于学校和贫困生自身的多重原因，使高校贫困生资助体系建设步伐缓慢，贫困生问题没能得到有效的解决。这一问题的日益突出不仅影响学生自身的成长与成才，更影响国家教育事业的发展与人才的培养，甚至影响社会和高校的稳定。基于对这些问题的思考，笔者旨在通过对"高校贫困生勤工助学问题"进行研究，从而对"高校贫困生勤工助学工作"提出探讨和建议。

二 研究的意义

资助高校家庭经济困难学生顺利完成学业，是落实教育部、财政部《关于进一步加强高校资助经济困难学生工作的通知》，贯彻十八大精神的一项重要内容。高等教育有别于义务教育，助困不能完全依赖国家，必须培养学生通过自立而成才。而勤工助学不仅能提高贫困生自身的解困能力，逐步实现贫困生由外部输血到自身造血的转变，更重要的是培养学生的自立意识、自我管理的能力，最终达到学生综合素质的提升。此外，在勤工助学活动中，还能提升学生的价值观念和综合素质，一是提高道德修养。在勤工助学活动中，同学们能感受到生活的艰辛，这不仅培养了大学生勤俭节约、吃苦耐劳的精神，而且使学生意识到对家庭、社会和国家的责任，感受到靠自身诚实劳动实现自身目标、为社会作贡献的成就感和自豪感。因此，参与勤工助学活动的过程实质上也是自我教育、自我提高的过程。二是促进心理健康，激励其奋发向上的精神。贫困大学生承受着经济和学业的巨大压力，很容易导致自卑，且容易出现精神压抑、焦虑等不良心理状态。而勤工助学活动能够帮助他们通过劳动体验树立自信，正确对待自己的贫困处境，从而首先实现"精神脱贫"，同时依靠自强不息的努力渡过经济难关，从而对生活和社会产生积极的评价，促使其形成健康的心理。三是拓展知识领域，提升知识层次。大学生在勤工助学中所从事的具体工作，往往与某个知识领域相联系。大学生可以把个人实践融会于社会实践之中，运用书本知识为社会实践服务，使自己学到的书本知识产生实际价值。四是提高综合素质，培育实践能力。现代教育观要求树立以学会认知、做事、合作和生存四大支柱为核心的教育目标，这在很大程度上取决于综合素质的提高。贫困生参加学校的日常服务性工作扩大了生活空间，有助于学生的事业设计、社交公关、独立思考和解决问题、适应社会、理财等能力的培养和形成，勤工助学为贫困大学生全面成才搭建了一个理想的平台。高校勤工助学是一项系统工程，在发展过程中积累了很多经验，也出现了很多问题和矛盾。针对这些问题和矛盾，前面很多理论工作者和实践工作者做了很多研究和探索，提出了解决问题的思路和办法，但大多是局限于每一个问题或每一个局部而提出来的，并没能从宏观和整体上挖掘高校勤工助学发展问题。本章通过对高校勤工助学的系统的理论与实践研究提出了高校勤工助学工作的新思路和新建议，符合国家的勤工助学政策，能满足大学生解困助学、提高素质的需求，可操作性强，对提高高校的勤工助学水平具有实践指导意义。

三　研究的现状

从历史上看，我国是一个具有大学生资助传统的国家，虽然我国勤工助学历史较长，但是，我国学者对于大学生资助问题的研究历史较短。我国高等学校贫困生的问题是随着高校收费制度的出现而日益显现出来的。随着我国高等学校贫困生问题的出现，我国学者参考国外专家对大学生资助的理论，对我国贫困大学生资助问题进行了进一步的研究，发表了一些有分量的学术论文和专著。如最有代表性的为张民选的专著《理想与抉择——

大学生资助政策国际比较研究》，该专著以历史发展为线索，研究不同历史时期影响大学生资助政策的主要资助理念；对直接资助进行了分类比较，对贷学金的操作技术进行了专门研究；并研究了我国资助政策的发展。

另外，有学者对大学生资助问题在宏观上作了以下研究：从教育政策学的角度对高校贫困生资助政策和制度的科学性、合理性、执行机构间的互动关系、目标群体对政策的支持程度和环境因素的影响方面进行分析或者从贫困生的基本现状、造成贫困生家庭困难的原因等方面进行分析，提出要建立新型的贫困生资助体系。

还有一些学者在微观上针对"奖、贷、助、补、减"这一多元贫困生助学体系在实施过程中所存在的问题展开了研究，提出了改进措施。也有学者针对奖学金额度小、奖励面宽，就是奖励不仅仅针对贫困生；勤工助学岗位少，生活补助和学费减免数额极其有限等问题，提出要帮助贫困生家庭脱贫，需积极筹措各项资金、做好经常性贫困生补助工作。还有学者认为，国家助学贷款存在宣传不够、银校合作欠缺和首批贷款毕业生还贷不佳等原因导致学生贷不到款等诸多问题。并针对这些问题提出了加强宣传力度、加强银校合作建立贷款学生个人信用查询系统、加强学生思想教育、诚信教育等可行性建议。

但对于当前大学生勤工助学的研究，国内外也有一些专家和学者已经开始在某些方面进行了有益的研究和探索，也取得了一定的成效。研究内容涉及大学生勤工助学管理的意义、现状、内容、机制、对策等。

如韩福明、高国强、仝忠考认为当前高校勤工助学工作面临的问题有：国家要求高与实际工作中重视不够的矛盾；落后观念与高校改革和市场经济发展需要之间的矛盾；大学生勤工助学强烈愿望与勤工助学岗位不足的矛盾；社会提供勤工助学岗位与学校自身挖掘不够之间的矛盾；勤工助学缺乏科学管理与培养社会主义接班人之间的矛盾；勤工助学的低层次与大学生专业优势相脱离的矛盾；勤工助学活动蓬勃开展与社会保障机制不健全的矛盾；教学体制与勤工助学之间的矛盾；勤工助学的普遍性与贫困生帮扶工作之间的矛盾。[①]

薛浩提出勤工助学工作规范化运行机制的要素；执行严格的操作程序

---

① 韩福明、高国强、仝忠考：《当前高校勤工助学工作面临的问题及对策》，《河北农业大学学报》（农林教育版）1999年第1期。

和要求，建立学校勤工助学管理部门、用人单位、系（院）职责明确的运作机制，努力使勤工助学工作管理手段现代化，建立学生贫困情况的反馈机制，建立勤工助学运作情况的监控机制，建立实施效果的评估机制，建立参加勤工助学的贫困生心理监控体系。①

王为认为，新时期大学生勤工助学管理机制建设包括：建立勤工助学管理中心，促进组织结构正规化；建立大学生勤工助学基地，促使社会实践常态化；建立勤工助学网站，促使管理手段现代化；加强贫困生心理教育力度，建立心理监控机制。

还有的提出建立大学生勤工助学档案，完善大学生勤工助学维权体系，加强高校勤工助学基地化建设，促进勤工助学体制化、基地化、实体化、产业化、育人化。②

但由于勤工助学是在新时期得到快速发展后才被高校和社会所逐渐重视，因此整体研究还存在薄弱环节，存在着诸多不足，主要体现在以下几个方面：首先，现有文献对勤工助学政策的研究面较窄，还没有形成系统性的研究。当前国内外学者对勤工助学工作的研究，往往是从具体的某一点上进行单方面的研究，侧重勤工助学的经验总结、状况调查或具体研究勤工助学的意义、功能、价值等方面。其次，当前研究大多局限于勤工助学的具体操作层面，研究成果零碎，就勤工助学管理的系统性研究涉及甚少。特别是勤工助学管理理论化方面研究不系统、不深入，对新时期勤工助学特点缺乏研究。

第二节　核心概念

一　勤工助学的内涵

勤工助学在其发展的历史上，又称之为勤工俭学。在不同的时代，勤工助学的目的、内容及组织形式也各不相同。随着社会的进步和教育的发展，勤工助学的内涵也在不断地丰富和发展。现阶段，勤工助学比较普遍的解释是："学生个人或者团体，以获得或改善学习条件为基本目的，将

---

① 薛浩：《高校勤工助学规范化运行机制研究》，《黑龙江高教研究》2004年第4期。
② 罗晓芳：《高校勤工助学可持续发展研究》，《杭州医学高等专科学校学报》2003年第4期。

教育与学生社会实践紧密结合，全面培养学生素质和能力而进行的教育经济活动。"它明确为个人或团体行为，强调改善学习条件或教育效果，认定是教育经济活动。

对此，可进一步作如下几个方面的理解：

第一，就勤工助学的组织形式而论，它既可以是学生个体自发而为，也可以是学校或学生集体的行为。

第二，"勤工"和"助学"是不可分割的整体，"勤工"既为"助学"提供经济和物资上的支持，其过程本身就是一种学习和锻炼，从这点说，"助学"是其追求的根本性主题。

第三，在现代教育理念里，勤工助学被视为学生社会实践的有效形式，它是学校工作的重要组成部分，在培养和造就全面发展的人的过程中发挥着越来越重要的作用。

第四，勤工助学是一项经济活动，它不同于义务劳动、公益劳动，在实施过程中必须考虑经济效益。当然，追求经济效益并不排斥获得社会效益。勤工助学的教育性已内含着"合法经营，造福社会"的要求。

第五，"高等学校贫困生资助体系"是伴随着我国高校收费制度的改革逐渐建立起来的。在扩大高等教育规模和推进高校收费改革的过程中，为解决好高校家庭经济困难学生的问题，在党中央、国务院的关怀下，教育部、财政部等有关部门和各地政府结合中国的实际情况，建立了一套比较完善的资助困难学生的政策体系，其目的是帮助家庭经济困难的大学生按期完成学业，其主要内容包括"奖学金、贷学金、勤工助学、困难补助、减免学费"五个组成部分，简称为"奖、贷、助、补、减（免）。"

奖：奖学金，目前，国家设立的奖学金主要包括优秀学生奖学金、专业奖学金、定向奖学金、研究生奖学金、国家奖学金。

贷：助学贷款，主要包括三种形式：高校利用国家财政资金对学生办理的无息贷款；国家助学贷款；一般性商业助学贷款。

助：国家资助政策和高校勤工助学活动。高等学校组织学生参加勤工助学活动，是高校收费制度改革的一项重要配套措施。此项活动可以使学生通过参加劳动取得相应报酬。高校勤工助学岗位主要有校内的助教、助研、助管岗位，以及实验室、校办产业、后勤服务、各项公益劳动岗位等。

补：是指困难补助，是各级政府和高校对经济困难学生遇到一些特殊性、突发性困难时给予的临时性、一次性的无偿资助。

减（免）：是指减收或免收学费，为帮助经济特别困难学生顺利完成学业，教育部在1995年发出通知，要求对普通高校中部分经济特别困难的学生实行学费减免制度，尤其是要对其中的孤残学生、少数民族学生及烈士子女、优抚家庭子女等，实行减收或免收学费。

二　勤工助学的政策规定

《高等学校勤工助学管理办法》中对勤工助学的概念界定为：学生在学校的组织下利用课余时间，通过劳动取得合法报酬，用于改善学习和生活条件的社会实践活动。勤工助学是学校学生资助工作的重要组成部分，是提高学生综合素质和资助家庭经济困难学生的有效途径。

勤工助学活动必须坚持"立足校园、服务社会"的宗旨，按照学有余力、自愿申请、信息公开、扶困优先、竞争上岗、遵纪守法的原则，由学校在不影响正常教学秩序和学生正常学习的前提下有组织地开展。

勤工助学活动由学校统一组织和管理。任何单位或个人未经学校学生资助管理机构同意，不得聘用在校学生打工。学生私自在校外打工的行为，不在《高等学校勤工助学管理办法》规定之列。

学校学生资助工作领导小组全面领导勤工助学工作，负责协调学校的财务、人事、学工、教务、科研、后勤、团委等部门，配合学生资助管理机构开展相关工作。学校学生资助工作领导小组下设专门的学生勤工助学管理中心，具体负责勤工助学的日常管理工作。

针对以上对勤工助学概念的界定，本章认为勤工助学的内涵包括以下几个方面：一是勤工助学活动是在学校统一组织和管理下有序开展的，其前提是不影响正常的教育教学秩序和学生正常的学习、生活。二是学生利用课余时间参加勤工助学活动，通过劳动获得合法报酬，劳动所得用于改善学习和生活条件。三是勤工助学活动是一项社会实践活动，也是学校学生资助工作的方式之一，其目的是提高学生综合素质和资助家庭经济困难学生。四是勤工助学活动的范围是以校内为基础、以校外为补充，单位和个人聘用在校学生打工的，都需要征得学校学生资助管理机构同意。学生资助管理机构下设学生勤工助学管理服务组织，承担勤工助学的日常管理职责。

三　勤工助学体系

体系是指若干有关事物或某些意识相互联系而构成的一个整体，如工业体系、思想体系等。体系是一个科学术语，泛指一定范围内或同类的事物按照一定的秩序和内部联系组合而成的整体。自然界的体系遵循自然的法则，而人类社会的体系则要复杂得多，影响这个体系的因素除人性的自然发展之外，还有人类社会对自身认识的发展。

基于勤工助学体系的概念与内涵，本章提出的勤工助学体系是指：政府、社会、高校等方面在大学生勤工助学活动组织实施过程中所制定的政策、制度、措施和所提供的服务的总体构成。构建勤工助学体系是指由多个主体共同组织实施的系统工程，既包括勤工助学工作的目标群体、政策制度、管理体制、资金筹措、资助力度、社会支持等管理和服务保障，又包括参与对象接受的信息、知识、教育等服务，其根本目的是推动勤工助学科学发展，促进学生的全面发展。[①]

1993年国家教委、财政部下发了《关于进一步做好高等学校勤工助学工作的通知》，要求高校把勤工助学活动作为"改革的配套措施"和"学校重要的常规工作"认真对待；1994年，国家教委、财政部下发了《关于在普通高等学校设立勤工助学基金的通知》，对普通高等学校设立勤工助学基金、经费来源、经费使用和管理等作出明确规定。

2004年，教育部、国家发展和改革委员会、财政部联合下发了《关于做好2005年高等学校收费工作有关问题的通知》，要求"高等学校每年必须从学费收入中提取10%的经费，专款专用，通过各种方式资助贫困家庭学生，帮助贫困家庭学生解决实际问题，确保其不因家庭经济困难影响入学或中止学业"。

2004年，中共中央、国务院下发了《关于进一步加强和改进大学生思想政治教育的意见》，要求高校"积极组织学生参加社会调查、生产劳动、志愿服务、公益活动和勤工助学等社会实践活动。引导学生深入社会、了解社会、服务社会，在社会实践中成长成才并实现社会化"。

2005年，共青团中央、教育部为贯彻落实《中共中央国务院关于进一步加强和改进大学生思想政治教育的意见》和全国加强和改进大学生思想政治教育工作会议的精神，联合下发了《关于进一步做好大学生勤工助学工作的意见》（中青联发［2005］14号），明确指出，要挖掘校内勤工助学岗位、拓展校外勤工助学资源，强化管理体制、健全管理机构、完善管理办法，加大专项投入、维护学生权益、建立长效机制，指明了高

---

① 李鑫炜：《体系、变革与全球化进程》，中国社会科学出版社2000年版。

校勤工助学工作的基本方向。

2007年6月26日，教育部、财政部印发了《高等学校勤工助学管理办法》。一是明确规定了勤工助学的时间和酬金。学生参加勤工助学的时间原则上每周不超过8小时，每月不超过40小时；规定校内临时岗位每小时不低于8元人民币。二是明确了校内勤工助学岗位的设置。岗位设置数量既要满足学生的工时需求，又要保证学生不因参加勤工助学而影响学习。按每个家庭经济困难学生月平均上岗工时不低于20小时为标准，测算出学期内全校每月需要的勤工助学总工时数（20工时×家庭经济困难学生总数），统筹安排，设置校内勤工助学岗位。三是对学生参加勤工助学活动的安全问题做了明确规定，即不允许组织学生参加有毒、有害和危险的生产作业以及超过学生身体承受能力、有碍学生健康的劳动。四是明确了组织机构、学校的职责、学生勤工助学管理服务组织的职责、校外勤工助学活动的管理和法律责任，规范了高等学校学生勤工助学工作管理，促进了勤工助学活动健康、有序开展。[①]

第三节 勤工助学政策的意义

勤工以明志，助学以致远。高校加大勤工助学体系建设力度，充分发挥勤工助学的解困助学、励志育人的双重功能，不仅是顺应教育改革发展形势的需要，也是服务于大学生成长成才的需要。

一 促进教育公平的有效措施

教育公平是社会公平的重要基础，促进教育公平是我国最基本的教育政策。高校勤工助学体系是国家在高校建立"绿色通道"和"奖、贷、助、补、减"等多位一体的家庭经济困难学生资助体系的组成部分，是保障家庭经济困难学生享有平等接受高等教育机会和权利的有力举措，是促进教育公平的重要体现。

另外，伴随着知识和技能的价值越来越充分显现，社会主义民主法制不断完善，公民维权意识不断增强，群众文化生活日益丰富，社会对教育

---

① 姜旭平、丁桂兰、胡刚：《高校勤工助学政策的对策研究》，《教育与职业》2009年第27期。

公平、教育质量更是关注，所以我们采取有效措施，加强高校勤工助学体系建设，着力建设好事关贫困学生切身利益的民生工程，缓解他们的经济压力，回应社会关切，促进教育公平。

二 强化思想政治教育的重要载体

加强和改进大学生思想政治教育事关广大青年学生的健康成长，事关国家和民族的前途与命运。社会实践活动是强化学生思想政治教育的重要举措，而勤工助学是社会实践的重要内容之一。高校将思想政治教育融入到勤工助学活动，既能增强思想政治教育的渗透力，维护高校和谐稳定局面，又能提升勤工助学的工作水平，发挥勤工助学应有的作用。

当前，我国经济实力、综合国力、国际影响力虽然不断提高，但一些深层次的社会矛盾日益尖锐。面对经济体制深刻变革、社会结构深刻变动、利益格局深刻调整、思想观念深刻变化的复杂形势和高等教育改革发展的繁重任务，高校思想政治教育工作面临新情况、新问题、新挑战。高校通过开展勤工助学活动，组织大学生走向社会参加生产劳动，实现理论教育与社会实践有机结合，能帮助他们更加真切地了解世情、国情、社情、民情，增强社会责任感和使命感，加深对党的路线、方针、政策的理解，激发他们的爱国热情、危机感和责任心；能帮助他们更加自觉地培养劳动观念、自立自强意识和良好职业道德，锤炼健全的意志品质，促进思想道德素质、科学文化素质和身心健康素质协调发展。

三 缓解家庭经济困难学生的经济压力

当前国家制定了高校如贫困生"奖、贷、助、补、减"等一系列帮助大学生就学的优惠政策和激励机制，资助力度大，效果明显。但从实际操作的过程中，可以看出，勤工助学是缓解学生经济压力的最好办法，贫困学生通过参与勤工助学活动，通过劳动获取报酬，既能减轻父母经济压力又能帮助自己顺利完成学业。

目前，引发大学生家庭经济困难的因素很多，归纳起来主要有：受历史和自然因素影响，地处经济欠发达地区或农村地区，家庭经济来源十分有限；家庭遭受变故，如天灾人祸、父母离异、下岗或丧失劳动能力等，造成经济极其困难，正常经济收入来源没有保障；父母文化水平低下，没有或缺少维持生计的能力等。从一定程度上看，越是来自于这类家庭的学生，越是承载着家庭的希望。构建高校勤工助学体系，推动高校勤工助学工作，一方面能为大学生以实际行动回报父母养育之恩搭建平台、创造条件，另一方面能增强父母对学生自食其力、学习成才的信心，最终形成经济困难家庭摆脱困境的合力，共同努力改变家庭经济状况，渡过生活上的暂时困难。

四 培养学生实践能力

育人是高校的首要任务。勤工助学不仅能让家庭经济贫困学生通过自身的劳动缓解生活困难问题和精神困乏问题，提高贫困生自身解困能力和逆境成才能力，逐步实现贫困生由外部"输血"到自身"造血"的转变，还可以培养学生的自强自立意识，提高综合素质。具体地说：

一是有利于提高学生的社会适应能力。勤工助学是大学生深入社会、了解社会、认识社会的重要渠道，也是受教育、长才干、作贡献的重要载体。教育引导学生参与勤工助学活动，能促使学生根据所处的环境及时调整社会角色并承担相应的责任和义务，增强自身的社会适应能力、就业能力、竞争能力，提高社会责任感。

二是有利于提高学生的实践探索能力。勤工助学是大学生自我教育、自我管理的重要形式。大学生参与勤工助学的过程，不仅是把所学知识应用于具体实践的过程，而且是利用所学知识解决实际问题的过程。在这些过程中，既能促使他们增进对所学知识的理解，提高专业学习和知识应用的能力，又能促使他们在学与做当中不断思与行，充分发挥自身的潜能，找到解决实际问题的方法，提高实践动手能力。

三是有利于提高学生的心理承受能力。勤工助学是使大学生心理渐趋成熟的必要手段。大学生通过参加勤工助学活动，能树立起向上的人生信念、奋发的学习精神和正确的世界观、人生观、价值观，在学习、生活中调整好自己的心态、摆正自己的位置，主动建立起良好的人际关系，对社会、生活和他人产生积极的评价和态度，促使其形成健康的身心。

四是有利于提高学生的自我规划能力。勤工助学是实践过程与认识过程的统一。大学生参加勤工助学活动，在对社情、国情、民情深入了解的基础上，结合专业特点、知识结构、个性特征、兴趣爱好等，能对自身的发展方向、人生规划进行适当的设计、调整、完善，使得个人发展能适应社会发展的需要，增强学生主动、合理规划个人职业生涯的意识和能力。[①]

[①] 朱晓东：《高校勤工助学现状与改革研究》，硕士学位论文，江西农业大学，2011年。

第四节 我国高校勤工助学的历史考察

我国勤工俭（助）学历史久远，从古代到现代，都与我们时代发展和人才的培养密不可分。回首勤工助学的风雨历程，不难看出勤工助学的成绩与困惑和经验与不足，分析研究它的历史，对我们将来勤工助学工作会起到具体的指导作用。

一 我国古代的勤工助学

我国古代的奴隶社会，"学在官府"，教育为奴隶主所垄断，奴隶主家产万贯，生活奢侈，鄙视劳动，勤工助学没有存在的必要和可能。进入封建社会，私学兴起，教育对象扩大到普通大众。私学尽管为普通人家的子女入学提供了可能性，但经济上的贫困剥夺了他们享受学校教育的权利，在劳动中求学仍然是广大劳动人民子女进行学习的主要形式，并涌现出了大量勤俭求学的光辉典型。在汉代，四川潼川府人朱买臣，家贫，每日砍柴，置书林下而读，负薪而归，悬书于担头诵而步行，后成就经世纬国之才，官至会稽太守，成为千古流传的佳话。古诗诗句"披蒲编，削竹简，彼无书，且知勉。如负薪，如挂角，身虽劳，犹苦卓。如蠹虫，如映雪，家虽贫，学不辍"。[1] 这首诗讴歌的正是我国封建社会勤俭求学的感人事迹。

同时，我国封建社会的文化背景也促进了勤俭求学观念的形成。孔子时期就提倡"庶—富—教"的理论，"仓廪实而知礼节，衣食足而知廉耻"，认为只有经济发展了，人民富裕了，才能发展教育。孟子更是把这种观念具体化，认为只有当人民有了"五亩之宅"、"百亩之田"以后，才能"谨庠序之教，申之以孝悌之义"。[2] 在他们看来，教育只是一种社会消费事业，不愿在教育上投资，因而历代的国学规模十分狭小，民间办学（私学）成为封建社会办学的主要形式。在物力维艰的年代，勤俭求学、勤俭办学成为"私学"生存的必然要求。

---

[1] 引自《三字经》。
[2] 罗建国：《勤工助学的历史考察及现状分析》，《湖南师范大学教育科学学报》2003年第2期。

二　抗日战争时期的勤工助学

抗日战争爆发以后，由于战区范围不断扩大，一些来自沦陷区的学生，除了自己以外，还要肩负一起内迁的弟弟妹妹的生活费用，从学校里获得的有限贷金、公费或者奖学金并不能维持他们基本的生活需求。因此，为了生存，课余时间谋职兼差成为他们学习生活的一个重要组成部分。1938 年 3 月，浙江大学决定以勤工俭学的形式救济家庭贫困、经济来源断绝的学生，学校给予他们勤工俭学的职位。[①]

三　新中国成立后的勤工助学

（一）高度集中的计划经济体制下的勤工助学

这一时期，勤工助学以"参加社会主义劳动"、"培养德、智、体、美、劳全面发展的劳动者"为主要出发点，以"无偿劳动，获取精神收获"为目的。劳动技术课的开设以及劳动基地的创建，为勤工助学工作的开展创造了条件。勤工助学在培养学生劳动技能，树立学生热爱劳动、勤俭节约的观念等方面做出了积极的贡献。[②]

1952 年，刘少奇同志对《参考资料》刊载的《美国大学生有三分之一半工半读》一文作了批示："中国是否可以试办！"1957 年 6 月，他又亲自为《中国青年报》撰写题为《提倡勤工俭学，开展课余劳动》的社论。随后，《人民日报》发表《一面劳动，一面读书》的社论。1958 年 1 月 28 日，共青团中央发布《关于在中学生中提倡勤工俭学的决定》，第一次明确指出勤工俭学是具体实现知识分子和工农相结合，脑力劳动和体力劳动相结合的一个重要途径。与此同时，教育部发出通知，大力支持和帮助共青团执行这一决定。此后召开的第四次全国教育行政会议，进一步肯定了勤工俭学的意义和积极作用。

1958 年 9 月，毛泽东同志在视察武汉大学时指出："学生自觉地要求实行半工半读，这是好事，是学校大办工厂的必然趋势，对这种要求可以批准，并应给他们以积极的支持和鼓励"。其后，勤工俭学的教育改革尝试在全国范围内兴起，出现过"半工半读"、"两条腿走路"的办学模式，推广过"农科教结合"等改革经验，在当时学校的人才培养中起到了积极作用。江西农业大学的前身——江西共产主义劳动大学（简称共大）

[①] 蓝秀华、蓝薇：《中国高等教育的救学援助制度》，广西师范大学出版社 2013 年版。
[②] 石军：《大学生勤工助学管理理论与实践研究》，硕士学位论文，湖南师范大学，2007 年。

就是根据毛主席关于"半工半读"的教育思想创办的，提出了"半工半读，勤工俭学"的办校方针。学校根据所设专业办起了农场、林场、牧场以及各种为农业服务的工厂，作为基础，提出并逐步建立起教学、生产、科研三结合的新体制。为适应这种新体制，经过几年实践，实行了系、场（厂）合一，把专业对口的生产基地与系（专业）合并起来，统一组织、统一领导，教研合一。按照专业性质和不同年级恰当规定"工"与"读"的比例，把"工"与"学"有机结合起来，坚持专业课为发展生产力服务，基础课为专业课服务。但由于"大跃进"以及"文化大革命"中"四人帮"的"开门办学"、"教育革命"等旗号，以劳动代替教学，鼓吹"劳动越多越革命"，"知识越多越反动"的思想，从根本上破坏了教育与生产劳动相结合的原则，完全违背了勤工助学的宗旨。[①]

（二）有计划的商品经济体制下的勤工助学

"文化大革命"结束后，整个社会对教育、知识的渴求日益升温，特别是改革开放后，邓小平强调：教育与生产劳动相结合，"最重要的是整个教育事业必须同国民经济发展要求相适应。不然学生学的和将来要从事的职业不符，岂不是从根本上破坏了教育与生产劳动相结合的方针？那又怎么可能调动学生学习和劳动的积极性，怎么可以满足新的历史时期向教育工作提出的巨大要求？"因此，从20世纪80年代开始，大学生们响应国家号召，参与社会变革，继承、发展了勤工俭学，掀起了一股新的勤工助学热潮。

在20世纪80年代初，勤工助学具有标志意义的是复旦大学科技咨询开发中心首先提出将"勤工俭学"改为"勤工助学"。[②]虽然仅仅是一字之差，但却意味非凡。前者是致力于劳工以俭省学费，后者则致力于自立成才，将所从事的活动与专业学习、能力培养、自身素质提高及个人的全面发展紧密结合起来。当时深圳大学组织的一项民意测验显示：勤工助学目的——为了自立的占83.9%，树立劳动观念的占6.9%，加强工作责任心的占3.6%，而"提高生活水平"的仅占4.3%。这说明当时大学生勤工助学的目的已在某种程度上超越经济上的利益，更倾向于自立能力、社会适应能力、劳动能力等"全方位能力"的培养。"学"的内涵和外延都

---

① 石军：《大学生勤工助学管理理论与实践研究》，硕士学位论文，湖南师范大学，2007年。

② 《复旦大学学生科技咨询开发中心成立3周年纪念文集》（油印本）。

比过去丰富，并有所拓展。①

1980年2月，国务院批转了吉林省《关于开展勤工俭学情况的报告》，肯定了勤工俭学是全面贯彻党的教育方针的重要措施。1984年，城市经济体制改革全面展开，高校校园出现改革开放后的首次"勤工助学"热潮，这一热潮主要集中在北京、上海、天津等经济相对发达、观念相对开放地区的高校，内容多为打工、家教、有偿修理服务等。1985年，高校实行"助"改"奖"政策，助学金被取消，"铁饭碗"被端掉，家庭经济困难学生的学习、生活受到影响。各高校广泛开展勤工助学活动的宣传，但由于处于刚起步阶段，从"无偿劳动"到"按劳取酬"的转变，很多学生的观念跟不上，并且学校规定参加勤工助学的学生必须是家庭经济困难的，存在劳务资源少、活动不够规范、覆盖面较小、影响不大等问题。

1987—1988年，当改革进入"攻坚阶段"之后，高校校园出现第二次"勤工助学"热潮，各类"大学生开发公司"、"大学生社会沙龙"、"家庭教师介绍所"、商店、修理部等经济实体纷纷成立，众多学生参与，"勤工助学热"风靡全国。

但是，当时经济领域出现的混乱现象，也同样在校园"经商热"中表现出来，部分大学生、研究生由"勤工助学"到"勤商助学"，甚至出现"弃学勤商"现象，使"勤工助学"一度陷入误区，在高校中展开了"经商＝勤工俭学"的争辩，师生们曾一度困惑，规范勤工助学势在必行。为此，当时的国家教委在《普通高等学校学生管理规定》中明确提出：学校提倡和支持学生开展勤工助学活动，并就勤工助学内容和形式等作了限定。各高校据此相继制定了有关规定，对勤工助学的内涵、目的、范围、时间等都作了要求，制定了计酬办法，但工作对象和劳务资源问题仍未得到很好解决。

进入1989年，受经济领域治理整顿等影响，勤工助学处在低谷，但随后又由萧条转向平稳，并在平稳中缓慢发展。在这段时期，勤工助学多限于"劳务型"和部分"智力输出型"。②

---

① 刘时方等：《高校勤工助学的历史问题回顾和启示》，《南通工学院学报》1998年第12期。

② 章华明等：《勤工助学的历史发展和现状初探》，《上海水产大学学报》1997年第1期。

（三）社会主义市场经济体制下的勤工助学

从邓小平同志南方谈话到中国共产党第十四次全国代表大会召开，我国确立了社会主义市场经济体制，高校办学体制机制也做了相应的变革。

1992年，高校首次尝试改免费入学为缴费入学。为了配合缴费制度的改革，1993年9月，国家教委、财政部联合发文，要求高校把勤工助学作为"改革的配套措施"和"学校重要的常规工作"认真对待。1994年，国家教委颁发了《关于进一步做好高等学校勤工助学工作的通知》，要求将勤工助学作为学生社会实践的重要方式，作为高校学生工作的重要内容，有组织地实施，逐步做到制度化、规范化，还就设立勤工助学基金的经费来源、使用等作出规定。

因此，高校对勤工助学的内涵和目的开始重新界定，补充和规范了相关规章制度，勤工助学不再仅仅与经济相联系局限于经济困难学生，而是作为育人的重要途径和手段，逐渐从校内走向校外，从贫困生到全体学生共同参与。家教、调研、科研服务等活动在大学生中广泛开展，参加人数明显增加，并呈现出参加人员多、劳务资源广、计酬标准有所提升等特点。

（四）新时期高校勤工助学

新时期高校勤工助学是在国家执行招生并轨、学制制度改革以及高校扩招等一系列教育体制改革和市场经济深入发展的情况下发展的。1999年，中共中央、国务院出台《关于深化教育改革全面推进素质教育的决定》，组织召开了改革开放后的第三次的全国教育工作会议，国家计委、教育部印发《关于扩大1999年高等教育招生规模的紧急通知》，并明确了"在非义务教育阶段，要适当增加学费在培养成本中的比例"。因此，全国高等教育发展迈上了一个新的台阶。高等教育逐渐从"精英化"教育到"大众化"教育的方向发展。

随着教育形势的变化和发展，高校勤工助学工作取得很大的成绩。但也面临着两个方面的压力：一方面是高校学费等费用的增加，给学生尤其是家庭经济困难的学生的学习、生活、心理带来较大的压力。有统计显示，1999年全国普通高校年生均学费2769元，比1998年增长40.3%，约占全国公立普通高等教育经费的13%。另一方面是家庭贫困学生绝对数的增加，给高校勤工助学等贫困学生资助体系带来较大的压力。2009年，在全国普通高校2285.15万在校生（包括全日制本、专科学生和研究生）

中，家庭经济困难学生人数 527 万人，占全部在校生总人数的 23.06%；家庭经济特别困难学生人数 166.1 万人，占全部在校生总人数的 7.27%。家庭经济困难学生总数和家庭经济特别困难学生总数分别比 2008 年增加 53.04 万人、7.78 万人。[1]

为此，国家高度重视高校贫困家庭学生的学习生活。2000 年，国家规定各高校必须建立"绿色通道"制度，即对被录取入学、经济困难的新生，一律先办理入学手续，然后再根据核实后的情况，分别采取不同的资助措施，确保每一位新生都能够顺利入学，并且已初步建立了包括奖、贷、助、勤、补、减在内的多元化高校贫困生资助体系。2009 年，国家资助学生 3106.04 万人次，资助总金额达 347.2 亿元。[2] 2012 年，全国学生资助管理中心发布：2012 年，全国累计资助学前教育、义务教育、中职教育、普通高中和普通高校学生共 8413.84 万人次（不包括义务教育免费教科书、营养改善计划资助人数），比 2006 年增长 2.16 倍。累计资助金额 1126.08 亿元（不包括义务教育免费教科书、营养改善计划资金），比上年增加 146.68 亿元，增长 14.98%，比 2006 增长 4.76 倍，此外，义务教育免费教科书、营养改善计划资助资金共 372.3 亿元，惠及义务教育中小学 1.3 亿人。

与此同时，高校勤工助学工作也有所突破。教育部、财政部规定各高校每年都要从所收取的学费收入中提取 10% 的资金，用于发放参加勤工助学学生的报酬，以及开展其他有关资助工作。2004 年，中共中央、国务院发出《关于进一步加强和改进大学生思想政治教育的意见》，要求高校"积极组织学生参加社会调查、生产劳动、志愿服务、公益活动和勤工助学等社会实践活动。引导学生深入社会、了解社会、服务社会，在社会实践中成长成才并实现社会化"，因此勤工助学成为高校学生社会实践的重要渠道。2007 年，教育部、财政部联合发布了《高校学生勤工助学管理办法》，对勤工助学的时间、工资等进行规范，进一步推动了高校对勤工助学的规

---

[1] 《教育部发布 2009 年全国教育事业发展统计公报》，中华人民共和国中央人民政府网站（http://www.gov.cn/gzdt/2010-08/03/content_1670245.htm），转引自韩玉强、贾书海《高校家庭经济困难学生认定中的对比性分析》，2010 年。

[2] 刘时方等：《高校勤工助学的历史回顾和启示》，《南通工学院学报》1998 年第 12 期。

范化管理。①时代在发展，社会在进步，市场经济的确立也引起了社会对高校人才规格的需求变化，要求大学生不仅有扎实的知识功底，而且还必须有良好的社会适应能力、与人合作的能力、组织管理能力等，勤工助学以其在培养上述能力上的得天独厚之优势，为大学生所认同和接受。

追寻勤工助学发展的足迹，我们不难发现勤工助学的内涵在不断地充实和丰富，伴随着社会进步对人才需求质量的提升，勤工助学完成了从纯粹"经济功能"到"人的全面发展教育功能"的转变。可以肯定地说，在人的整体素质备受关注的今天，勤工助学的地位和作用将会显得更加突出与重要。

第五节 我国高校勤工助学的现状调查与分析

随着高等教育改革的不断深入，尤其是招生比例的扩大，国家和社会对高校勤工助学活动的重视，高校也相继制定出高校勤工助学管理制度和措施。旨在让大学生通过自己的辛勤劳动，换取相应的劳动报酬，维持在校所需部分费用，减轻家庭经济负担，保障大学教育的顺利完成。通过勤工助学活动，同学们体会到了劳动的乐趣，品尝了劳动的成果。开展勤工助学从长远意义看，对提高大学生参与市场竞争的能力具有积极推动作用。勤工助学活动是一项经历时间长，内容比较丰富的社会实践活动。学生通过劳动得到锻炼，并在经济上得到一定的收益。勤工助学活动，也是一种积极的人生体验，不仅锻炼人的毅力，磨炼人的意志，更能激发起大学生自立、自强的精神。

由于大学生的可支配时间较充足，学业压力不是很大，但是社会对大学生的素质要求日益提升，就业压力日趋增大。同时大学期间繁重的花销给有些家庭带来了沉重的负担，因此部分大学生利用自己的课余时间在校内外参加了一些勤工助学的实践活动，既丰富了课余生活，减轻了家庭负担，也提升了自身的能力。但是，校内为学生提供的勤工助学岗位有限，许多高校勤工助学体系有待完善，社会上一些岗位的需求不能与学校就业

---

① 王琼：《育人视角下大学生勤工助学发展路径》，《时代教育》（教育教学版）2009 年第 8 期。

指导部门进行有效的沟通，这也是勤工助学活动过程中需要解决的问题。

一 我国高校勤工助学的现状调查

为了更全面、更深入地了解大学生勤工助学现状，知晓大学生对高校勤工助学的态度，本章以对中南民族大学学生的调查为切入点，分别采取对大学生发放问卷、对该校在岗勤工助学管理人员进行访谈两种形式进行调查。调查发放问卷共 2000 份，回收问卷 1853 份，回收率约 93%。发放访谈问卷 60 份，回收问卷 60 份，回收率 100%，本调查问卷结合朱晓东设计的《高校勤工助学工作状况及效果调查问卷》和刘严泽的《高职院校学生勤工助学的实证分析》而编制，根据对已回收的有效问卷中其中的 20 个有代表性的问题进行 Excel 表格分析，得出部分客观选择题的分析数据如表 6-1 所示（全部数据是采用四舍五入法保留整数）。

（一）高校勤工助学状况及效果问卷调查统计

表 6-1　高校勤工助学状况及效果问卷调查统计　　　单位：%

项目 \ 意见比例	A	B	C	D
1. 您是否有意愿参加勤工助学	愿意 70	不愿意 14	没表示 16	
2. 您学校的勤工助学岗位有多少	较多 40	很少 60	没有 0	
3. 您对工作报酬的期望值	30—50 元/天 30	50—100 元/天 60	随便 10	
4. 您认为高校勤工助学有必要吗？	很有必要 90	没必要 0	根据个人家庭实际 10	
5. 您对国家勤工助学政策的满意度	满意 70	不满意 20	说不清 10	
6. 您是否享受过国家助学政策	是 75	否 25		
7. 您认为勤工助学是否具有育人功能	是 98	否 0	说不清 2	
8. 您认为参加勤工助学活动是否会影响学业	会 10	不会 65	因人而异 25	

第六章 高校贫困生勤工助学问题研究

续表

项目 \ 意见比例	A	B	C	D
9. 您经常从事哪种性质的岗位	劳务型 70	智能技能型 20	管理型 8	专业研究型 2
10. 您认为勤工助学是否应该具有市场经济的基本要求	是 60	否 10	说不清 30	
11. 您认为勤工助学的市场化程度怎样	高 10	不高，有待加强 80	说不清 10	
12. 您是否参加过勤工助学活动	是 60	否 40		
13. 您是否参加过家教	参加过 30	没参加 50	没兴趣 20	
14. 您是否做过营销	做过 35	没参加 40	没兴趣 25	
15. 您是否参加过校园代理和校内服务性岗位	参加过 30	没参加 45	没兴趣 25	
16. 您认为勤工助学的目的有哪些？	增加生活费、缓解家庭经济压力	67		
	提升自身能力，为今后步入社会积累经验	55		
	打发课余时间，使大学生活更充实	10		
	其他目的	3		
17. 您认为学生申请勤工助学岗位	麻烦 20	不麻烦 40	还可以 40	
18. 您认为高校主管部门对参加勤工助学学生的岗前培训	全面培训过 30	简单培训过 50	不了解 20	
19. 您参加的勤工助学工作与您所学专业的联系	有联系 44	没联系 56		
20. 您勤工助学工作的安排与您的学习时间是否有冲突	有 15	稍微有一点、能克服 40	没有 45	

（二）调查问卷结果分析

通过对大学生的调查情况和统计数据，我们可以直观地看出高校勤工助学的成绩与问题。具体分析如下：

从统计表中第 1 项："您是否有意愿参加勤工助学"的调查得知：愿意参加勤工助学的人数达 1297 人，比例达 70%，不愿意参加的比例只占 14%。说明绝大多数学生对勤工助学积极性非常高，不愿意参加的学生很少，通过访谈得知：这些学生对勤工助学持正确态度，认为勤工助学是好事，但关键是没有找到适合自己兴趣和专业的岗位。

从统计表中第 2 项比例显示得知：有 741 名学生认为中南民族大学的勤工助学岗位较多，其比例占到 40%。说明学校在勤工助学岗位的设置较为合理，能基本满足学生的需求。

从第 3 项分析得知：大学生从事勤工助学所期望得到的报酬并不高，60% 的学生认为每天 50—100 元的报酬就可以。说明这恰恰是当前生活水平、劳动报酬的中等偏下档次。

从第 4 项得知：大学生对当前学校勤工助学工作非常支持，认识非常高，有 90% 的学生持拥护态度，只有 10% 的学生持无所谓态度，通过访谈，这些学生基本上都是独生子女，家庭条件非常好。

从表中第 5 项得知：国家勤工助学政策顺应民心，较切合实际，有 70% 的学生感到满意，但也有 20% 的学生不满意。说明国家在勤工助学政策的制定、监管措施等方面还有待进一步加大力度，确保勤工助学工作稳定、健康、可持续发展。

从表中第 6 项得知：有 75% 的贫困生受过资助，说明国家资助政策、资助面较广，但还有 463 人，比例占到 25% 的学生未受到过资助。说明国家资助政策落实过程中，还需进一步细化，努力做到每一个真正贫困的学生均能受到资助。

从表中第 7 项得知：有 98% 的学生认为勤工助学具有育人功能，说明：学校要做到育人与济困并举，走勤工助学之路是最好的选择。

从表中第 8 项得知：勤工助学是否会影响学习，有 10% 的学生认为"会"，有 65% 的认为"不会"。通过进一步访谈：认为"会影响学习"的学生大多是独生子女，在家也是很少做家务的学生。

从表中第 9 项得知：从事劳务型岗位的占到 70%，智能技能型占 20%，管理型占 8%，专业研究型占 2%。说明大学生靠科研、靠技术去劳动获取报酬的少，靠时间和体力获取报酬的多。

从表中第10项得知：认为高校勤工助学应具有市场经济的要求的比例达60%。说明高校勤工助学应进一步开阔思路，拓展视野，从而增强社会效益。

从表中第11项得知：认为勤工助学市场化程度不高的比例占到80%，人数达1482人。说明从国家、社会到学校需更加关注学校与社会的沟通，共同开辟大学生勤工助学的市场，为广大大学生提供更有利于他们开展勤工助学的空间。

从表中第12项得知：从所回收的有效问卷的1853个学生当中，有60%的学生参加过勤工助学，没有参加的也有40%，笔者又从这40%的学生中访谈，他们大多是因家庭条件好而不需要参加勤工助学，少数家庭条件差，但又不愿意吃苦，还有少数人是找不到自己喜欢的岗位。

从表中第13、14、15项得知：家教、营销、校园代理和校园服务性岗位还比较适合学生参加，但还有一部分学生未做过，笔者又对从未做过的学生进行访谈得出：一些学生因对这些工作无兴趣，一些学生认为营销麻烦又丢"面子"。这说明大学生的价值观念有待进一步提升。

从第16项得知：为增加生活费、缓解家庭经济压力的有67%，提升自己能力的有55%，充实课余生活的占10%，也有3%的学生从访谈中得知，他们有的是由于兴趣，有的是想挣点个人零花钱。从上表统计分析可以得知：无论是哪种目的，勤工助学都非常有必要，同时说明勤工助学的功能中，扶贫济困与育人占到主流。

从表第17、18项中得知：高校对学生申请勤工助学的岗位手续应尽量简化，并且要认真组织其岗前安全、业务等知识培训。

从表19项得知：从事勤工助学活动的大学生与所学专业没有多大关系的人数达1037人，比例占56%。

从表20项得知：能处理好勤工助学工作关系的占大多数，也有277人认为有冲突，占15%。说明这些学生还有待于提高个人理论知识与实践知识相结合的能力，特别是劳动能力和吃苦能力。

（三）高校勤工助学管理人员的访谈要点

（1）请问贵校设有专门的勤工助学管理部门吗？如没有，是哪个部门在监管这个方面的工作？效果如何？

（2）贵校提供给学生的勤工助学岗位有多少？是否能满足学生需求？

与社会合作联系的有岗位吗？其勤工助学收入和安全状况如何？

（3）贵校在学生参加勤工助学活动之前，学校是否对他们做过岗前培训？有计划措施和培训内容吗？勤工助学过程中，学校是否有监管措施？

（4）贵校是否设有勤工助学专项资金？它的主要来源是哪里？是否用于学生勤工助学活动？如奖励、救助、初学项目开发等。

（5）贵校在开展勤工助学过程中有哪些困难？有改进计划吗？

（6）贵校在未来勤工助学发展中，有没有新的举措？

（四）访谈结果分析

通过与中南民族大学勤工助学部门在岗工作人员进行访谈和交流，我们对该校勤工助学情况作了初步了解。中南民族大学高度重视学校勤工助学工作，该校根据国家高校勤工助学政策，制定了本校切实可行的"勤工助学管理办法"，成立了中南民族大学勤工助学工作领导小组，领导小组下设勤工助学指导中心，办公室设在校学生资助管理中心，负责全校勤工助学工作的统一管理与指导协调工作。学校设有勤工助学专项资金，用于支付参加校内勤工助学活动学生的劳动报酬以及勤工助学活动中的日常管理费用和其他相关工作的支出。在学校勤工助学工作领导小组领导下，勤工助学指导中心配合学校财务处共同管理和使用勤工助学专项资金。学校共设置了近50个勤工助学岗位，供本校2000余名全日制本科学生和研究生所选用。如校报、档案管、校接待中心、体育馆、老干处等，每个岗位均根据学校工作实际需要确定人数，然后在校勤工助学网站发布信息，另外学校还设有临时用工岗位和寒暑假流动工作岗位，每个岗位都有各岗位的管理措施和岗位要求，在校学生可根据自己的实际选择工作岗位，然后填写中南民族大学勤工助学职能部门固定岗申请表或临时用工申请表，通过校勤工部审批后方可上岗。学生上岗过程中，校勤工部有监管措施及安全管理措施，对勤工助学学生定期查岗和定期指导培训。学生在从事勤工助学活动中，学校对于学生的勤工助学工作与学习时间要求不冲突，课表安排上都不与工作时间冲突，学校要求勤工助学学生工作时间每月不得超过10小时。学校同时还制定了勤工助学激励措施，定期组织进行勤工助学评先表模活动；勤工助学"达人秀"征文比赛活动。这些活动有效地激发了广大学生勤工助学的积极性，促进了勤工助学和谐健康发展。学校不断总结经验，找出不足，每学期都有新的工作计划，不断探索，努力增设岗位，积极为广大学生提供服务，其管理方法措施与时俱进，勤工助学工作成绩斐然。

从以上高校勤工助学状况的调查统计数据所反映出的高校学生对勤工助学工作的评价、对高校勤工助学管理人员的访谈结果来分析和总结我国高校勤工助学工作中所取得的成绩和存在的问题，以便为将来高校勤工助学工作提供更多的理论和实际依据，进而促进高校勤工助学工作向更好的方向发展。

二 我国高校勤工助学工作现状分析

（一）高校勤工助学工作主要成绩和优势

推进高校勤工助学的改革和发展是整个教育界的一项重要任务。从调查的访谈结果中可以清楚地看到，近十年来高校勤工助学的实践成果和发展前景。可以肯定地说勤工助学活动实现了健康、稳步发展，基本解决了大学生顺利完成学业的后顾之忧。回首国内外高校勤工助学发展历程和勤工助学典型经验，我国老一辈无产阶级革命家给我们树立了光辉典范。高校勤工助学将不仅帮助大学生掌握系统的理论知识，提高实践能力，顺利完成学业，而且使他们把握在勤工助学过程中带来的契机，培养创新意识、凝聚创造能力，为将来就业创业打下良好的基础，成为建设现代化社会主义的栋梁之材。勤工助学作为素质教育的重要手段，作为社会实践的重要组成部分，早已得到并将一直得到国家政府和教育职能部门以及高校的高度重视和社会认可，它也逐步成为高校大学生的自觉行为。成绩的取得得益于政府和社会的支持，也得益于广大高校勤工助学管理人员的艰辛努力。

1. 党和国家高度重视，为高校勤工助学提供政策依据

新中国成立以来，党和国家一直高度重视高校勤工助学工作，研究和制定了一系列文件、政策、规定，为高校勤工助学稳步、健康发展提供了政策和制度保障，1993年开始，国家教委、国家发展和改革委员会、教育部、财政部等部门下发了《关于进一步做好高等学校勤工助学工作的通知》、《关于在普通高等学校设立勤工助学基金的通知》、《关于做好2005年高等学校收费工作有关问题的通知》、《关于进一步加强和改进大学生思想政治教育的意见》、《中共中央国务院关于进一步加强和改进大学生思想政治教育的意见》、《关于进一步做好大学生勤工助学工作的意见》等文件，要求高校把勤工助学活动作为"改革的配套措施"和"学校重要的常规工作"认真对待，要求"高等学校每年必须从学费收入中

提取10%的经费,专款专用,通过各种方式资助贫困家庭学生,帮助贫困家庭学生解决实际问题,确保其不因家庭经济困难影响入学或中止学业",要求高校积极组织学生参加社会调查、生产劳动、志愿服务、公益活动和勤工助学等社会实践活动,引导学生深入社会、了解社会、服务社会,在社会实践中成长成才并实现社会化。

2007年6月26日,教育部、财政部印发了《高等学校勤工助学管理办法》、明确学生参加勤工助学的时间原则上每周不超过8小时,每月不超过40小时,规定校内临时岗位每小时不低于8元人民币,按每个家庭经济困难学生月平均上岗工时不低于20小时为标准,测算出学期内全校每月需要的勤工助学总工时数(20工时×家庭经济困难学生总数),统筹安排,设置校内勤工助学岗位,不允许组织学生参加有毒、有害和危险的生产作业以及超过学生身体承受能力,有碍学生健康的劳动,并明确了组织机构、学校的职责,学生勤工助学管理服务组织的职责,校外勤工助学活动的管理和法律责任,规范了高等学校学生勤工助学工作管理,促进了勤工助学活动健康、有序开展,为高校勤工助学工作提供了坚强后盾和政策保障。

根据"高校勤工助学状况及效果问卷调查统计表"中"大学生对高校勤工助学的评价",如图6-1所示,"您对国家勤工助学政策的满意度"的调查发现,表示满意的1297人,比例达70%。

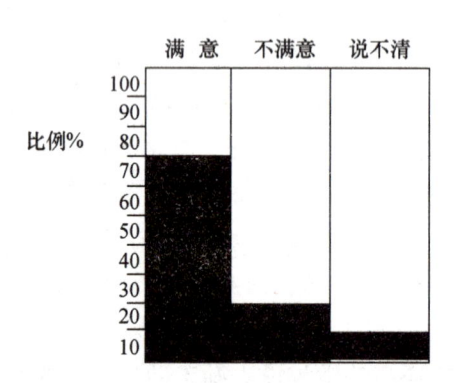

图6-1 国家勤工助学政策满意度调查

根据"高校勤工助学状况及效果问卷调查统计表"中"大学生对高校勤工助学的评价",如图6-2所示,"您认为高校勤工助学有必要吗?"的调查分析,认为有必要的达90%,人数是1668人,没有学生觉得没必要。

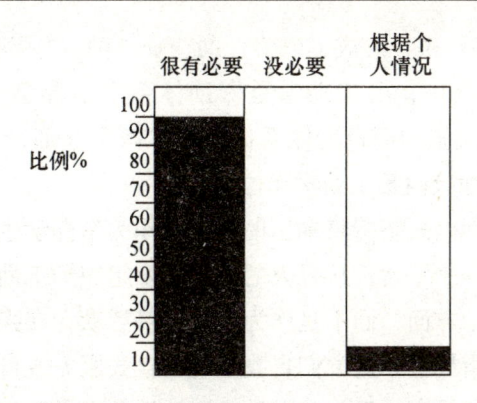

图6-2 高校勤工助学的必要性调查

2. 高校积极探索，为高校勤工助学发展积累了实践经验

在党和国家对高校勤工助学的重视下，各高校纷纷制定了符合本校校情的高校勤工助学管理办法，成立了勤工助学领导小组，领导小组下设勤工助学服务（指导）中心，配备专职管理人员，确保勤工助学工作有序开展。近年来，通过高校勤工助学工作人员的不懈努力和广大学生的积极参与，高校勤工助学取得了很多成绩，积累了很多实践经验。笔者为更深入、更全面了解全国高校勤工助学现状，除了就本校中南民族大学进行调研以外，还通过各种途径走访、调研其他知名高校的勤工助学情况得知：全国高校勤工助学工作领导重视，勤工助学服务中心积极探索、勇于创新，方法措施形式多样、秩序井然、成绩显著。

北京大学勤工助学是面向全校所有学有余力的学生，并在同等条件下优先考虑家庭经济困难学生。学校鼓励有条件的学生参加勤工助学活动，学生资助中心将为学生提供帮助。北京大学的勤工助学主要有三个项目和形式。一是家教服务。建立全校性的家教人才库，统一组织管理北大学生家教，随时向社会提供各个层次各种形式的家教服务，并与学生或学生家长保持经常性联系，采用双向式管理体制，进行及时跟踪，保证家教质量并可承担与各国留学生的双向教学联系。二是礼仪服务。学校勤工助学管理中心已有一支高水平的大学生礼仪队，他们由一批素质高、修养好、精通外语和公关技巧的研究生与本科生组成，可以为各种会议、企事业单位和公司庆典提供礼仪小姐、礼仪先生。三是校内服务。为校内各多媒体教室推荐学生教室助管员，挖掘勤工助学岗位，为校内各单位提供各种形式的临时性服务。

清华大学承诺："绝不让一名勤奋而有才华的学生因家庭经济困难而

辍学"。因此，多年来，形成了以奖、助、贷、勤、补等措施相互补充的经济资助体系，其中，勤工助学是资助体系中主导型的措施。特别从2006年8月开始实施的新资助体系目标的"两个全部，两个增加"就强调了"大幅度增加校内勤工助学岗位"。

清华大学长期以来坚持将勤工助学活动作为培养学生全面发展、教育学生自立成才的一个平台，从育人的高度出发组织勤工助学活动，将其作为德育工作的一个方面，而不是作为单纯经济活动。在强化勤工助学育人功能的工作思路指导下，同学们自我管理、自我服务、自我教育的能力和意识得到了锻炼和提高，近年来在勤工助学活动中涌现出来的优秀学生代表，为学校建设和发展等各项工作做出了积极贡献。

吉林大学大学生勤工助学社成立于2005年12月，是吉林大学学生处勤工助学科领导下的一支以"服务学生"为本的学生团体。其宗旨是为同学提供更多的勤工助学岗位，力求在实践中锻炼学生的实践能力和创新能力。

吉林大学大学生勤工助学社在学生处老师的指导和历届同学的努力下，已经发展成为7个部门、5大校区纵横一体化综合性的管理模式。家教服务部通过各种方式积极建立起家长和学生沟通的桥梁，免费为同学提供家教信息，使同学们免受中介之苦，保护同学们的利益。市场部是面对吉林大学校内和校外开拓勤工助学岗位，并为同学们生活方方面面提供便利的最活跃部门，在迎新期间市场部为广大新同学提供质优价廉的日用品；综合考察比较后为同学们选择推荐优秀的英语报纸和优质的饮用水；在新年来临之时为广大同学提供表达心意的贺卡；寒假前为广大南方同学提供东北土特产，质量上乘，价格优惠，受到广大同学的好评。

旅游部主要负责为广大同学提供旅游服务。该部成立以来，他们已多次成功举办"吉大一日游"、"金秋欢乐之旅"、长影世纪城一日游等，已经与多家旅游公司形成长期合作关系，开拓了多条具有特色的旅游路线，处处为广大同学考虑，"用我们十分的努力，换得您十分的满意"。

生活服务部即原资源回收部，已成功由废旧物品的回收、整理转型为校内二手市场开拓，成功举办了2003届毕业生捐赠活动，传递爱心；二手书吧集各类资料、各科教材，努力实现"一站式购书"的目的，转型后的生活服务部更立足于"服务"，为大家提供更多的便利业务。

拓展部主要在考察社会需求的基础上，联系校外公司、单位，拓展校外业务，实行跟踪管理，保护大家利益，保证大家兼职收入。

宣传策划部主要负责服务社和各部门的宣传工作以及服务社网站的维护，如举办勤工助学经验交流会，勤工助学宣传日等活动。

移动服务部是 2005 年 6 月吉林大学与吉林移动通信有限责任公司长春分公司达成协议成立的，主要为移动公司提供话务员和校内移动业务推广工作人员，旨在为更多的经济贫困的学生提供勤工助学机会。

华东师范大学规定凡是参加勤工助学首先需要通过"勤工助学上岗培训"。培训工作一般安排在 10 月底至 12 月初进行，勤助中心会提前 2 周发布培训报名的海报通知，新生以班级为单位进行报名，错过培训的老生可以自行报名。如果通过培训考核，就可以拿到"勤工助学上岗证"，开始"持证上岗"了。通过"绿色通道"的困难新生可先至勤助中心申请校内岗位，再参加上岗培训。有特殊困难的学生（如家庭经济困难，普通话较差一时难以参加家教工作）可优先安排校内勤工助学岗位。此类学生可以自己写申请，说明家庭经济情况，是否参加家教工作（不参加请注明原因），由院系审核盖章后将申请送至勤工助学管理中心。华东师大勤助工作岗位较多，主要有以下类别：一是家教：辅导项目涉及中小学文化课的辅导、计算机、书法、绘画、音乐、成人函授、夜大等辅导。家教工作一般周期长且较为稳定，收入较高，如高三文化课辅导目前一般可达 50 元/小时。二是企事业单位兼职：学校每年与 300 多家企事业单位合作勤工助学，项目涉及促销、调查、文秘、礼仪、翻译、写作、计算机等，多数兼职项目周期较短，时间相对灵活，参加此类工作对社会实践能力的提高是非常有帮助的。三是校内岗位：学校内勤工助学基地达 30 多个，有体育馆、礼品室、文印室、书报亭、送水队、图书馆等几十种岗位，有 1500 多名学生上岗。有岗位需求时一般会通过勤助网站和专用海报栏发布岗位信息。

浙江大学每年有 160 多万元的勤工助学基金，对学有余力并愿意参加勤工助学的贫困学生，实行"优先安排岗位，优惠计取报酬"的双优措施。目前开拓了校内勤工助学岗位近 1000 个。为保证学生在校园内勤工助学活动的正常开展，学校设立勤工助学基金。基金来源主要有：学生每年学费收入的一定比例划拨、上级部门下拨的勤工助学专项经费、基金增值、社会捐赠等。勤工助学基金由学校委托校学生工作部统一负责管理使用，由学生工作部勤工助学办公室具体操作落实。校计划财务部负责核算，并协助管理。

浙江大学勤工助学岗位的安排充分考虑到学生的专业学习，不安排过多的时间参加劳动，以免影响学业。对临时性工作岗位，用工一天以内的可按小时计酬，学生参加劳动的时间应控制在 6 小时以内。用工一周以内的可按天计酬，一周内学生参加劳动的时间应控制在 20 小时以内。对持续一个月或一个月以上的固定工作岗位，应按月计酬，原则上一个月内学生参加劳动的时间应控制在 60 小时以内。

不过浙江大学学生勤工助学的工资也比较少。一般来说学生校内勤工助学，每小时的报酬不超过 7 元；每天的报酬不超过 30 元；每月的报酬不超过 300 元。而临时岗位勤工助学的工资，劳动报酬每小时不超过 5 元；经学校确定的特困生，劳动报酬标准每小时不超过 7 元。固定岗位勤工助学的工资，学生兼职辅导员、协理员、宣传员等每月报酬一般为 50 元，最高不超过 150 元；其他固定性勤工助学计酬标准，视具体情况由学生工作部与用人单位协商决定。

综合上述五大高校的勤工助学的管理办法，可以看出，合理的管理是对勤工助学成功和发展的重要推动力。而且，很多勤工助学的管理机构是以学生自主管理为主，老师指导为辅的方式开展工作的。一方面，学生自主管理充分体现出勤工助学"自立、自强"的宗旨理念；另一方面有学生管理，更容易贴近勤工助学的学生的实际，了解学生内心的真实想法，保护学生的利益，让勤工助学成为学校校园文化的一部分。

根据"高校勤工助学状况及效果问卷调查统计表"中"大学生对高校勤工助学的评价"，如图 6-3 所示，对"您校的勤工助学岗位有多少"调查得知，表示较多的有 741 人，比例达 40%。

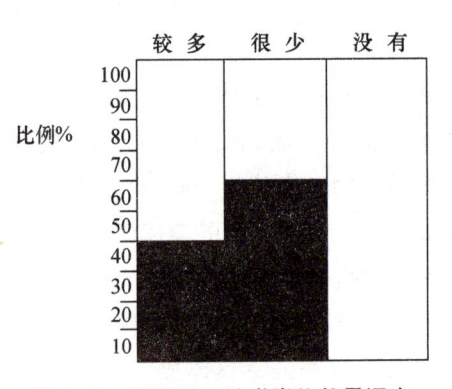

图 6-3 学校勤工助学岗位数量调查

根据"高校勤工助学状况及效果问卷调查统计表"中"大学生对高校勤工助学的评价",如图6-4所示,对"您是否有意愿参加勤工助学"的调查发现,愿意的达70%。

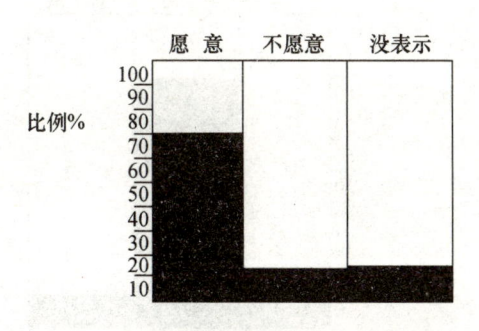

图6-4 大学生参加勤工助学的意愿调查

3. 社会大力支持,高校勤工助学和谐健康发展

勤工助学活动以校内岗位为根基,但也离不开社会这个大环境的支持。各高校坚持"校内挖掘、校外拓展"的工作方针,大胆尝试,多方寻求勤工助学岗位。一是勤工助学市场化。各高校在增设校内固定岗位的同时,积极同校外单位和个人开展合作,推荐贫困生利用节假日、双休日和课余时间从事调查研究、文化宣传等勤工助学工作,大胆尝试走勤工助学市场化道路,有效地拓宽勤工助学信息渠道。二是推进勤工助学实体化。成立勤工助学服务公司,走实体化道路,由学校出资负责项目的运作,让学生参与其中,促进助学基金从"输血"到"造血"功能的转化。三是勤工助学专业化。高校充分发挥专业优势,引导学生学以致用,将济困助学与学生专业实习、社会实践、就业教育与社会融为一体,促进勤工助学从"劳务型"到"智力型"的功能转化,让广大学生既能巩固专业知识和专业技术,又能获得经济报酬。四是勤工助学公益化。加大了对勤工助学功能的宣传力度,并对贫困生的勤奋求学、自强不息等感人事迹及毕业后对社会的贡献与回报进行介绍,吸引并接受社会公益机构的扶困救助,全方位地争取社会资源的资助。五是勤工助学功能由单纯的"济困"向"济困育人"的方向发展,学生在勤工助学过程中既能获得经济收益,又能从劳动中体验其中的苦与乐,这正是中华民族培养人才的根本途径。

根据"高校勤工助学状况及效果问卷调查统计表"中"大学生对高

校勤工助学的评价",如图6-5所示,对"您认为勤工助学市场化程度怎样"的调查得知,认为"高"的只有185人,占10%的比例。

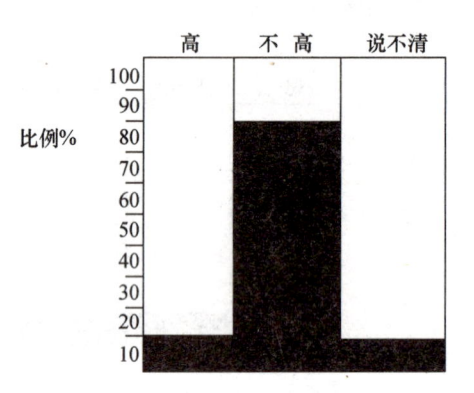

图6-5 勤工助学市场化程度调查

根据"高校勤工助学状况及效果问卷调查统计表"中"大学生对高校勤工助学的评价",如图6-6所示,对"您认为勤工助学是否具有育人功能"的调查发现,认为"是"的达98%,认为"否"的人数为0。

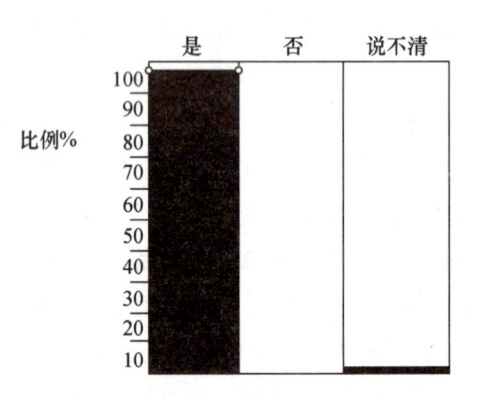

图6-6 勤工助学育人功能调查

4. 学生积极参与,高校勤工助学的有效覆盖面不断扩大

高校勤工助学工作在国家政策的有力保障下,高校勤工助学投入不断增加,社会参与面日益广泛,自愿参加到勤工助学活动的学生由贫困学生扩展到非贫困学生,越来越多的学生是借助勤工助学活动,展现自身价

值，缓解经济上的压力，并为全面了解社会实际，及时修正、调整人生发展方向和目标，更好地设计自己的未来，为步入社会做好心理准备。学生的积极参与不仅扩大了高校勤工助学的规模，增加了高校勤工助学的有效覆盖面，还进一步提升了高校勤工助学的感染力。

根据"高校勤工助学状况及效果问卷调查统计表"中"大学生对高校勤工助学的评价"，如图6-7所示，对"您认为参加勤工助学活动是否会影响学业"的调查得知，认为"会"的只有10%，认为"不会"的达65%。

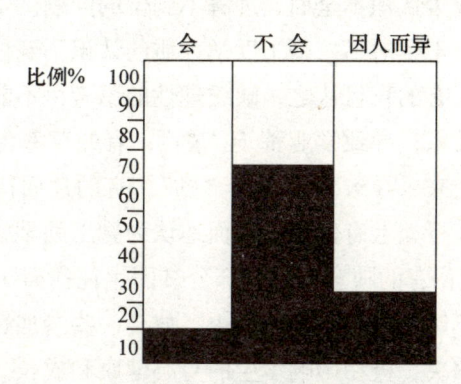

图6-7 参加勤工助学活动与学业关系调查

根据"高校勤工助学状况及效果问卷调查统计表"中"大学生对高校勤工助学的评价"，如图6-8所示，对"您经常从事哪种性质的岗位"的调查发现，"劳务型"岗位占70%，"智能技能型"占20%，"管理型"占8%，"专业研究型"只占2%。

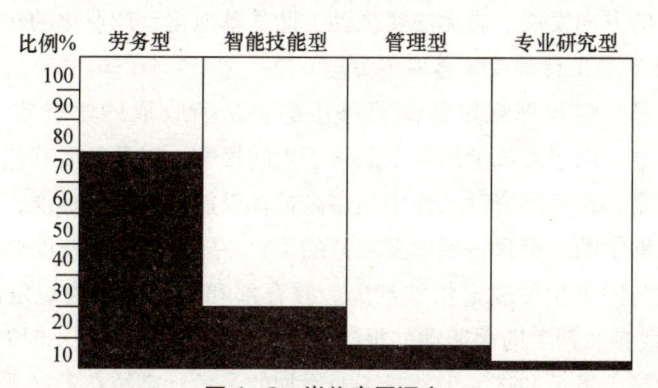

图6-8 岗位意愿调查

（二）我国高校勤工助学现状中存在的主要问题

我国高校勤工助学工作发展势头良好，但是在发展前进过程中，因各种因素还存在一些亟待解决的问题。

1. 宣传力度不够，学生认识不全面

近年来，高校勤工助学在党和国家的高度重视和社会的大力支持下，取得了可喜成绩，为国家培养高素质、高能力的复合型人才做出了巨大贡献。但仍然存在着国家对高校勤工助学的政策宣传力度不够，导致社会和部分学生对国家政策认识不全面、理解不到位的问题。学生是勤工助学工作的主体。目前，学生对高校勤工助学性质的认识不到位，对参加这项活动的动机不明确。有的盲目从之，缺乏理性的思考，不能正确处理学业与勤工助学之间的关系，导致学业荒于"勤"；有的草率为之，思想没有真正放到勤工助学上来，导致事业荒于"勤"；有的片面待之，在勤工助学的认识上有偏颇、行动上有偏差，片面地认为勤工助学就是为了赚钱，以至于"勤商助学"；有的随意弃之，部分贫困生往往碍于面子，或动力不足，或吃苦精神不够，以影响学习为由，放弃一些参加勤工助学发展的机会。这些问题不解决，极易影响学生的身心健康和成长。

2. 勤工助学管理体制需进一步完善

目前，全国高校基本上建立了勤工助学管理机构，对大学生勤工助学活动实行统一的组织、管理和服务。但是，少数高校勤工助学工作的机构设置、人员配备、规章制度、管理机制、信息反馈、奖惩制度、监督机制等还不够健全，导致勤工助学的整体效益较差，资源共享、梯度开发等无法实现，无法朝着以开发大学生实践教育市场为导向，满足大学生实践需要为宗旨的方向发展，更无法实现勤工助学基地化、产业化的建设。

3. 国家勤工助学政策落实不力

教育部、财政部规定各高校每年都要从所收取的学费收入中提取10%的资金，用于发放参加勤工助学学生的报酬，以及开展其他有关资助工作。但是，在实际资助工作中很多高校都没能达到这一标准，有些高校投入勤工助学的经费只占到学费总额的1%，甚至有些高校没有设立专项资金，这与国家相关规定相差甚远。教育部和团中央明确规定的最低标准："学生参加勤工助学劳动的报酬原则上不低于8元/每小时"。但是面对总经费投入不足和贫困生数量不断增加的矛盾，高校在不能满足贫困生勤工助学岗位需求的同时，甚至还降低了勤工助学学生的单位时间工作报

酬，直接影响到提供岗位的数量和质量。

4. 勤工助学育人功能不够突出

在实际工作中，有些高校或工作人员片面地认为勤工助学是帮困助学的重要组成部分，一味地追求为贫困生提供工作岗位，有的甚至是仅仅提供简单、重复、技术含量低的劳务型工作岗位，没有深层次开发勤工助学的育人功能，没有发挥勤工助学学生主动参与高校事务管理的积极作用，没有把勤工助学与学生巩固专业知识、提高学识水平、培养开拓创新能力、提高综合素质有机结合，无法实现教育与生产劳动相结合的目标。

5. 勤工助学岗位供给不足

勤工助学的岗位不足、经费不充裕与学生需求之间的矛盾，是当前高校勤工助学工作中面临的突出问题。首先，由于勤工助学在高校推行的时间普遍不长，没有引起广大教职工乃至社会的足够重视，以及对实施勤工助学的现实意义和重要性的认识不够；其次，高校设立的勤工助学岗位有限、形式单一、层次不高、结构不合理，大多只限于家教、卖报、散发宣传资料、资料整理、卫生保洁等较低层次的工作岗位，与学生专业发展结合紧密的知识型、智力型岗位不足；最后，缺乏切实可行的市场开发和对外联络，导致勤工助学信息来源渠道较为狭窄。

6. 学生权益缺乏制度保障

政府在勤工助学工作中履行监管职责，而社会在勤工助学工作中具有监督和协助作用。由于高校勤工助学校内岗位有限，而在向校外岗位的延伸过程中，政府监管和社会监督不力，没有很好地参与到高校勤工助学体系建设当中，导致学生合法利益受损现象的出现，比如，有的学生无法与用人单位签订劳务合同，在劳动时间和报酬等方面发生纠纷后，学生的合法劳动权益无法得到有效保障，容易陷入被动地位；有的商家利用学生渴望赚钱的心理，通过高薪引诱学生做违法事情，有的非法中介以帮助学生介绍工作的名义，收取高额手续费后，以种种借口拖延，或介绍与承诺不相符的工作，坑害学生，直接影响了勤工助学校外市场的开发与推广。

7. 勤工助学工作存在安全隐患

一些中介公司或个人利用大学生急于寻找兼职工作的心态，往往以押金或服务费的名义向学生收取一定的费用，钱到手后马上销声匿迹，另外，一些雇用者利用大学生对劳动保护法规的不熟悉，把他们视为廉价劳动力，对其工作环境和安全问题不加考虑，并且任意克扣拖欠工资报酬，还有的学生不懂得学校统一组织的重要性，私自从事一些勤工助学活动，很容易出现安全等问题，校方又很难进行有效干预，不少的纠纷很难得到合理合法的解决，最终受伤的是学生。

（三）我国高校勤工助学问题的原因分析

1. 贫困生自身的主观原因

贫困生与非贫困生和勤工助学学生与非勤工助学学生之间在思想、学习、工作和生活上存在着很大的差别。部分参加勤工助学的学生受利益驱使，将"勤工"和"助学"分开理解，盲目追求短暂的经济利益。而有的贫困生认为勤工助学会影响学习，是"勤工误学"，不愿意参加这些活动。也有一部分学生自尊心过强，不敢正视贫困，不愿让老师和同学知道他的家境困难，甚至不愿接受他人的资助，瞧不起学校提供的勤工助学岗位，尤其是体力劳动型的岗位，认为很丢面子。还有一部分学生家庭条件好，但是由于缺乏社会经验，或是实际动手能力差，在自我解困的问题上缺少自强自立的拼搏精神，面临的困难难以克服。有部分贫困生思想意识存在偏差，认为国家有资助政策，于是对学校存在着"等、靠、要"的思想，还有一部分学生，身为独生子女，缺乏劳动观念，没有吃苦精神。如一位大三的学生刘某，男孩，独生子，家贫。在家他根本不帮父母做家务，在学校无自理能力，在消费方面也没有计划，更无劳动能力，勤工助学更不愿参加，在校经济上只能靠父母劳动和学校支持，诸如这样的学生，将来是很难适应社会生活的。

2. 学制的管理缺乏弹性

目前我国大多数高校实行的是学年学分制，亦即学生仍然编入自然班，有年级和班级限制，多数学校还保留有降、留级制度，对修业年限规定得也很死。课程设置一般分为必修、限选、任选三类。必修的内容太多，学生学习的自由度太小，管理较死板；修业年限限制得比较死，学位授予上没有体现学分制的指导思想。高校现行的管理体制，如学生的评价体系、学籍管理、学分制等都在一定程度上制约了勤工助学工作的拓展。

3. 勤工助学基地建设和实体开发力度不够

大部分高校勤工助学基地的建设还只是停留在开书社、办服务性商店、搞洗衣服务部等水平上。而这些基地限于客观因素的影响，既无法保持稳定性，也难以拓展勤工助学岗位，从而使勤工助学岗位难以增加，而且也难以使勤工助学基金变为资本进入生产领域，从而难以实现基金大幅度增值，最终制约了勤工助学工作的可持续发展。

4. 市场经济的唯利影响和学生自身缺乏安全意识和自我保护能力

当前由于市场经济的影响，不少单位和个人以利益为主，把大学生等同于"民工"、"打工仔"，或视之为一种单纯的廉价劳动力，从中获取高额利润，但又不能营造出勤工助学的良好的外部条件。一些唯利是图之人，利用学生社会经验不足，进行欺骗敲诈活动。亦有极个别单位利用合同的缺陷欺骗学生，以不正当理由克扣或拒付学生应得的报酬，甚至还出现过用人单位殴打学生的违法现象。更有甚者，还有不少有名无实的中介所，动辄蒙骗不明真相上门求"职"的学生，从中赚取中介费。这里并不排除学生本身缺乏安全意识、维权意识和自我保护能力。

第六节 对我国现阶段高校勤工助学政策的思考和建议

一 建立和完善高校勤工助学政策的体制机制

教育乃一国之本，教育公平是社会公平的重要基础，教育公平的关键是机会公平。中国政府高度重视家庭经济困难学生就学问题和高校勤工助学的发展，2012年，国家学生资助政策体系进一步完善，财政投入进一步加大，学生资助水平进一步提高，从九年义务教育到高等教育，贫困生就学问题得到了很好的解决，但在高校勤工助学体系构建和政策制定等方面，还需进一步完善。

（一）加强宣传，提高认识，细化管理

为了将勤工助学活动引向良好、健康的发展轨道，我们应提高认识，将它与学校的日常工作和教育工作联系起来，突出其育人内涵，体现其资助本质，强化"帮困为主、育人为本"职能。政府和高校应通过电视、报刊等多种媒介对国家勤工助学政策进行广泛宣传，让全社会提高对勤工助学的认识，知晓国家勤工助学政策，以便为大学生勤工助学提供支持。同时当前，学生与社会之间的劳务关系复杂，缺乏政策依据和法律保障，如学生工作时间、报酬、工作环境、人身安全等问题出现后，难以得到有效解决。希望国家进一步重视和加大对高校勤工助学的监管力度，出台更细更有利于贫困生进行勤工助学的新文件、新政策。如对于学生的工作时间问题,泰国条例规定,年满15周岁的在校学生可以利用课余时间从事有偿劳动,用人单位必须支付每小时至少23铢(1美元约合39铢)的报酬;每日22:00至次日6:00禁止学生工作;用人单位每天要给学生安排至少1小时的休息时间;企业不用给学生缴纳社会保险金,但如果学生在工作中发生意外伤亡事故,企业必须按照社会保险标准支付赔偿。

(二)建议国家和各级政府加大对勤工助学工作资金的扶持力度

国家对贫困生就学高度重视,出台了诸如"奖、贷、助、补、减、免(缓)"等政策,为贫困生顺利完成学业和推动全国教育事业的发展起到了不可估量的作用。但就贫困生而言,国家也好、社会也好,所给予的资助只是"及时雨",不能解决根本问题和长远问题,所以如何由"外部输血"向"自身造血"的方向转变,才是解决问题的根本。如果这些贫困生没有劳动观念和勤奋的精神,国家所给予的资助相反还可能引起这些贫困生的懒惰情绪,滋生"等、靠、要"的思想。实践证明,高校勤工助学才是能够解决贫困生根本问题的最好举措。而高校在组织勤工助学的过程中,其中重要的一环就是根据学生的劳动给予报酬,这就涉及高校勤工助学基金问题。如果该基金不足,就会引起校内勤工助学岗位不足,学生报酬也就没有保障。这些问题会引起学生与高校之间的矛盾,也直接影响到高校勤工助学的全面健康发展。为解决高校勤工助学基金问题,本人建议:国家和各级政府应加大对高校勤工助学基金的扶持力度。一是国家和政府应从扶贫基金中划拨一部分,归口入贫困生勤工助学基金。二是从教育事业费中提取一定比例的资金。可以把原来的助学金、减免学杂费费用中的大部分经费纳入勤工助学基金,其中一部分用于贫困生勤工助学奖励和勤工助学项目开发等。三是政府通过政策引导企业、个人在高校设立勤工助学专项基金。应采取政策措施,如规定企业事业单位按一定标准向国家交纳高等教育成本费,用于设立或捐助勤工助学专项基金。有了充足的勤工助学基金,学校就可以更多、更广地设立校内勤工助学岗位,供学生选择。这种校内工作岗位既安全可靠又能节省学生在校外东奔西跑的时间,从中可以利用省下来的时间学习。如美国联邦政府的勤工助学计划是联邦政府学生经济资助项目的三个计划之一。它是由联邦政府提供勤工助学基金用以支付学生的工资,并授权进入该计划的高校(并非所有高校)对其进行具体管理。每年由美国教育部公布进入该计划的高校名单以及相应的学生人数和基金总额,凡属于联邦勤工助学计划的工作岗位70%—

75%的薪酬由联邦政府支付，剩余薪酬由用人单位支付。此外，该计划还对勤工助学的具体实施给予一些方向性的指导：明确规定参加该计划的学生的各项要求；规定学生参加勤工助学的最低与最高薪酬，以保障学生利益和保证学生的学习时间。

（三）构建学生权益和安全保障机制，切实保障学生的合法权益和人身安全

庞大的大学生人群，在勤工助学过程中，尤其是在校外进行勤工助学活动中存在学生劳动报酬难以保障、工作环境存在安全隐患、工作单位与学生个人之间的矛盾难以沟通甚至有些不法分子利用学生打工的心理，坑害、欺骗学生等社会问题，学校也很难解决这类问题，最后吃亏的还是学生。对此，学生本身要树立安全意识，做到遵纪守法，遵守校规，注重个人管理。另外，需要国家和政府给予政策支持和政策保护，让学生在校内岗位不能满足的情况下，能够在校外找到适合自己又能安心从事的勤工助学岗位。

（四）加强监管，推动勤工助学的基地化和产业化建设

勤工助学基地化建设，即以某项服务或业务为中心，让学生在学校提供的劳动空间参与勤工助学活动，达到学以致用的目的，并通过实践对课本知识进行体验和拓展，为将来工作打下实践基础。为了推进勤工助学基地化建设，学校可根据学生的兴趣和专业特点，确立一些项目如书店、实验银行、实验邮政所、实验招待所、实验小工厂等为勤工助学基地，保证学生勤工助学的参与面。

产业化是指应将高校勤工助学管理机构建成按产业方式运作的社会实体。为此，高校要建立勤工助学产业，经过运作使其滚动发展，不断增值，不断扩大学生勤工助学的空间，以便资助更多的贫困生。政府要通过政策给高校勤工助学产业以宽松的发展空间，引导社会将捐赠投向学校勤工助学产业，不断推进勤工助学的产业化，加大对贫困生的资助力度。

希望各级政府加大对高校勤工助学基地化和产业化建设的重视、支持、指导和监管力度，有效促进学校勤工助学的可持续发展。

（五）培养学生劳动观念，促进学生全面发展

现在，由于家庭独生子女甚多，父母大多对孩子娇生惯养，孩子在家缺少劳动，学校也不敢让学生参加很多的劳动锻炼，所以学生长期下去，其耐挫折能力和处理困难的能力，自护、自救的能力都很差。如何解决这

一社会问题，建议国家应对"九年义务教育"阶段学生的劳动教育加以方向性的引导和鼓励，比如继续引导和支持学校广开劳动实践基地，让全体学生有参加劳动锻炼的机会。学校可采取形式多样的奖励机制，鼓励学生参与劳动，让学生从小树立劳动观念，培养劳动意识和吃苦耐劳的精神，无疑对孩子成才起着不可估量的作用。高校可以实施勤工助学育人，其他阶段的学校也可以实施勤工助学育人，而且国家的兴旺、民族的未来，教育是关键，然而教育不是一朝一夕，而是需要家长、学校乃至全社会在孩子从小时就应该共同关注的事情。马克思曾说：未来教育，对于一定年龄的儿童来说，必须是教育与生产劳动和体育活动相结合，这是培养全面发展的人才的唯一道路，也是发展社会生产力的主要途径。

二 切实落实高校勤工助学政策执行中的各个环节

我国高校勤工助学发展迅速而且比较稳定，管理规范。但从调研中发现，勤工助学管理工作有待进一步改进和完善。

（一）解放思想，大力拓宽勤工助学渠道

2012年《中国教育报》刊登了《2012年中国学生资助发展报告》，报告指出：学校设置校内勤工助学，并为学生组织提供校外勤工助学机会。家庭经济困难学生优先考虑，学生参加勤工助学原则上每周不超过8小时，每月不超过40小时，劳动报酬原则上不低于当地政府或有关部门制定的最低工资标准或居民最低生活保障标准。这说明国家对高校勤工助学的关心和支持力度进一步加大。

（1）在国家高度重视勤工助学的大环境下，学校要充分挖掘校内潜力。尽量设置可由学生承担的勤工助学岗位，为勤工助学的持久开展创造良好条件。同时，高校还应该发挥其知识和技术的优势，将勤工助学与教学、科研相结合，与校办科技产业相结合，与社会的科技开发、咨询、服务和培训工作相结合，增加科技含量，提高活动档次，激发大学生参与勤工助学的热情，促进勤工助学持久、广泛的开展。如在美国，校内有很多专为学生提供的工作机会，有些甚至是纯粹为学生制造的工作机会。还有不少美国大学利用学生的工作机会，用来取代部分行政人员，以减轻学校的庞大人事开支。

（2）形成社会、学校、家长一体化的助学体系。学校要加强和社会的联系，把勤工助学与"社会服务"相连接，使勤工助学范围从校内扩大到社会，把服务的内容扩展到社会需要的各个领域。可在社区、企业建立大学生勤工助学基地，组织学生从事卫生清洁、科技咨询、家教服务、钟点工、双休日节假日流动岗位、营销岗位、幼教岗位等有偿劳动。还可开辟为家乡服务助学的新途径。贫困生多数来自农村，他们具有专业知识，了解农村生产状况，可以通过为家乡村镇、企业或政府提供科技信息，代理一些简单业务，来获取一定报酬。如美国大学很重视学校与其所在社区之间的合作与发展，联邦政府的学生经济资助项目中也规定参加社区服务的工资大部分（75%）由基金支付。雇佣者只需支付其中25%即可。这一举措很好地鼓励了社区为学校提供更多的工作岗位，如社会公共服务、公共安全、娱乐、文化教育等。这样，学生在附近熟悉的社区工作可保证有更多的时间学习。同时，这样的工作岗位也是长期的、相对稳定的、周期性的，有力地保证了高校勤工助学岗位的连续性。①

（3）高校还可以和企业联手对学生进行联合培养，企业可以吸收大学生到企业打工，给学生提供适合的工作岗位，让学生充分发挥聪明才智，把所学知识充分运用于工作中。

（4）每年的寒暑假，学校还可通过与当地政府联手举办"假期大学生勤工助学市场"一类的活动，组织企事业单位与大学生见面，拓展助学渠道。②

（二）实行弹性学分制，为勤工助学提供更宽松的环境

学校要积极做好宣传，正确认识和理解学分制延长学制对勤工助学的实际意义。利用多种渠道，广泛宣传，让社会、学校、广大学生认识到勤工助学在大学生健康成长过程中所具有的不可替代的作用。勤工助学也不应该只仅仅针对贫困学生，应发动广大同学充分理解学分制延长学制的实际意义，每学期少修学分可少交学费，又可增加勤工助学时间及收入，以激励学生以自习为主，根据知识的难易程度和可否自学等情况主动参加各种创新创业活动，对于培养学生自立能力和劳动观点，树立正确的人生观，对于保持学校和社会的稳定都十分重要。

弹性学分制是指学生在规定的范围内（在本专业必修学分之内），不限时间（甚至在终生），修完总学分数，即可以取得学位，拿到毕业证。在弹性学分制下，学生可以根据自己的情况提前或延迟毕业。高校应建立

---

① 袁琦：《美国高校勤工助学的特点及启示》，《当代教育论坛》2006年第4期上半月刊。
② 林莉：《高校贫困生资助工作体系创新初探》，《高教探索》2003年第2期。

和完善弹性学分制管理模式，改革教学管理方式和学籍管理制度，如允许学生自由转校和转专业，建立一定范围内的高校课程互认和各类国家级的考试互认的教学管理机制，使休学期间在外地打工的贫困生能就近就读，减少学习费用支出，在保留学籍和学业成绩的前提下，延长学生完成学业的时间，允许学生半工半读、读而后工、工而后读，为勤工助学提供一个宽松的外部环境。如在德国，高额房租、不断增加的生活费用以及对自身生活水平的高要求使众多德国大学生经济困难，只靠奖学金、助学金和父母的补贴是不够的，他们还要找一份工作挣工资。一家著名的大学研究所——汉诺威高校信息中心的研究结果表明，打工的大学生人数在过去二十年翻了一番，2/3学生的经济来源主要是通过自己打工赚来的。德国学生能够广泛参加勤工助学与高校采用灵活的学分制不无关系。德国在校大学生有充分的时间来调节所学专业，如德国综合性大学的专业按规定一般需5年时间完成，但由于勤工助学原因，不少学生至少延至1—2年，最长的学习10年。可以说，勤工助学已成为德国学生求学生活的重要内容之一。针对勤工助学的学生学习时间不足的状况，德国政府采取的办法是：对那些较快完成学业的学生给予定期资助的奖励，而对那些吊儿郎当的学生则给予大幅度提高学费的处罚。

（三）抓好组织建设，完善组织机构的职能

组织建设是勤工助学工作有序推进的有效保障。高校勤工助学管理机构既行使行政服务职能，也行使管理和经营职能，应丰富其功能和内涵，建立起服务优质化、管理精细化、经营多元化的组织体系。

强化组织机构的管理职能，增强管理效益。高校应创新管理体制，构建学校、院（系）两级管理机制，发挥学生会、学生社团组织在勤工助学工作中的作用，将勤工助学日常性工作抓紧、抓实。一是加强信息管理体系建设。建立勤工助学学生基本信息库，通过当地政府、班主任、学生等了解参加勤工助学学生的思想表现、生活状况和消费状况，做好调查摸底和信息汇总工作，确保有限的勤工助学经费用于资助最需要资助的学生。二是健全学生选拔培训考核的管理机制。完善学生选拔机制，明确勤工助学学生的选拔标准、选拔流程、工作性质、工作职责，保障选拔过程的公平性与公正性；组织实施岗前培训，对勤工助学的功能、要求、岗位职责、安全防范等向学生进行分析、讲解，提高学生的思想认识和自我管理意识；建立学生考核评估机制，结合勤工助学的岗位特点和用工单位的要求，对学生参加勤工助学的表现进行科学、客观评定。三是严格勤工助学经费管理。实行勤工助学基金的专人、专户、专项管理，做到专款专用，不得挪用作为其他活动开支，并强化经费使用的监督审查。同时，加强经费收支审计力度，实现经费的精细化管理，提高经费使用效益。

另外，高校应增加组织机构的经营职能，提高经营效果。高校应将一定的经营职能赋予勤工助学组织机构，以促进其由"输血功能"向"造血功能"的转变。高校应进一步创新工作思路，为勤工助学机构赋予有限的经营权，并明确监管主体和措施，以推进勤工助学机构的企业化建设。同时，引入先进的、现代的、实用的经营理念和管理模式，着力强化工作人员的经营、管理意识和能力，为培养勤工助学学生的创业意识、提升创业能力提供服务，以提高组织机构的经营效益、服务水平及辐射力。

（四）搞好制度建设，强化过程管理，保障勤工助学有序开展

制度建设是对勤工助学实行科学管理的根本保证。高校应促进制度的科学化建设，切实完善勤工助学制度体系。

（1）健全宏观管理制度。高校应在建立健全《大学生勤工助学管理办法》的基础上建立健全《勤工助学岗位职责》、《勤工助学日常管理制度》、《勤工助学专项基金管理制度》等各项事关勤工助学全局的管理制度，明确勤工助学的工作目标、工作原则、工作时间、工作报酬、审批程序、上岗培训等事项，并根据运作过程中出现的新情况、新问题，及时作出符合实际情况的修改，不仅使勤工助学工作有章可循、有据可依，还使制度具有较强的时效性和指导性；组织优势力量编写理论性、实践性强的《大学生勤工助学培训教材》、《大学生勤工助学维权手册》等，为学生参加勤工助学提供指导和服务。

（2）健全奖励惩罚制度。制定详细、具体的奖励和惩罚措施，将学生参与勤工助学的表现与学生年度综合测评、入党积极分子评选、奖学金评定、就业推荐、评优评先相结合，对在勤工助学工作过程中表现突出、业绩明显的学生给予物质奖励和精神奖励，以调动学生的工作激情和积极性；对在勤工助学过程中损害学校声誉、损害客户利益的学生给予一定的惩罚，以规范学生的工作行为；对从事长期性勤工助学岗位的学生实行末位淘汰制，以增强学生的忧患意识，促进工作质量的提升。

（3）建立健全对贫困生的审核力度，确保贫困生信息真实、可信，以从中培养学生诚信的品质。所以高校应切实建立信息公开平台。探索建

立网络、校报、橱窗、手机短信等多种途径的勤工助学信息公开形式，以保障学生对勤工助学工作的知情权。建立勤工助学网站，公开国家、本省、本校有关勤工助学的各项管理制度和政策措施、工作动态等信息。开辟网上互动专栏，把经过学校勤工助学机构审核通过的岗位供需信息予以公开，便于学生、学校工作人员、用工单位之间的交流与沟通。充分实现勤工助学信息化，从而更有利于学校对学生进行勤工助学的动态管理。

学校更应该加大制度执行力度。高校应严格执行勤工助学的各项规章制度，强化高标准、严要求的日常工作管理规范，杜绝出现有制度不执行或执行不到位的现象，发挥制度对学生参与勤工助学进行正面导向教育和反面警示教育的功能，营造良好的制度文化氛围，保证制度的严肃性和工作的规范性，着力提高制度的执行能力。

（五）抓好队伍建设，增强勤工助学组织的凝聚力

抓好队伍建设是增强勤工助学组织凝聚力的保证。高校建立了大学生勤工助学管理委员会，由校领导、相关职能部门负责人、院（系）学生工作负责人等组成，其职能是统筹管理全校勤工助学工作，制定勤工助学的政策和制度，研究勤工助学工作中的新情况、新问题，并提出应对对策和措施。但是学生勤工助学过程中仍然存在许多问题，特别是学校对学生的勤工助学行为方面缺少联系和沟通，所以建议高校一是强化专职管理人员队伍建设，专门负责勤工助学的日常管理工作，履行勤工助学组织机构的各项职能，推进勤工助学工作队伍的职业化、专业化建设，增强创新意识和提升执行力，树立良好的管理、服务、经营形象。二是建立兼职思想政治教育和心理健康咨询队伍，结合工作特点，为参加勤工助学的学生提供全面的思想教育和心理解困引导，培养他们团结友爱、勤俭自强、乐观向上的品格，强化勤工助学的育人功能，引导他们进行职业生涯规划，并增强思想政治教育的针对性和实效性，使勤工助学真正成为解困拓知、心理脱贫的重要手段。三是建立兼职法律咨询与维权队伍，对学生参加勤工助学过程中遇到的合同签订、权益保护等问题提供法律宣讲和咨询，协调解决在勤工助学工作中发生的各类纠纷，维护勤工助学的健康发展和学生的切身利益。四是强化学生管理团队建设。学生是勤工助学管理和参与的主体，学生管理团队又是推动勤工助学工作的关键。高校应采取灵活多样的教育方式，凸显勤工助学社团组织"自我教育、自我管理、自我服务"的功能，打造一支责任心强、思想觉悟高、专业能力好的勤工助学管理精

英团队。学校应经常组织对管理人员进行培训和各类主题活动，着力培养他们的责任意识、奉献意识和自我成才意识，提升他们的管理能力和水平。引导他们强化学习，把握组织发展的方向、认准组织发展的目标，提高自身综合素质，共同推动勤工助学和谐发展。

强化勤工助学队伍建设。高校还应针对家庭贫困学生参加勤工助学比例较高的特点，着力教育他们自立、自强，克服自信心缺乏的心理状况，激励他们在困难和逆境面前不低头，培养自强不息的意志品质。这里高校可以开展"一对一、手拉手"的帮扶活动，可以激励和号召教师、学生会干部等自愿结对帮扶。

（六）加强安全管理，消除安全隐患，确保学生安全

学校应对学生的勤工助学活动加强管理，加强正面引导和协调，制定出切实可行的安全管理措施，明确学生勤工助学范围，经常组织学生学习相关法律法规，提高对党和国家政策的知晓率，培养学生的维权意识，确保学生合法权益和人身安全不受侵害。依法保护学生以诚信和服务获得的收入。如严禁大学生在酒店歌厅等娱乐场所陪酒陪舞，教育学生遵纪守法，依法保护自己。学校还要指导学生：不同年级的同学应视自己的实际学习水平，选择内容不同的、层次有别的工作，尽量参加一些与本专业密切相关的工作，以达到学以致用的目的。

（七）建立健全贫困生档案，加强贫困生管理

关注学生成长，更要关心、关怀贫困生成长，建立健全贫困生档案，搞好跟踪服务，加强教育和管理，对于帮助他们成人成才，将来服务社会、服务人民具有重要作用。其档案内容应包括：其个人基本信息、家庭详细经济收入情况、个人受资助情况、奖惩情况、个人学习计划、勤工助学、品德评定等信息。从而建立起详细的学生资料库，以便学校全面掌握学生学习、勤工助学等情况，便于随机调整学生资助计划，防止学生因过多的工作而影响学习。学校同时可结合校内勤工助学信息公开网站，共同构建信息公开查阅和更新平台，有效促进学校勤工助学的规范化管理，也有利于学校和社会对人才的跟踪管理和教育。

三 提升学生参与高校勤工助学政策的自主能力

学生是勤工助学的主体，是参与者，是实践者，所以学生对勤工助学的认识与理解对勤工助学的有效开展尤其重要。当前一部分高校贫困生能够正确认识勤工助学并能正确处理勤工助学与学习的关系，高校勤

工助学工作，已引起了学校、政府及其他社会各界的重视。在国家政策的有力保障下，高校勤工助学投入不断增加、社会参与日益广泛、自愿参加到勤工助学组织的学生人数在不断上升，越来越多的学生借助勤工助学活动中的自我劳动，获得经济和思想上的收获，展现自身价值，缓解经济上的压力，并全面了解社会实际，及时修正、调整人生发展方向和目标，更好地设计自己的未来，为步入社会做好生理、心理、知识、能力等方面的准备。学生的积极参与不仅扩大了高校勤工助学的规模，增加了高校勤工助学的有效覆盖面，还提升了高校勤工助学的影响力和渗透力。[①] 但目前，学生对高校勤工助学性质的认识不到位，对参加这项活动的动机不明确。有的盲目从之，缺乏理性的思考，不能正确处理学业与勤工助学之间的关系，导致学业荒于"勤"；有的随意弃之，部分贫困生往往碍于面子，或动力不足，或吃苦精神不够，以影响学习为由，放弃一些参加勤工助学发展的机会，所以学生的学习压力与学习困难不容忽视，由于受贫困文化及现实处境的影响，贫困生通常有着强烈的现实取向，缺乏向上的动力和较高的成就动机，学习动力不足，与富裕学生相比，贫困生的知识面较窄、见识少，视野窄，学习方法落后，接受新事物较慢，一些学习技能，如英语口语、计算机操作、物理化学实验等能力相对较差，加之受经济压力与学习时间的影响，贫困生无法购置必要的学习材料，无力参加社会交流和培训，在信息化、学习型的社会中，对贫困生成才构成很大障碍。

调查表明，贫困生成功机会较低，由于经济压力及心理压力等的影响，贫困生学习成绩较一般学生差，获得奖学金的比例低，担任学生干部的机会少，被推荐入党的比例也低，毕业后工资收入也普遍较一般同学低，这种成功机会事实上的不均等现象，已经引起了国外高等教育的关注，但在我国还未引起足够的重视。

又因贫困而造成种种异常心理，引发各种问题。由于经济条件、地区差异、社会风气等方面的因素，贫困大学生承受着比一般大学生更大的心理压力，加上贫困生对生活事件认识、评价、解释和信念的不同，很多贫困生心理存在自卑、焦虑、嫉妒、逃避等不同程度的心理障碍，在人际交往等方面出现心理防卫反应，对社会表现出蔑视、敌对的态度，久而久

---

① 林莉：《高校贫困生资助工作体系创新初探》，《高教探索》2003年第2期。

之，其人格发生变化，甚至出现精神病症状，一份首都高校贫困大学生状况调查资料表明，有60%的贫困生因贫困而感到羞愧难当，22.5%的贫困生感到很自卑，不愿意让别人知道自己的处境，并不可抑制地抗拒师生善意的同情，42.2%的贫困生不愿在互联网或其他媒体上公开求助，不愿意积极主动地与人交往，生活相对封闭，40%的贫困生参与社会活动的热情受到打击，近20%的贫困生由于贫困而对社会持极端的观点，影响了心理健康。

不仅如此，贫困生还引发越来越多的家庭问题和违法犯罪等社会问题，目前，绝大多数贫困生家庭为子女筹措高额学费而背上沉重的经济负担，甚至负债累累。使整个家庭的生活更趋艰难，难以为继，家长为此忧心忡忡，不少家长因而难以安心工作和生产，近年来，已有不少家长由于为子女筹措学费无门而卖血，疾病久拖不治而成重症的事例，也有甚至为此出现自杀的惨剧。从北京市某法院审理的100个大学生犯罪案例的调研结果显示，贫困大学生犯罪率较高，且大学生犯罪者多数是法盲，该结果已作为政协提案的形式提交，市政协已对此提案进行立案，从在校大学生犯罪统计结果看，家庭贫困的学生占有一定的比例。据了解，贫困使一些大学生失去心理平衡，力图以违法手段摆脱困境，毕业以后还贷及就业压力，使得这些贫困大学生始终轻松不起来，从而导致犯罪与消沉、自暴自弃乃至堕落。这些问题不解决，极易影响学生的身心健康和成长。所以，贫困生问题不光是靠学校来解决的问题，而且是还需要靠家长、社会共同参与来解决的问题。

（一）要解决贫困生问题，首先要解决贫困生的"心理问题"

对贫困生的帮助不仅仅是一个物质"解困"的问题，更涉及心理、人生观、价值观和世界观等深层次"解困"问题。为此，要全面细致地掌握贫困生的思想状况，主动关心贫困生，用无微不至的爱心去温暖他们的心田，做好贫困生的思想工作，是当前高校学生日常工作的重要内容之一。

1. 进行自强自立精神的教育

我们要重视对贫困生的教育引导，帮助他们树立正确的人生观、价值观，引导他们摒弃"等、靠、要"的依赖心理，树立起自强自立的精神，学会在逆境中奋发成才。还要引导贫困生正视现实和理想的差距，转变观念，努力变受助为自助，激发他们的生活热情和勇气，培养他们的自立自强的能力，鼓励他们争做生活的强者，勇做助人之人。学校可通过开展如故事演讲会等多种形式的活动来实现培养目标。

2. 开展心理健康教育

首先，要提高贫困生的承受挫折能力和自我调节能力，引导他们正确看待暂时的困难，正确对待困难，勇敢接受生活的挑战。鼓励他们自尊、自信、自立、自强，克服自卑心理，用乐观向上的态度，学会自我调适，在竞争中完善和发展自己。其次，帮助贫困生走出自我封闭的小圈子，建立和谐的人际关系。学校应发挥班级和团组织的作用，发挥辅导员的作用，开展丰富多彩的集体活动，鼓励贫困生积极参与，并在活动中发现和发挥他们的优势，使他们增强自信心，学会正确处理人与人之间的关系。最后，引导他们在友谊和爱情等问题上保持独立的人格，不卑不亢。同时学校应开设心理辅导课，建立心理咨询室从而有针对性地进行心理咨询活动，解决贫困生的心理障碍问题。

(二) 以德育教育工作为首位，培养学生的优秀品德

由于助学贷款的出现，使贫困大学们的求学之路多出一条途径，但一些贫困学生缺乏正确认识，信用意识淡薄，部分贷款学生就业后却很少考虑将来还款或不愿还贷款或拖延还贷款。学生信用意识淡薄反映了当前我国教育中的不足。因此，当前在学生中加强德育教育刻不容缓，学校应在学生中广泛开展中华传统文化、中华传统美德的学习，不断培养学生的良好的学习和生活习惯以及"仁、义、礼、智、信"的优秀品德。

(三) 扶贫与励志相结合，注重对贫困生的教育、引导和培训

贫困生工作不仅是一个物质上"解困"的问题，更重要的是心理素质、人生观、价值观等深层次的思想上"脱贫"问题。高校要切实通过多种形式的培训做好贫困生的思想政治工作，对他们的人生观、价值观加以引导，从而培养他们的自信心、责任心、感恩心。把帮助贫困生脱贫和帮助他们树立理想、实现理想结合起来，大力开展形式多样的学习教育活动，鼓励他们树立信念，在不影响学习的情况下积极参加勤工助学活动，力争快速实现"受助—自助—助人"的贫困生脱贫目标。

总之，高校贫困生问题是一个重要的社会问题，需要全社会的共同关心与支持。随着社会的发展和高校改革的不断深入，贫困生勤工助学工作将越来越得到社会力量的关注和支持，勤工助学工作必将日益制度化、规范化、法制化，勤工助学的天地也将日益宽广，勤工助学的育人价值必将

日益彰显。

结　语

　　高校勤工助学已成为济困与育人的重要渠道，也是高校教育改革的一项重大配套措施，对改革教育观念、培养高素质人才以及社会的稳定都起着重要作用。新时期高校勤工助学已步入快速、健康发展的轨道。就贫困生而言，高校基本实现了"受助—自助—助人"的贫困生脱贫的教育目标。但高校勤工助学在发展过程中，因诸多因素而存在许多问题。本章通过广泛搜集参考文献资料，深入学校调查研究，系统总结和思考，从而就高校勤工助学工作提出了相关建议。

　　一是政策的制定者层面。国家、政府应根据学生勤工助学实际出台更细、更有利于学生进行勤工助学的相关政策。从多渠道、多途径对学校、社会、学生加强勤工助学工作的宣传和工作监督，增强其凝聚力和战斗力，促进高校勤工助学更快更好的发展。

　　二是勤工助学的开展者层面。高校要切实落实好国家勤工助学政策，健全制度，抓好组织建设和队伍建设，提高认识，解放思想，广开渠道，多设岗位，向内挖掘、向外发展，为广大学生铺就更宽更广的勤工助学平台。

　　三是贫困生自我认识层面。要解决好贫困生问题，首先要解决贫困生的心理问题，学校要对贫困生开展好心理健康教育、德育教育、感恩教育、诚信教育。进而引导他们开展好勤工助学活动，从而真正实现济困与育人并举的工作目标。

第七章 贫困地区农户家庭高等教育投资行为研究

第一节 研究概述

一 研究的背景

（一）农村家庭逐步成为农村教育投资决策的主体

从人力资本理论的角度来看，家庭投资教育，是在对人力资本进行投资。因此，对于个人来说，通过投资高等教育，可以增加人力资本，使其在未来拥有更多机会得到更高的收入，通过舒尔茨（1990）的研究，劳动者收入的高低与其受教育程度的高低呈正比关系，如果受教育程度高，那么获得的竞争机会就越多，越能得到较高的收入；反之，教育程度低，要获得较多的机会与较高的收入就会很难。相关研究表明，对高等教育投资可以为受教育者带来经济收益与非经济收益，如个人接受高等教育有可能在未来获得较好的就业机会从而得到较高的劳动报酬，通过高等教育在未来获得较高的社会地位，并直接或间接对代际之间关系产生影响等。

但是，随着高等教育成本分担制度的推行与高等教育大众化的不断发展，自高等教育开始收取学费以来，家庭在高等教育投资方面已逐步成为主体，贫困地区的农户家庭作为低收入群体，在教育成本分担制度实施过程中由于经济能力有限，导致家庭经济负担沉重，出现"教育致贫"现象。农户家庭因经济负担沉重，在投资高等教育时压力势必会随着大学生就业前景不乐观而不断增大，家庭投资高等教育的收益期望受挫，对于处在贫困地区的农户家庭就不得不通过对自身收益与成本的计算，做出权衡选择与教育投资行为决策。

（二）贫困地区农户家庭高等教育投资现状有待改善

贫困地区的农户家庭在投资教育时，承担着子女在教育阶段的所有费用，而教育投资相对来说具有周期长、见效慢的特点，因此，出现了农户家庭投资高等教育"致贫"的现象，由于当前大学生就业竞争激烈，前景不明，农户家庭投资高等教育的"教育治贫"期望与子女毕业就业的预期存在落差，因而，农户家庭对高等教育投资出现"退潮"现象。从贫困地区农户家庭人均纯收入与农户家庭高等教育投资费用之间的比较来看，农户家庭教育投资费用占据其家庭人均纯收入较大的比重，以国家贫困县——贵州省纳雍县为例，据贵州省统计局的统计数据显示，2011年纳雍县农民人均纯收入为3960元，而一个大学生每年学费则在5000元左右，再加上在校学习期间的各种生活性消费支出，一个大学生在大学阶段的教育投资费用达到了40000元左右。

现阶段，由于贫困地区农户家庭的收入不高，农户家庭要对高等教育投资就要承担一笔不菲的教育费用，很多家庭因为投资高等教育在一段时间内出现家庭更加贫困的现象。根据相关研究，我国高校学费及住宿费与20世纪90年代相比较，至今已上涨了近30倍，这对处在贫困地区的农户来说，其家庭人均纯收入的增长比例远远低于农户家庭教育投资费用的增长幅度，这一现状直接导致贫困家庭放弃对子女教育的进一步投资，部分优秀学生也因家庭经济困难而被迫放弃高等教育机会，在这一背景下，本章选择对贫困地区农户家庭教育投资能力进行研究。

二 研究的意义

在贫困地区，农户家庭子女得到高等教育机会是其走出贫困的重要途径。但是，当前高等学校收费标准不一、家庭负担过重，大学生就业前景不乐观，农户家庭对投资高等教育担当风险。因此，笔者将贵州省纳雍县作为贫困地区的缩影，研究该县的农户家庭对高等教育方面的投资，有着重要的理论意义和实践意义。

（一）理论意义

1. 有助于科学、合理地确定高等教育成本的家庭分担比例

目前，贫困地区农户家庭收入不高，对高等教育成本的分担承受力有限，但是家庭承担的比例却相对较高。参照国际对高等学校学费收取的标准，其费用在人均GDP 20%左右，而据相关研究显示，我国高等教育学费的收取则是惊人的数字，接近80%，这势必对于贫困地区的广大农户

家庭来说是一个巨大的负担。教育投资成本关系到贫困地区农户家庭高等教育投资行为，如能充分考虑家庭，征求民意、科学决策，制定出合理的高等教育成本分担比例，则有利于为贫困地区的农户家庭减轻经济负担，增强其投资高等教育的能力和投资决策。

2. 完善与创新教育投资制度

教育投资制度对贫困地区农户家庭高等教育投资具有很大的影响作用，因而，贫困地区农户家庭高等教育投资情况也会随着教育投资制度变迁，在变迁中也往往会表现出不同的特征。本章以国家贫困县纳雍县为例，通过对纳雍县农户家庭高等教育投资问题的研究，为完善与创新教育投资制度建言献策。

3. 完善高校学生资助制度

目前，资助政策虽然为来自困难家庭的学生提供了帮助，贫困家庭的经济压力得到了一定程度的缓解。但是，其在实施过程中还有待于完善，资助政策制定得不健全会制约对家庭经济困难学生所真正发挥的功效。本章以国家贫困县纳雍县为例，将通过研究纳雍县农户家庭高等教育投资的现状，以期研究贫困地区农户家庭高等教育的投资能力，为完善高校学生资助制度提供智力支持。

（二）实践意义

1. 改善贫困地区农户家庭教育投资的困境

随着贫困地区农户家庭高等教育投资的成本不断增加，经济因素已成为制约高等教育需求的主导因素，也是影响提高农户家庭成员文化素质的重要因素。本章通过对纳雍县农户家庭教育投资问题进行研究，为破解贫困地区农户家庭高等教育投资困境，促进贫困地区农户家庭教育投资选择提供一定的依据。

2. 缓解教育不公平现象

教育不公平现象的存在制约着教育事业的健康发展。目前，我国城乡家庭在收入方面，问题突出，收入差距悬殊，从家庭教育投资中也表现出明显差距，教育起点与过程的悬殊，最终导致教育结果有着明显的差异。本章以国家贫困县纳雍县为例，通过研究，针对性地提出对策建议，为研究与缓解教育不公平现象提供一定的参考。

3. 有利于促进高等教育健康发展，维护社会安定和谐

从国家层面来说，国家办教育的目的是提高公民的文化素质，为社会

主义现代化培养建设者和接班人；从农户家庭的层面上说，投资高等教育的目的那就是为了子女今后的生活着想，为子女走出贫困现状创造路径。但是，如果一个农户家庭对子女的期望过大，在对子女进行高等教育投资后因为就业情况不理想，导致换来的结果与农户家庭的期望相差过大，农户家庭投资高等教育的信心就会备受打击，不仅对正在投资高等教育的家庭产生疑虑，还对潜在投资高等教育的农户家庭蒙上阴影，如果大学毕业生的就业情况得不到适当的改善，长此下去，不仅不利于高等教育健康发展，更不利于社会安定和谐。研究贫困地区农户家庭高等教育投资行为，采取有效措施降低农户家庭高等教育投资风险，有利于农户家庭理性投资，促进教育健康发展，维护社会安定和谐。

4. 有利于高校深化教学改革，提高育人质量

高等学校的职能决定其对经济社会的发展的重要性。农户家庭子女通过高等教育所学到的知识与能力依靠高等学校教学质量的高低。当前，随着受教育者对高等教育质量的需求越来越高，而学生就业形势严峻不减，高校不得不对未来的发展、培养学生的策略做出相应的调整。因此，研究贫困地区农户家庭的高等教育投资行为，有助于深化高校教学改革，提高育人质量。

第二节 核心概念与研究范围

一 核心概念

（一）农民

何为"农民"？弗兰克·艾利思在其所著的《农民经济学》中谈到，从农业中获取生活资料、在农业生产中利用家庭劳动的劳动者。[①] 本章研究的农民是居住于农村的农业劳动者。

（二）农户

农户是从事农业生产劳动的家庭。[②] 本章研究的农户家庭是指家庭成员户口所在地为农村地区的农业户口，并从事农业生产劳动兼其他产业的

[①] 弗兰克·艾利思：《农民经济学》，胡景北译，上海人民出版社2006年版。
[②] 词条：农户，百度百科（http://baike.baidu.com/link?url=yCOoM2m7s0RyZx3fW1jTMSybenLextBrYlc-ep5OZzG4glIVBRzuS9mQMUU-zCGj）。

家庭。

（三）农户家庭高等教育投资

家庭高等教育投资是投资家庭根据自身条件和需求，投入到高等教育领域中全部资源的总和。本章中研究的农户家庭高等教育投资的概念是指农户家庭对其适龄子女在高等教育阶段的投资。

（四）投资行为

投资行为是指处于主动地位的投资主体为达到某一经济目标所作出的一系列活动过程。本章的高等教育投资主体仅指农户家庭。

二　研究范围

（1）农户家庭高等教育投资。本章研究的农户家庭高等教育投资仅指农户家庭对家庭中适龄子女接受高等教育的教育投资。同时，本章研究的农户家庭高等教育投资行为包括对农户家庭高等教育投资动机的研究以及农户家庭高等教育投资选择等内容。

（2）农户家庭高等教育投资方向。本章研究的农户家庭高等教育投资方向主要是农户家庭对适龄子女在高等教育阶段的教育投资。

（3）农户家庭高等教育成本负担。本章研究的农户家庭高等教育成本负担是农户家庭对高等教育投资成本的负担，包括对子女在高等教育阶段时学费、生活费、住宿费以及各项费用的支出。

（4）农户家庭高等教育投资选择。本章研究的农户家庭高等教育投资选择是指农户家庭是否选择对适龄子女进行高等教育投资，以及高等教育投资是倾向性选择哪一层次类型。

第三节　理论基础与文献综述

一　理论基础

（一）人力资本理论

人力资本理论是舒尔茨借鉴并总结前人的研究成果所发展起来的。人力资本理论认为，人的素质与物质资源，对经济增长乃至社会进步的影响，人的素质是第一位的，而物质资源却是其次，因此，根据人力资本投资理论的观点，人类可以通过投资人力资本来提高综合素质，不断加快技术改造和技术创新的步伐，从而可以导致新资源的发现与利用。①

(二) 成本分担与补偿理论

本章立足于教育成本分担与补偿理论，该理论认为，高等教育是既有投资又有收益的事业，其成本应由各方共同承担，即要由学生、家长、政府及社会慈善机构等共同担当，政府应将部分教育费用转移到学生家庭身上。当前，农户家庭投资高等教育过程中问题突出，利用成本分担与补偿制度理论是本章研究的前提和基础。

(三) 马斯洛需求层次理论

马斯洛需求层次理论对开展本研究意义重大，马斯洛划分的五个层次需要尤其是自我实现的需要理论在本章研究中的作用尤为显著，本章研究的农户家庭高等教育需求属于马斯洛需求理论中自我实现需求的范畴。

二 文献综述

(一) 国内研究现状

目前，国内学者针对家庭教育投资的研究文献较多，但是对贫困地区农户家庭高等教育投资的研究较少。新中国成立至20世纪80年代末期，我国教育投资主体主要为政府，因此，在这一阶段国内学者关于农户家庭教育投资的研究较少。从90年代高等教育开始收取学费以来，由于教育成本分担与补偿制度在高等教育领域的逐步施行，农户家庭教育成本逐渐增多，在这种背景下，关于农户家庭教育投资的研究日益增多。

通过查阅文献，国内目前对贫困地区农户家庭高等教育投资的相关研究主要有几个方面：其一，关于农户家庭高等教育投资动因和影响农户家庭高等教育投资的因素的研究；其二，关于农户家庭高等教育投资风险的研究；其三，关于农户家庭高等教育投资与大学生就业研究；其四，关于农户家庭高等教育投资问题与对策研究。

1. 农户家庭高等教育投资动因及影响因素研究

关于农户家庭高等教育投资的动因以及影响因素的相关研究，谢秀英（2000）认为学生升学和就业心理、政府的政策导向对农村家庭教育投资动机有着制约影响。甘吉世（2008）透过分析得出影响农村家庭教育投资动机的因素不仅包括经济方面，同时包括其他方面的动因，甘吉世认为改变身份地位、满足家庭荣耀、获得就业优势以及传统文化观念都与农户

---

① 叶茂林、肖念：《中国高等教育热点问题述评》，科学出版社2007年版。

家庭教育投资动机有着较大的相关性。龚继红等（2005）对湖北随州地区农户调查发现，农村家庭教育投资存在明显的性别偏好，即偏重对家里的男性孩子进行教育投资。但是李晏等（2006）对河北承德市的调查结果认为性别不是影响的主要因素。邱亚红、李尚蒲（2008）研究发现，农村家庭对教育的投资决策受到多种因素的影响，如农村家庭的实际支付能力、投资风险、投资预期等。张俊蒲、李燕琴（2008）对甘肃农村家庭教育投资影响因素的实证分析中发现，教育的政策法规、家长的民族、宗教信仰对农户家庭教育投资行为具有一定程度的影响。孙丽丽（2010）认为对家庭高等教育投资行为的影响因素不仅有经济方面，还有社会、学校等多方面，并针对性地提出了相应建议。

2. 农户家庭高等教育投资风险研究

申晓云（2008）在研究贫困家庭进行教育投资伴有教育风险的过程中，提出了贫困家庭降低教育风险的措施。侯晶晶（2010）认为教育成本分担、学费、就业是农户家庭投资高等教育产生风险的因素，并提出对策建议。赵江涛等（2011）通过对教育风险的阐述，分别从选择专业的角度、就业以及教育质量的角度来分析农户家庭教育投资存在的风险，并针对性地提出一些防范举措。冷小黑、张小迎（2011）谈到我国高等教育的大众化让更多的农户家庭拥有高等教育投资的机会，提醒农户家庭在高等教育投资热情高涨的同时，要注意投资风险的识别和防范，通过实证分析当前农户家庭高等教育投资的各种动因及其差异，从宏观环境和微观受教育者两个角度识别投资的风险并从政府、高校和农户家庭三个方面提出相应的防范对策。

3. 农户家庭高等教育投资与大学生就业研究

邱美凤（2008）认为家庭高等教育投资选择存在盲目跟风以及大学生的就业心态存在问题，提出了相应的建议。闫杰、聂亮（2009）认为在大学生就业难的背景下，家庭投资高等教育须理性对待。罗忠实（2009）认为当前大学生的供大于求、家庭信息难以获取及环境变化等增加了家庭投资高等教育的风险，并提出了改进措施。范敏等（2008）基于当前家庭投资教育折射出的现实状况、通过分析大学毕业生的就业及失业现象，结合对收益期望的分析，提出建议。冷小黑等（2011）对江西的多户农户通过问卷进行调研，从家庭的收入状况、子女在上学和毕业后的就业实际情况来分析农户家庭的投资意愿。冷小黑、张小迎、郭锦墉

(2011)三人在对江西278户农户进行问卷调查的基础上,指出子女目前就读的年级层次、学习能力、家庭经济条件、当地家庭投资高等教育氛围和毕业生就业氛围与家庭高等教育投资意愿间有显著关系,并提出相应对策建议。

4. 农户家庭高等教育投资问题与对策研究

钱丽(2007)通过问卷调查,得出制约家庭高等教育投资决策的主要因素有以下几个方面:教育政策、教育预期收益、家庭的认识等,通过构建理性决策模型,提出相应的对策建议。张学军(2008)通过建模创新方法分析农户家庭高等教育投资决策的因素有哪些,并提出一些见解性的对策。杨林泉等(2008)从成本与收益的角度分析家庭对教育的投资,同时从计量经济的角度计算位于我国不同地区的家庭在教育投资上取得的回报率,对当前凸显的教育投资问题进行深入探讨。通过对居民家庭高等教育投资的成本、收益的分析,计算了全国及东、中、西部居民家庭高等教育投资的个人内部收益率,并进行了国际比较,在此基础上对目前我国居民家庭高等教育投资存在的问题进行积极的政策思考。

(二)国外研究现状

国外学者关于家庭教育投资行为的研究文献较多,但是缺乏专门针对农户家庭以及贫困地区农户家庭高等教育投资行为的研究,查阅文献,国外学者对家庭教育投资的研究主要从家庭教育投资行为的理论、家庭教育投资行为的性质、家庭教育投资行为的影响因素来进行研究。

1. 家庭教育投资行为相关理论

国外学者采用人力资本理论、教育产品属性理论以及教育成本分担与补偿理论作为家庭教育投资行为研究的理论基础。其中人力资本理论中关于教育的成本、教育的生产性投资以及教育的经济价值等论述是个人教育投资的理论基础,产品属性理论明确了政府、家庭、社会的教育投资责任和投资范围,确立了个人的教育投资主体地位;教育成本分担与补偿理论则进一步明确了个人或家庭教育选择的方式。

(1)在人力资本理论的相关研究中,舒尔茨在提出人力资本投资理论之后,在1929—1957年间采用收益率测算法对教育投资成本和收益进行了测算,得出以下结论:第一,各级教育投资的平均收益率为17%;第二,教育投资增长的收入增长比为70%;第三,教育投资增长的收益占国民收入增长的比重为33%,也就是说,教育投资是一种回报率最高的投资。① 同时，贝克尔在分析人力资本投资的过程中，结合古典经济学的方法提出较为系统的人力资本理论，并将经济学选择理论的适用性扩展到了非市场领域，从而构造了以家庭为主体的经济学的基本框架，对家庭经济行为产生了较为深远的影响。②

（2）在产品属性理论的相关研究中，萨缪尔森自1954年对公共和私人两类物品概念加以区分，并正式使用公共物品这个概念以来，国内外的经济学家对教育是否属于公共物品始终存在争议与分歧，归结起来，主要有以下三类观点，即教育产品，教育是私人产品以及教育是准公共产品。教育产品属性的界定关系到政府、个人和社会三者之间谁应为教育付费的问题。根据产品消费上是否具有竞争性和排他性，产品属性理论将全部社会产品和服务分为公私人产品和准公共产品。由于不同经济学家对教育的理解有差异，就造成了对属性的争议。经过长期争论，在吸收了教育经济学的成本收益研究成果基础上对教育产品属性达成了一定的共识：即初等教育因其社会收益远大于个人收益公共产品，应该由政府投资，但是，对于中等教育和高等教育的产品属性，依然还存在争议。

（3）在教育成本分担与补偿理论的相关研究中，1986年，美国纽约大学约翰斯通所著的《高等教育成本分担：英国、联邦德国、法国、瑞典和美国的学生财政资助》中最早提出教育成本分担与补偿理论。③ 自此，许多国家的高等教育领域中开始运用此理论。目前，关于该理论的研究成果主要集中于个人承担投资的比例、支付能力、助学贷款制度、教育成本分担补偿制度与社会公平原则等方面。

2. 家庭教育投资行为性质的研究方面

西方经济理论对该研究主要集中在两个方面：一是家庭教育支出属于投资消费行为，二是家庭教育支出行为是否属于理性行为。

（1）家庭教育支出属于投资行为还是消费行为？从教育的生产力特性着眼，舒尔茨等人将教育投资看作是一种生产性投资，通过教育投资所形成的人力资本的边际收益是递增的；美国经济学家金德在《经济发展》一书中指出，"穷国致力于发展，其关键在于人力资本的形成。人力资本投资的某些（也许是全部）形式带有消费成分。教育可被视为对生产者

---

① 舒尔茨：《改造传统农业》，商务印刷馆1987年版。
② [美] 加里·S. 贝克尔：《人类行为的经济分析》，上海三联出版社2003年版。
③ 戚业国：《高等教育收费与学生资助的理论》，《江苏高教》1998年第6期。

和对消费能力的投资，同时它本身也可被视为消费"。①

（2）家庭教育支出行为是否属于理性行为？以舒尔茨为代表的西方学者认为，家庭教育投资属于一种理性行为，贝克尔在研究家庭人力资本投资—收益的均衡条件的过程中采用微观经济学的均衡理论进行分析，并提出家庭教育投资的效用最大化原则。西方学者普遍认为农户经济行为是一种追求自我目标最大化的理性行为，以研究中国小农经济行为闻名的华裔学者黄宗智也认为追求效用最大化是农户经济行为的目的，故而农户经济行为属于一种理性行为。从农户经济行为这一角度看，家庭教育投资也应该属于追求效用最大化的一种理性行为。

3. 影响家庭教育投资行为因素的研究方面

（1）家庭收入。菲利普·H. 布朗、艾伯特·帕克（2001）通过研究，得出贫困对家庭教育投资以及对孩子学习的影响是最突出的因素之一，生长在贫困家庭的适龄孩子在辍学方面远远高于经济情况较好的家庭子女。舒尔茨（1993）在其研究中认为，在低收入国家中，由于受限于经济要素，父母也可能由于害怕风险对其子女教育投资低。

（2）子女数量和性别。贝克尔（Becker, 1981）在分析家庭行为的过程中认为，孩子数量和质量之间相互存在影响，家庭在分配稀缺资源时，在多子女的家庭就存在利益冲突。因此，他提倡注重孩子质量的提高。但是，家庭在高等教育投资过程中是否存在子女的数量和性别的区别，目前还没有定论。

（3）子女自身学习状况。斯瓦塔等（2000）用"入学的条件概率"分析了巴基斯坦的家庭教育投资行为，通过研究，发现一个较为突出的现象：在对子女教育的问题上，家庭父母会把资源倾向于"优胜者"，即成绩突出者，而不是出于子女的性别进行考虑。②

（三）相关文献研究评述

舒尔茨1964年出版的《改造传统农业》引发了理论界对家庭教育行为的重新认识，贝克尔的家庭行为经济学开拓了家庭行为研究的视野。目前，农户家庭教育投资行为研究已经成为发展经济学的一个前沿问题。国内外对家庭教育投资行为的内在制约和影响因素所做的大量研究，尤其是

---

① 查斯·P. 金德尔伯格：《经济发展》，上海译文出版社1986年版。
② 孙志军：《中国农村的教育成本、收益与家庭教育决策：以甘肃省为基础的研究》，北京师范大学出版社2004年版。

关于教育投资的个人收益率测算、家庭经济收入、父母受教育程度、子女人数及出生顺序等因素对家庭教育投资的影响等研究成果为本章提供了丰厚的研究基础。但是国内外现有研究仍存在着某些缺陷：

第一，有关农户家庭教育投资行为研究缺乏对农户的深入调查分析。国外关于发展中国家的家庭教育投资决策研究，缺乏对中国社会、文化尤其是中国农户的深入研究；国内关于农户家庭教育投资行为研究的起点往往从贫困、劳动力转移等某一特征入手进行分析，缺乏对农户经济特征的全面了解。

第二，现有研究中存在的最大不足是有关家庭教育投资行为研究往往是就事论事，而没有考虑到社会经济制度尤其是教育投资制度变化对其产生的影响。而作为一个微观经济主体，家庭经济行为必然受到制度环境的制约和影响。

第四节 农户家庭高等教育投资行为的现状调查与分析

一 调查设计

本章建立在调研的基础上，在对农户家庭高等教育投资行为相关问题的研究过程中，主要选取贵州省纳雍县典型的乡镇农户家庭进行调研。以期得到农户家庭高等教育投资行为以及高等教育投资能力现状和高等教育投资行为影响因素的研究。

（一）纳雍县概况

纳雍县地处贵州省西北部，是毕节地区所管辖的七个县之一，全县辖有9个镇、6个乡、10个民族乡。根据统计数据显示，截至2012年12月，全县农业人口约有926747人；非农业人口为52307人；男性约有507457人；女性达471597人；全县居住着汉族、彝族、白族、苗族、回族、蒙古族、水族、穿青人等28个民族。根据统计，纳雍县在2012年，农民人均纯收入约为4561（2011年为3960）元，与同时期贵州省的农民人均纯收入水平（4753元）相比，低于平均水平，且纳雍县是贵州省50个国家贫困县之一，因此，以纳雍县为例对农户家庭高等教育投资行为进行研究对加强贫困地区的教育,具有重要的现实意义。[①]

(二) 调查对象概况

根据研究的需要,笔者在2013年11月至2013年12月间于贵州省纳雍县进行了实地调研,调研采取问卷调查及半结构访谈相结合的形式,在纳雍县的调研过程中,选取了纳雍县五个乡镇中(此五个乡镇相比其他乡镇来说大学生较多)的41个行政村作为调查样本,这五个乡镇分别为龙场镇、维新镇、勺窝乡、乐至镇、百兴镇。调查对象主要为有适龄子女正在接受高等教育的农户家庭,调研过程中总共发放571份调查问卷,回收549份问卷,有效问卷有543份,问卷总有效率达99%。其中向农户家庭发放465份问卷,回收452份问卷,问卷有效数为446份(见表7-1),回收的问卷有效率占99%。调研统计,农户家庭中正在接受高等教育的子女数量为526人,未接受高等教育的适龄子女有343人;向城市家庭发放问卷106份,回收问卷97份,有效问卷97份,问卷有效率100%,有适龄正在接受高等教育子女的城市家庭人口数量为108人,未接受高等教育的适龄子女为5人;共访谈纳雍县农户家庭92户,其中有63户为高等教育投资家庭,29户为潜在高等教育投资家庭(目前子女就读高中阶段)。在被调查的446户农户家庭中,家庭经济收入在15000元/年以下的农户家庭有86户,比例为19%,家庭经济收入在15000元/年至25000元/年之间的农户家庭有279户,比例为63%,家庭经济收入在25000元/年至30000元/年之间的农户家庭有52户,比例为12%,家庭经济收入在30000元/年以上的农户家庭有29户,比例为7%;在被调查的97户城市家庭中家庭经济收入在15000元/年以下的城市家庭为0户,家庭经济收入在15000元/年至20000元/年之间的城市家庭为2户,比例为2%;家庭经济收入在25000元/年至30000元/年之间的城市家庭有8户,比例为8%;其余87户城市家庭经济收入在30000元/年以上,比例高达900%。

表7-1　　　　纳雍县家庭高等教育投资样本统计　　　　单位:户

有适龄子女正在接受高等教育的农户家庭	有适龄子女正在接受高等教育的城市家庭	访谈农户家庭总数
446	97	92

[①]《纳雍县2012年国民经济和社会发展统计公报》,纳雍县人民政府(http://www.gznayong.gov.cn/info/show/2013/5113/22758.html)。

二 农户家庭高等教育投资行为的现状分析

本章通过调研，运用描述性、定量分析等方法多角度对贵州省纳雍县农户家庭高等教育投资行为的现状进行分析，进而分析贫困地区农户家庭高等教育投资的实际情况。

（一）农户家庭高等教育投资动机

农户家庭投资高等教育，其动机是多元的，如提升经济收入、满足家庭荣耀、改变身份地位、增加就业竞争优势、学生升学和就业心理的功利性等都在很大程度上影响农户家庭高等教育投资的动机。根据笔者在纳雍县实地调研的统计数据可知，引发纳雍县农户家庭高等教育投资动机最为主要的因素在于增加就业竞争机会。此外，提升经济收入、为满足家庭荣耀等也是引发农户家庭投资高等教育的动机。具体来说，在被调查的446户有适龄子女正在接受高等教育的农户家庭中，增加家庭经济收入、增加就业竞争机会、满足家庭荣耀、学习文化知识等因素促使农户家庭为子女投资高等教育的农户家庭数量分别为119户、218户、18户、91户（表7-2所示），农户家庭比例分别为27%、49%、4%、20%（图7-1所示），将农户家庭投资高等教育的动机通过数据进行对比，可以看出，增加就业竞争机会是引发纳雍县的农户家庭为子女投资教育的最显著的因素，究其原因，笔者认为这是因为对于经济落后的贫困农村来说，能培养出一个大学生是一件相当很不容易的事情，同时在竞争日益激烈的社会主义市场经济体制下，获得大学文凭可以说在一定程度上能为就业提供更大的保障，对此，部分纳雍县农户家庭父母会出于通过对子女投资高等教育以此来为子女赢得更好的就业竞争机会，从而得到经济状况的改观。此外，通过调查，纳雍县农户家庭教育投资动机还与家庭荣耀等因素具有一定的联系。

表7-2　　　　　纳雍县农户家庭高等教育投资动机　　　　单位：户

样本数量	教育投资动机	农户家庭数量
446	增加家庭经济收入	119
	增加就业竞争机会	218
	满足家庭荣耀	18
	学习文化知识	91

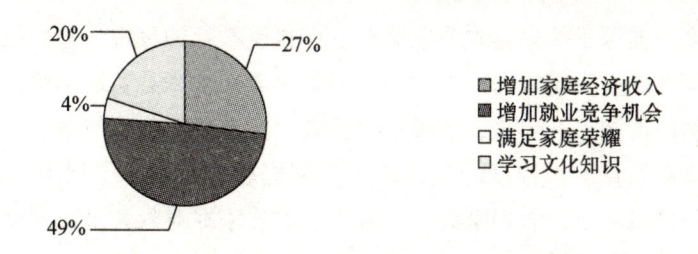

图7-1 纳雍县农户家庭高等教育投资动机比例

(二) 农户家庭高等教育投资需求

农户家庭高等教育投资需求与农户家庭的经济收入以及农户家庭对教育的重视程度有着较大的关联性。笔者所调研的纳雍县属于国家贫困县,农户家庭经济收入较低,因此,这就在很大程度上影响了农户家庭高等教育投资的需求。根据笔者在纳雍县实地调研的统计数据表明,在被问及:"是否愿意让适龄子女上大学接受高等教育",在被调查的446户农户家庭中,有428户农户家庭选择了"愿意适龄子女上大学接受高等教育",比例为96%。随着社会主义新农村建设的不断推进以及农业生产力的不断发展,纳雍县农民收入水平逐年增加,据贵州省统计年鉴相关数据显示,从2009—2012年期间,纳雍县农民人均纯收入分别为2742元、3066元、3702元、4821元,全县农民人均纯收入呈现出逐年上涨的趋势(如图7-2所示)。农民人均纯收入的不断增长使农民投资教育的承受能力得到逐渐提高,从而促使纳雍县农户家庭高等教育投资需求不断增长。与此同时,纳雍县属于贵州省劳务输出大县,劳务输出人数约22万人,农户家庭成员因常年在城市务工逐渐对教育的重要性有着深刻的认识,这在

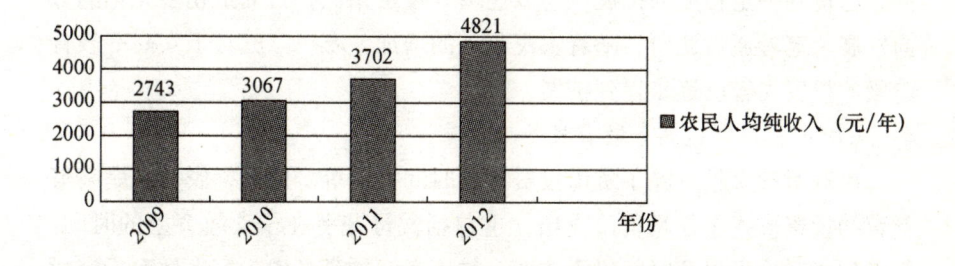

图7-2 纳雍县农户家庭农民年均纯收入

很大程度上加深了纳雍县农户家庭对子女接受教育的重视，进而推动农户家庭高等教育投资需求的不断增长。根据笔者在纳雍县实地调研过程中与农户的访谈得知，近年来，随着纳雍县农户家庭经济收入的增加以及农户家庭父母对教育重视程度的提高，农户家庭教育投资水平已有上涨的趋势。由此可以看出，农户家庭经济收入、农户家庭对教育重视程度影响农户家庭教育投资的需求。

（三）农户家庭高等教育投资内容

由于农村生产力落后、家庭经济条件等因素的制约，纳雍县农户家庭高等教育投资内容仅为子女在校期间的学费、住宿费、生活费投资。根据调研考察，近年来，纳雍县农业户生产力得到不断发展，农民经济收入也在不断提高，难能可贵的是农村家庭的思想意识也在不断转变，进而农户家庭教育投资的内容也得到扩展，由过去单一的学费、住宿费、生活费教育投资转变为以学费、住宿费、生活费投资为主，兼顾子女需求的校外培训投资为辅的多元化内容。根据笔者在纳雍县实地调研的统计数据表明，在被调查的446户有子女正在接受高等教育的农户家庭中，有365户农户家庭有适龄子女参加了各种培训班家庭，比例达到82%，在有适龄子女参加各种培训班的家庭中，通过问卷数据统计，为子女投资英语四六级培训班的有58户、比例为16%；投资司法考试培训的有21户、比例为8%；投资计算机等级考试的有163户、比例为45%；投资教师资格证的有89户、比例为24%；投资驾照的有74户、比例为20%；投资考研培训班的有15户、比例为4%；投资其他形式的有11户（以上家庭含有重复），比例为3%（如图7-3所示）。由此可见，大部分农户家庭父母已认识到目前就业竞争激烈下子女综合素质的重要性，农户家庭教育投资的内容已得到一定程度的扩展，与以往单一投资相比，目前正朝多元化的方向发展。笔者通过调研，随着农民收入的增加，农户家庭对子女高等教育阶段的投资内容已逐步得到扩展。

（四）农户家庭高等教育投资形式

家庭对教育投资除了货币投资还有时间投资等。因此，农户家庭高等教育的投资形式不仅是货币支出，也包括父母花费在子女教育上的时间。笔者从货币投资以及时间投资这两个维度考察纳雍县农户家庭教育投资形式，纳雍县农户家庭教育投资形式较为单一，农户家庭高等教育投资形式主要是以货币投资为主。根据笔者在纳雍县实地调研的统计数据表明，在被问及"您的家庭对适龄子女高等教育投资形式包括哪些"这一问题时，在被调查的446户农户家庭中，有421户农户家庭仅选择了货币投资，农户家庭比例为94%。由此可见，纳雍县农户家庭教育投资形式主要是以货币投资为主，而仅有6%的农户家庭父母认为对适龄子女的教育投资形式既包括货币上的投资也包括时间上的投资。

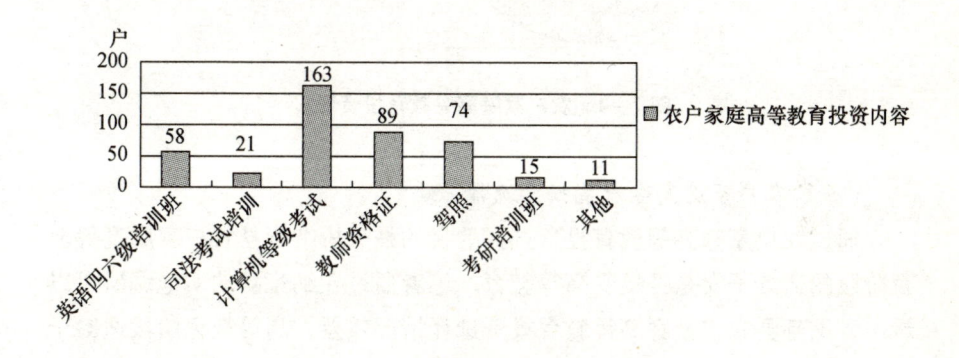

图7-3 农户家庭高等教育投资内容

通过调研考察，纳雍县农户家庭教育投资形式主要是以货币投资为主的原因是：一方面，纳雍县属于国家贫困县，全县经济发展水平和农民人均纯收入偏低，因此，这导致纳雍县农村劳动力外出务工，父母为维持生计赚钱供子女上学，对子女的学习只能是偶尔过问，在被调查的446户农户家庭中，配偶目前双方有1人在外务工的农户家庭有323户，比例为72%，而配偶双方均在外务工的农户家庭有141户，比例高达32%。另一方面，从调研数据得出，纳雍县绝大多数农户家庭父母认为教育投资主要是一种货币投资，因此，他们对子女的教育投资就是为他们按时提供学费以及生活费等在学期间的各项生活性消费，而没有将时间投资也看作是教育投资的形式之一。根据笔者在纳雍县实地调研的统计数据表明，在被调查的446户农户家庭中，有94%的农户家庭父母认为对子女的教育投资主要就是对子女接受教育所提供的货币投资。而仅有6%的农户家庭父母认为子女的教育投资形式既包括货币投资也包括时间投资（如图7-4所示）。由此可以看出，纳雍县农户家庭教育投资形式较为单一。

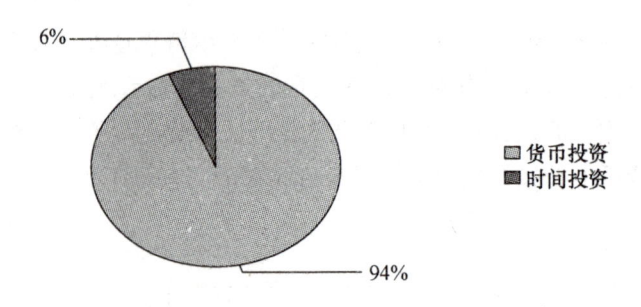

图 7-4　农户家庭高等教育投资形式

（五）农户家庭高等教育投资选择

通过农户家庭高等教育投资选择的目的是分析纳雍县农户家庭高等教育阶段的适龄子女是否接受高等教育。笔者通过在纳雍县的实地调研可以看出，纳雍县农户家庭高等教育投资选择情况较差，高等教育阶段适龄子女未接受高等教育的人数比例较高。具体来说，根据笔者在纳雍县实地调研的统计数据表明，在被调查的446户农户家庭中，正在接受高等教育的子女数量为526人，适龄未接受高等教育的子女数量为343人，未接受高等教育的适龄子女占接受高等教育适龄子女的66%，通过数据可以看出，纳雍县农户家庭教育投资选择情况较不理想，丧失接受高等教育机会的农户家庭适龄子女数量仍然较多。

（六）农户家庭高等教育投资方向

根据调研访谈，结合实地考察，在过去很长的一段时间内，由于深受传统教育观念的影响（即只有读公办普通本科高校才有出路），纳雍县的农户家庭在投资高等教育的方向上热衷于向往公办普通高校，在农户家庭眼里，进入正规的公办高校才是对子女未来的最好选择。但是，随着我国高等教育事业的不断发展，自高校扩招以来，农户家庭的思想观念逐渐转变，近年来，纳雍县农户家庭高等教育投资方向呈现多元化的趋势，农户家庭在选择公办高等教育的同时，也会根据子女自身的学习成绩情况以及家庭的实际经济情况为子女选择民办高校等其他形式的教育，从而降低了子女因初中或高中学习成绩差而丧失了接受高等教育机会的概率，使子女的受教育年限和个人素质得到提高。

根据笔者在纳雍县实地调研的统计数据表明，在被调查的446户有适龄子女正在接受高等教育的农户家庭中，有52户农户家庭（与投资全日制公办高校的家庭有重复）适龄子女选择了民办高校教育，所占比例为12%。由此可见，纳雍县农户家庭在教育投资方向选择上已不仅仅局限在公办高校上，将教育投资方向也转向了民办高校，随着高等教育的发展，这个趋势有望得到扩展。笔者在调研过程中与有适龄子女选择了民办高校教育的农户家庭父母进行访谈，其子女选择民办高校教育的主要原因在于子女学习成绩差，此外，也有部分农户家庭父母想让子女早点工作，减轻家庭负担，从农户家庭选择民办高校教育可以看出，纳雍县的农户家庭在教育投资方向上已呈现出多元化的趋势。

（七）农户家庭高等教育投资风险

高校扩招，大学生数量巨大，导致毕业生就业竞争带来的后果是大学生就业问题愈演愈烈。而与此同时，社会各领域的改革在提供就业机会的同时也在一定程度上加剧大学毕业生的就业问题，因此，农户家庭曾经引以为荣的高等教育投资在此背景下出现投资风险，农户家庭投资教育的收益率不能如约而至。纳雍县属于国家贫困县之一，农民经济收入较低，根据调研数据统计和访谈得知，多数农户家庭在无法负担子女高等教育阶段教育投资费用时，就只能靠国家助学贷款、向亲朋好友借钱、变卖家产、外出务工的方式来筹集为子女完成学业的费用，而对于这部分家庭来说，如果子女在大学毕业时不能顺利就业，就会给这类家庭带来经济负担和精神压力。

笔者在纳雍县实地调研过程中与已有子女大学毕业的农户家庭父母访谈得知，子女大学毕业时未能顺利就业的农户家庭比例较高，因此，这部分农户家庭父母在子女毕业后需要继续为他们提供一定的生活费用补助，直到子女找到工作为止，这样就在无形之中加大了农户家庭经济负担和心理压力，对农户家庭的正常生活带来一些影响。此外，从机会成本的角度看，由于农户家庭高等教育投资成本较高，且纳雍县农户家庭子女大学毕业就业率与家庭投资的期望值存在差距，因此，农户家庭为子女投资高等教育的机会成本较大，从而加大农户家庭教育投资的风险。

三 农户家庭高等教育投资能力的现状分析

农户家庭的投资能力与农户家庭高等教育投资动机、农户家庭高等教育投资需求、农户家庭高等教育投资内容等农户家庭的高等教育投资行为具有密切的联系。对于处于贫困地区的农户家庭来说，其教育投资能力对投资行为的影响更为显著。因此，本章选取对贵州省纳雍县的农户家庭在当前投资高等教育的能力的现状进行描述性研究，并在此基础上来分析县农户家庭投资能力对投资行为的影响。本章主要从两个维度来对贵州省纳雍县农户家庭高等教育投资的能力现状进行研究，从而探析出贫困地区农户家庭高等教育投资能力的实际情况。

（一）从纵向时间维度分析农户家庭高等教育投资能力的现状

1. 农户家庭高等教育投资水平变化情况

近年来，纳雍县的农民人均纯收入在逐年上涨，同时，纳雍县农村外出务工群体的迅速扩大也在很大程度上提升了该县的农民收入水平。农民收入的不断增长为农户家庭投资教育的投资提供了物质保障，有了物质保障，其教育投资水平也会自然而然得到提高。根据笔者在纳雍县实地调研的统计数据可以看出，近年来，纳雍县农户家庭高等教育投资水平正在不断地提高。根据调研数据统计，将 2011 年农户家庭高等教育投资总费用与 2013 年农户家庭高等教育投资总费用（该费用为每个被调查的农户家庭分别在 2011 年和 2013 年对所有正在接受专科三年级、本科三年级以及本科四年级的适龄子女教育投资总费用）进行比较，在被调查的 446 户农户家庭含有 176 户适龄子女正在接受高等教育的农户家庭中（截至 2013 年 12 月有正在接受专科三年级、本科三年级以及本科四年级的适龄子女），2013 年高等教育投资总费用高于 2011 年的农户家庭数量为 124 户，所占比例为 70%；其余 52 户农户家庭的投资费用之所以在 2013 年低于 2011 年，根据调研，其原因有子女校外兼职、子女勤工俭学、申请奖助学金、爱心人士资助等因素。在教育费用增加的 124 户农户家庭中，教育投资总费用增量在 1000 元以下的有 11 户，占被调查教育费用增加的 124 户农户家庭总数的 9%；教育投资总费用增量 1000 元至 1500 元的农村家庭数量为 24 户，占被调查教育费用增加的 124 户农户家庭总数的 19%；高等教育投资总费用增量在 1500 元至 2000 元之间的农村家庭数量为 62 个，占被调查教育费用增加的 124 户农户家庭总数的 50%；高等教育投资总费用增量在 2000 元以上的农户家庭数量 27 户，占被调查教育费用增加的 124 户农户家庭总数的 22%（如表 7-3 所示）。从调研数据可以看出，纳雍县农户家庭高等教育投资费用呈现出增加的趋势，大部分农户家庭教育投资费用增幅在 1500 元至 2000 元之间。

表7-3　　2013年比2011年纳雍县农户投资高等教育费用的增量

教育费用增加家庭数量（户）	费用增量	农户家庭数量（户）	所占样本比例（%）
124	1000元以下	11	9
	1000—1500元	24	19
	1500—2000元	62	50
	2000元以上	27	22

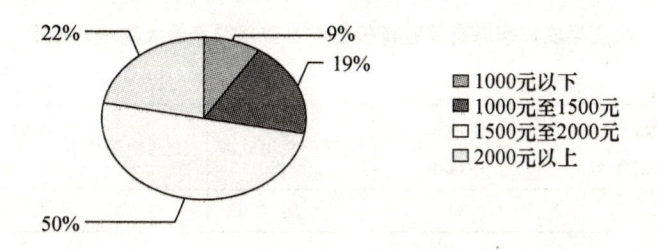

图7-5　纳雍县农户家庭投资高等教育增量比例

2. 农户家庭高等教育投资成本变化情况

随着物价上涨，农户家庭高等教育投资成本也在显著上升，在农户家庭高等教育投资成本中以生活费用的上涨幅度较高。同时，农户家庭对提高子女的综合素质和就业竞争力的认识在不断增强，也在很大程度上加大农户家庭对子女参加各种培训班等方面的投资成本。笔者在研究过程中，将农户家庭的高等教育投资成本归纳为学费、住宿费以及生活费、购买书籍及学习用品费用、通信费、娱乐费、交通费、参加各种培训班等各项消费支出。根据笔者在纳雍县实地调研的统计数据可以看出，近年来，纳雍县农户家庭教育投资成本发生较大的变化。将2013年与2011年之间农户家庭各项高等教育投资成本进行比较（该成本总费用为每个农户家庭所有正在接受专科三年级、本科三年级以及本科四年级的适龄子女各项教育投资成本的总体费用），在被调查的124户2013年高等教育投资总费用高于2011年的农户家庭中（子女在2011年至2013年都有正在上大学的农户家庭），生活费用成本增加最大的农户家庭数量为54户，所占比例最高，占被调查的124户农户家庭的44%，生活费用成本增量主要集中于800元至1000元区间；参加各种培训班费用成本上涨幅度最大的农户家庭数量为26户，占被调查的124个农户家庭总数的21%，培训班费用增量主要集中于1000元至1500元这一区间之内；交通费用成本增加最大的农户家庭数量为12户，占被调查的124个农户家庭总数的10%，交通费用成本增量主要集中于400元至600元这一区间之内；通信娱乐费用成本增加最大的农户家庭数量为32户，占被调查的124个农户家庭总数的26%，通信娱乐费用成本增量主要集中于600元至800元这一区间之内（如表7-4、图7-6所示）。

表7-4　纳雍县农户家庭高等教育投资成本费用增量最大的家庭数量

单位：户

高等教育投资成本增量家庭样本	生活费用成本	培训班费用成本	交通费用成本	通信娱乐费用成本
124	54	26	12	32

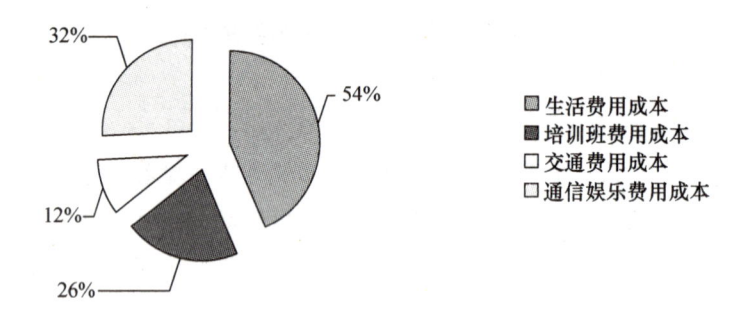

图7-6　纳雍县农户家庭高等教育投资成本费用增量最大的家庭数量比例

（二）从横向地区维度分析农户家庭高等教育投资能力的现状

近年来，随着农民收入的增加，纳雍县农户家庭的教育投资水平得到提升，但是纳雍县农户家庭高等教育投资能力仍然较弱。究其原因，农民收入较低是主要根源。根据笔者在纳雍县实地调研的统计数据表明，大部分纳雍县农户家庭高等教育投资总体费用（该费用为每个农户家庭所有在学的适龄子女教育投资总体费用）在10000元/年至15000元/年这一区间之内。具体说来，在被调查的446户有适龄子女正在接受高等教育的农户家庭中，其中有子女在大二以上的农户家庭总数为263户，263户家庭中，教育投资总费用在10000元/年以下的农户家庭数量为21户，所占比例为8%;教育投资总费用在10000元/年至12000元/年的农户家庭数量为85户,所占比例为32%;而教育投资总费用在12000元/年至15000元/年的农户家庭数量为117户,所占比例为44%;15000元/年以上的家庭数量为20户,所占比例为15%。

笔者在研究过程中,通过问卷与访谈的形式,将纳雍县农户家庭高等教育投资能力与纳雍县县城家庭教育投资能力相比,数据显示,纳雍县农户家庭教育投资能力明显弱于纳雍县县城家庭教育投资能力。具体说来,根据笔者在纳雍县县城的实地调研所统计的数据,在被调查的97户有适龄子女正在接受高等教育的城市家庭中,其中有子女在大二以上的城市家庭总数为71户,这些家庭为每个适龄子女高等教育阶段教育投资费用在10000元/年以下的城市家庭数量为零,所占比例为0;教育投资费用在10000元/年至12000元/年之间的城市家庭数量为6个,所占比例为8%;教育投资费用位于12000元/年至15000元/年间的城市家庭数量为28户,所占比例为39%;15000元/年以上的城市家庭数量为37户,所占比例为52%。由此可以看出,纳雍县的农户家庭高等教育投资能力无论与经济较为发达的地区比还是与同县的城市家庭相比,其家庭高等教育投资能力都较弱,如图7-7所示。

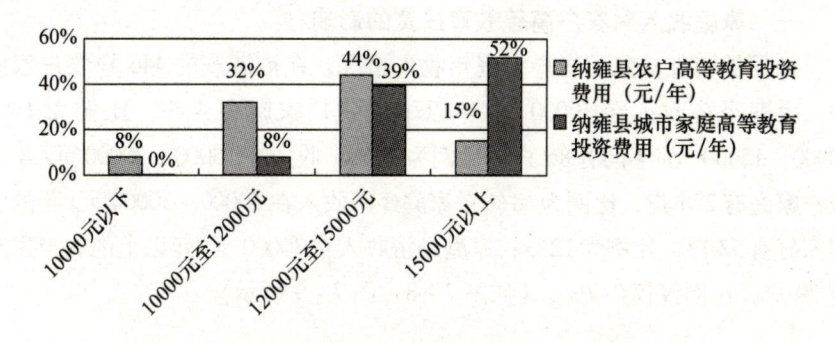

图7-7 纳雍县农户家庭、城市家庭高等教育投资费用对比

第五节 影响农户家庭高等教育投资行为的因素分析

本章主要对纳雍县农户家庭高等教育投资行为的影响因素进行论述,

结合调研问卷与访谈，采用定量分析和描述性分析两种方法对影响纳雍县农户家庭高等教育投资行为的因素进行研究。

笔者在查阅影响农户家庭高等教育投资行为因素的相关文献中，仁者见仁，智者见智。在家庭收入方面，在大部分学者认同低收入对高等教育投资选择具有直接约束力的同时，在子女性别和子女个数方面，龚继红等（2005）对湖北某地的调查，得出农村在投资教育方面，家庭偏重对男孩子教育投资；但是李晏等（2006）对河北承德市的调查结果与之明显不同，他们认为，子女性别和个数已经不是影响农村家庭教育投资选择的主要因素。

本章在借鉴相关文献研究的基础上，结合问卷调研的数据统计以及调研地农户家庭的基本特征，在影响纳雍县农户家庭高等教育投资的各项因素中，家庭经济状况、父母受教育年限、家庭户口类型、父母对子女毕业就业的期望、子女自身情况、子女性别、是否有其他兄弟姐妹上学对纳雍县农户家庭高等教育投资选择行为具有显著的影响，且各显著因素的影响程度排序为家庭经济状况、是否有其他兄弟姐妹上学、对子女毕业就业的期望、子女性别、母亲受教育年限，这几种对纳雍县农户家庭高等教育投资选择行为的影响非常显著。

一 家庭收入对农户高等教育投资的影响

根据被调查对象的农户家庭年收入情况，在被调查的446户农户家庭中，家庭经济收入在10000元/年以下的农户家庭有4户，比例为1%；10000—15000元/年的有86户，比例为19%；收入在15000—20000元/年的农户家庭有275户，比例为61%；家庭经济收入在20000—30000元/年的农户家庭有52户，比例为12%；家庭经济收入在30000元/年以上的农户家庭有29户，比例仅仅为7%。（如图7-8、图7-9所示）

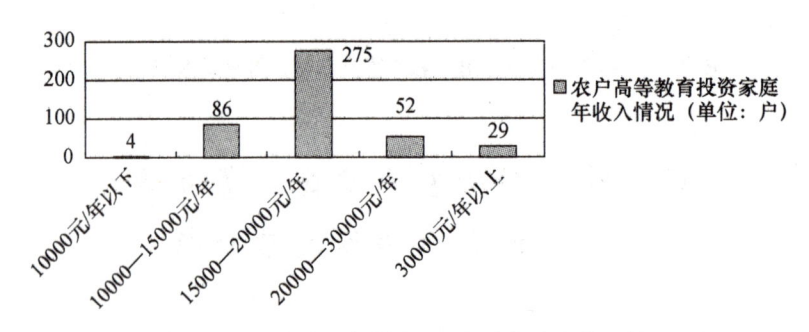

图7-8 纳雍县农户高等教育投资家庭年收入情况

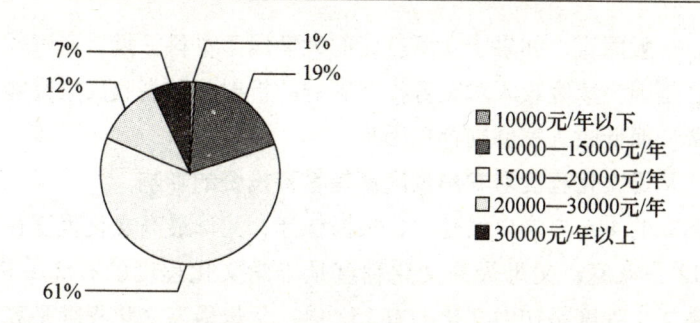

图7-9 纳雍县农户高等教育投资家庭各区间收入比例

笔者对调研样本进行统计,所调研的446户农户高等教育投资家庭中,正在接受高等教育的适龄子女数量有526人,未接受高等教育的适龄子女数量有343人。正在接受高等教育的526人中,有54人为一本、161人为二本、69人为三本,专科为242人。笔者将农户家庭的学生所属批次与农户家庭年收入相对照,如表7-5所示:

表7-5　　　农户家庭年收入与学生所属批次的数量关系　　　单位:人

正在接受高等教育人数	批次	1000元/年以下	10000—15000元	15000—20000元	20000—30000元	30000元以上
526	一批	3	10	19	16	6
	二批	2	26	58	49	26
	三批	0	2	11	19	37
	专科	1	52	69	77	43

从表7-5中我们不难看出,在本科一批和二批的家庭中,低收入家庭所占比例大于本科三批和专科家庭中的比例。年收入在30000元以上的家庭,本科一批的家庭所占比例为11%、本科二批的家庭占16%、本科三批占54%、专科家庭占18%。由此看来,最为明显突出的是本科一、二批较高收入的家庭比例远远小于本科三批家庭的年收入比例。对本科一、二批来说,虽然低收入家庭比例大于本科三批家庭,但决定因素还是子女的学习成绩,而不取决于家庭收入。可是本科三批的学生所属的家庭较高收入的比例大大高于本科一、二批较高收入的家庭,这也从侧面说明了家庭收入的高低对本科三批学生所在的家庭在进行高等教育投资时有一

定影响。一般而言，如果子女所就读的大学属于本科三批，家庭收入相对越高，这是因为家庭收入对教育投资影响的折射，较高收入家庭能担负高额的学费，而低收入家庭则存在困难。

二 父母文化程度对农户家庭高等教育投资的影响

在选取的446户农户家庭中，根据统计，父母最高文化程度在小学以下的有12户家庭；父母最高文化程度是小学文化程度的有251户家庭；父母最高文化程度是初中文化的有152户；父母最高文化程度是高中文化的有31户；父母最高文化程度为大学文化的有0户（表7-6）。其中父亲文化程度最高的家庭有307户，比例达69%；母亲文化程度最高的家庭有139户，比例为31%。通过调研，纳雍县农户家庭父母的文化程度多集中在小学、初中两个档次。根据统计，城市家庭父母文化程度多集中在高中、大学这两个阶段，在97户城市家庭中，父母最高文化程度为小学以下的有0户家庭；父母最高文化程度为小学文化程度的有0户家庭；父母最高文化程度为初中文化的有14户；父母最高文化程度有高中文化的有26户，父母最高文化程度为大学文化的有57户（表7-7）。其中父亲文化程度最高的家庭有55户，比例达57%；母亲文化程度最高的家庭有42户，比例达43%。相比较城市家庭，农村家庭父母的文化程度与城市家庭父母的文化程度差距过大。通过统计，结合访谈，文化程度越高的家庭对高等教育投资的倾向性更大，即更愿意为子女进行高等教育投资，这说明，文化程度越高的父母其经济收入一般来讲较高，也更倾向于给子女教育投资。

表7-6　　　调研样本中农户家庭父母最高文化程度统计

单位：户

样本	文盲	小学文化	初中文化	高中文化	大学文化
446	12	251	152	31	0

表7-7　　　调研样本中城市家庭父母最高文化程度统计

单位：户

样本	文盲	小学文化	初中文化	高中文化	大学文化
97	0	0	14	26	57

三 户籍对农户家庭高等教育投资的影响

在调查的数据样本中，446户农户高等教育投资家庭，正在接受高等教育526人中有54人为一本、161人为二本、69人为三本、专科为242人；在97户城市高等教育投资家庭，正在接受高等教育的108人中有11人为一本、32人为二本、44人为三本、专科为20人。本科一、二批和本科三批三个不同的批次中，农村户口和城市户口的家庭比例是有差异的：在本科一、二批家庭当中，农村家庭的比例为41%，高于城市家庭的31%；在本科三批家庭中，农村家庭的比例为13%，城市家庭的比例为41%，低于城市家庭将近30个百分点。众所周知，本科一、二批的录取分数线高于本科三批，而学费相对较低，本科一、二批的录取决定因素是子女的成绩，而由于本科三批的学费较高，超出很多农村家庭的承受能力，这也就导致收入较低的农村户口家庭所占比例偏低。而且，根据调查和访谈，农村户口中，三本家庭在90%以上都不是依靠务农来支付子女的教育费用。

在被调查的446户有适龄子女正在接受高等教育的农户家庭中，其中有子女在大二以上的农户家庭总数为263户，家庭教育投资总费用在10000元/年以下的农户家庭数量为21户，所占比例为8%；教育投资总体费用在10000—12000元/年的农户家庭数量为85户，所占比例为32%；而教育投资总费用在12000—15000元/年的农户家庭数量为117户，所占比例为44%；教育投资费用在15000元/年以上的农户家庭数量为20户，所占比例分别为15%。

在被调查的97户有龄子女正在接受高等教育的城市家庭中，其中有子女在大二以上的城市家庭总数为71户，这些家庭为每个适龄子女高等教育阶段教育投资费用在10000元/年以下的城市家庭数量为零，所占比例为0；教育投资费用在10000—12000元/年的城市家庭数量为6个，所占比例为8%，教育投资费用在12000—15000元/年的农户家庭数量为28户，所占比例为39%；15000元/年以上的城市家庭数量为37户，所占比例为52%。农户家庭教育投资费用主要集中在12000—15000元/年区间，而城市家庭主要集中在15000元/年以上。这表明说，城市户口的家庭相对农村户口的家庭对高等教育的投资有更大的承受能力及更大的弹性（如图7-10所示）。

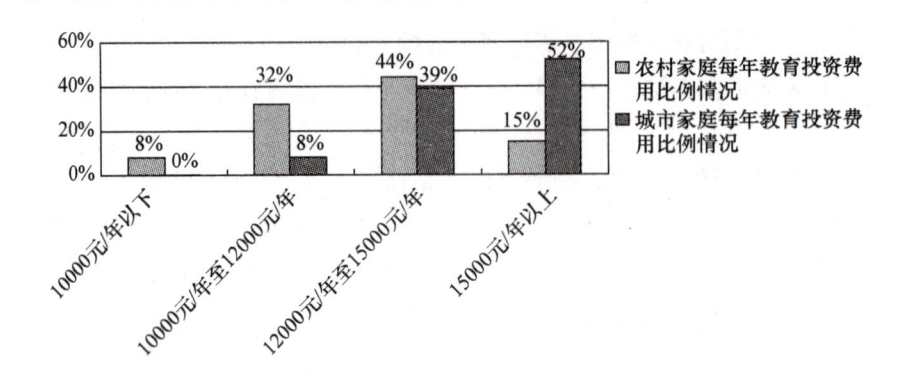

图7-10 纳雍县不同户籍样本教育投资费用情况比例

四 子女对农户家庭高等教育投资的影响

在对446户农户调查中,针对"家庭子女数量较多的情况下,如何选择对子女进行高等教育投资"。通过数据梳理,有393户家庭选择"成绩好的子女",比例达到89%;有37户家庭选择"自己愿意读大学的子女",比例为8%;有11户家庭选择"对男性子女进行投资",比例为2%;有5户农户家庭选择"对女性子女进行投资",比例为1%(见图7-11)。通过数据比例对比,最为显著的是农户家庭选择对成绩好的子女进行投资,子女性别对家庭的教育投资选择影响不明显,但是在选择对"自己愿意读大学的子女"投资一项,比例也不是很高,归其根本,是因为农户家庭受限于家庭经济状况不得不做出选择,即便如此,大多数家庭对高等教育的投资还是比较客观的,子女性别对家庭教育投资的决策影响不突出。

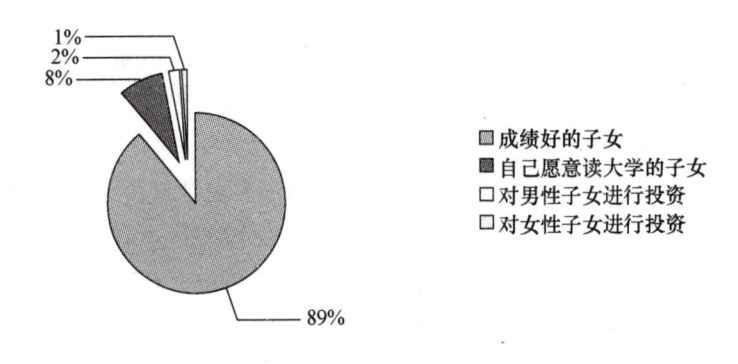

图7-11 农户家庭对子女进行高等教育投资的影响因素

五 就业期望对农户家庭高等教育投资的影响

笔者对446户农户家庭的选项进行数据统计,农户家庭对子女大学毕业后工作的期望薪酬如下:在2000元/月以下的家庭有15户,所占比例为3%;2000—3000元/月的家庭有83户,所占比例为19%;3000—4000元/月的家庭有243户,比例为54%;4000元/月以上的家庭有105户,比例为24%(表7-8,图7-12)。从这个结果也不难看出,目前家长对于子女大学毕业后的就业薪酬期望比较高,收益是众多家庭投资高等教育的主要原因之一。但由于如今的大学生数量的不断增长,大学生的就业竞争愈演愈烈。

表7-8 农户对子女大学毕业的就业期望薪酬比例

样本数量(户)	期望薪酬	户数(户)	比例(%)
446	2000元/月以下	15	3
	2000—3000元/月	83	19
	3000—4000元/月	243	54
	4000元以上	105	24

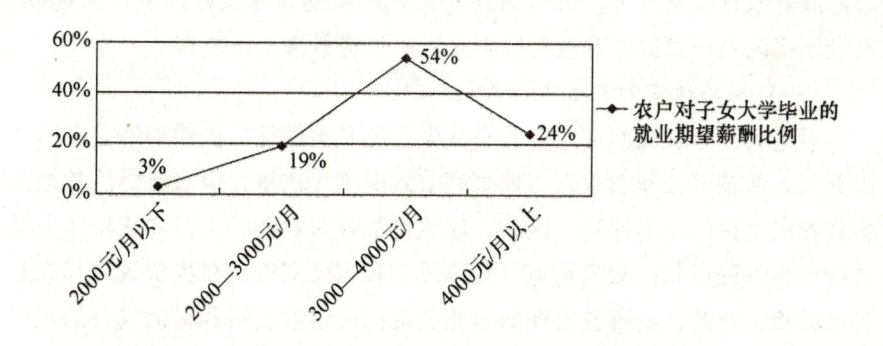

图7-12 农户对子女大学毕业的就业期望薪酬比例

在问卷中,笔者对农户家庭的投资目的进行了调查,针对"您对子女进行高等教育投资的动机",有大部分农户家庭选择了"增加就业机会",还有部分农户家庭选择供孩子读大学的主要目的是"学习知识文化"。无论农户家庭是出于什么期望对子女进行高等教育投资,有投资的期望,就有收益的愿望,同时,还有着投资风险。

第六节 激励农户家庭高等教育投资行为的对策建议

本章建立在对纳雍县农户家庭高等教育投资现状、分析影响纳雍县农户家庭教育投资的因素上所提出的对策建议,试图对提高纳雍县农户家庭投资高等教育水平有所帮助,对加强贫困地区的教育,提升贫困地区的劳动力综合素质有所借鉴。

一 提高农户家庭农业经济收入

投资能力是决定家庭投资教育能力的关键性因素。对此,提高农户家庭高等教育投资能力是优化贫困地区农户家庭高等教育投资行为的关键环节。当前,我国正在大力推动"三农"发展,为农民创收增收创造良好的制度环境。倘若农民收入得到有效增加,那就会找到破解农户家庭高等教育投资能力不足的根本途径,但是,当前"三农"问题面临的困境依然存在,因此,应多措并举大力发展农业以增加农民收入,从而提升农户家庭高等教育投资能力,进而达到优化农户家庭高等教育投资行为选择,有利于提高农户家庭高等教育投资水平,促进教育公平发展。

(一)保持现有的农业支持政策

对绝大部分农民而言,农业是其生存的基本保障。虽然纳雍县农民外出务工人数较多,非农收入占据家庭收入的绝大比重,但农业仍然是绝大多数农民生存的基本保障。因此,应该将加强对农业的支持和扶持作为促进纳雍县农民增收的政策重点。现阶段,我国已实行农村税费政策和农业补贴政策,对此,纳雍县农业局等相关部门应继续支持和贯彻现行的农户税费政策和农业补贴政策,以此来促进纳雍县农民农业经济收入的增加,收入增加就会为农民投资教育提供经济前提,从而提升纳雍县的农户家庭高等教育投资能力,进而有利于纳雍县农户家庭高等教育投资需求的提高,从而促进纳雍县农户家庭教育投资行为的优化。

(二)积极发展现代农业

现代化农业生产是贫困地区农民增收的高效途径。对此,纳雍县应结合县情实际,积极发展具有特色的现代农业,以促进农业生产力的提高和农民经济收入的增加,进而达到提高农户家庭高等教育投资能力,优化农户家庭教育投资行为的目的。纳雍县属于典型的山区，对此，纳雍县农业局相关部门应实地考察、因地制宜在全县进行农业科技创新与推广工作，切实提高农产品科技含量，助推农业现代化建设。当前，要结合县情，必须加强农业现代化基础设施建设，大力助推农业科技创新与推广，纳雍县相关部门可从以下几个方面入手：其一，实地考察结合县情引进农业科技；其二，对农户进行农业科技培训，确保农业科技进村入户；其三，宣传推广农业科技，示范推广，构建科技服务网络。

(三) 健全农业信息服务体系

农业服务体系建设对发展现代化农业生产的作用是不言而喻的，因此，纳雍县农业局等相关部门要立足县情，与时俱进，积极开展全县农业信息服务体系建设。具体来说，纳雍县相关部门要在结合本县农业发展现状的基础上加强全县农业信息服务体系建设，具体应做到：第一，建立农业信息协调小组，进行农业信息服务体系队伍建设，保障农业信息采集渠道畅通；第二，加强农业信息服务员的综合素质，注重对信息员的培训，搞好农业网络信息服务；第三，充分利用网络媒介平台，积极开展宣传活动，推介纳雍县特色农产品。笔者认为，通过采取以上举措，有利于为纳雍县的农业发展创造良好的信息环境，进而促进农业增产以及农民增收。进而促进农民农业经济收入增加，以此达到提高纳雍县农户家庭高等教育投资能力，优化农户家庭高等教育投资行为的目的。

二 提高农户家庭非农经济收入

纳雍县属于贵州省劳务输出大县，据纳雍县统计局统计数据显示，纳雍县全县农村外出务工人员数量高达20多万人。由此可以看出，纳雍县农民外出务工人员较多，富余劳动力转移为农户家庭带来的非农收入在家庭总收入中占据很大比重，甚至有些农户家庭的收入全部来源于外出务工。对此，纳雍县劳动局相关部门应积极采取措施引导全县农民劳务输出工作，为农民提供更好更便捷的就业渠道，从而增加全县农民外出务工的非农收入，以此达到提高农户家庭高等教育投资能力。为此，要做好以下几个方面的工作。

(一) 加强农村外出务工人员的就业培训

根据调查，纳雍县农村外出打工人员的教育程度以小学、初中偏多，甚至部分是文盲，因此，在很大程度上就限制了外出务工人员对行业工种的选择。由于受到自身文化程度以及技能水平的限制，纳雍县绝大多数农村外出务工人员只能从事建筑业、餐饮服务等技能水平要求较低的行业，这就影响了务工人员的收入，收入不高，就直接影响到纳雍县农户家庭高等教育的投资能力。而与此同时，现阶段，纳雍县在农村外出务工人员培训工作方面已取得一定的实效，但其在培训内容、培训条件、培训资金等方面还存在问题，因此，纳雍县劳动局相关部门应落实好抓好全县对农村外出务工人员的业培训工作，以提高农村外出务工人员的整体文化素质和技能水平，达到就业培训效果，从而有利于农村外出务工人员有机会根据自身条件选择技能水平以及工资收入相对较高的行业。具体来说，纳雍县劳动局相关部门应继续在全县范围内面向外出务工人员开展培训，在培训内容、培训条件、培训资金等方面予以加强和完善。其中，在培训内容方面，在继续开展家电维修、金属电焊、井下采掘、建筑工地安全生产等培训的基础上，应对文化程度相对较高、学习能力相对较强的农村外出务工人员提供物流管理类、市场营销等较高层次的技能培训，从而增加农民外出务工对这类行业的选择机会；在培训条件方面，要针对目前在就业培训存在的场地不足、过于分散、设施落后等问题，应建立固定培训基地，根据培训需求更新培训教学器材；在培训资金方面，以县劳动局相关部门牵头，积极扩宽融资渠道，鼓励全县范围内的企业和其他社会力量赞助外出务工人员就业培训，为外出务工人员培训做好后勤保障。

（二）构建城乡统一的劳动力市场信息网络

当前，由于农村劳动力市场信息网络覆盖面还有待于扩展，外出务工的农民在外出就业时，由于文化程度不高，技术资质欠缺，只能通过熟人引荐或者自身寻找，这是纳雍县农村外出务工人员在寻找就业过程中时常遇到的问题。农村劳动力市场信息网络覆盖面过小，将直接影响到农村外出务工人员获取就业信息和就业机会。对此，笔者认为，纳雍县劳动局相关部门应在全县范围内构建城乡统一的劳动力市场信息网络，由纳雍县劳动局相关部门在宣传栏发布就业信息，通过手机短信不定期地向全县农民发布大中型城市相关的就业信息，让信息广泛传递，降低农村外出务工人员的求职成本，增加农村外出务工人员获得就业的机会，从而有利于纳雍县农村家庭增加非农经济收入，从而有利于农户家庭提高高等教育投资能力。

三　营造良好的教育投资环境

（一）提高农户家庭父母文化素质

通过调研，农户家庭父母文化素质的高低是影响农户家庭高等教育投资行为的重要因素之一，对此，笔者认为，发展农村非学历教育，提高农户家庭父母文化素质是促进农户家庭高等教育投资的重要手段，对农户家庭高等教育投资选择具有重要的积极作用。

通过调研，纳雍县农户家庭父母受教育程度以小学、初中文化程度为主，甚至还有部分文盲、半文盲，农户家庭父母受教育程度普遍偏低，对此，纳雍县教育局相关部门应加大发展全县的农村职业教育力度，鼓励农户家庭父母积极接受农村职业教育，这不仅有利于提高农户家庭父母的文化素质，在受教育过程中也利于农户家庭父母通过教育认识知识的重要性，进而促进农户家庭父母对教育的重视程度，从而增加农户家庭高等教育投资需求，扩展农户家庭高等教育投资内容和投资形式，优化农户家庭高等教育投资行为。发展农村职业教育，一方面，应以发展县职业技术学校为依托，开设文化技术课程，为全县农民提供良好的非学历职业教育与培训。另一方面，政府应把握方向，统筹全局，通过广泛宣传，开设讲座，为农民开设课程等措施促进纳雍县农村非学历职业教育发展，从而达到对农户家庭父母文化素质的提高，对农户家庭高等教育投资行为进行优化的目的。

(二) 促进高等教育投资多元化

调研发现，纳雍县农村地区的家庭教育投资能力和承受能力相比城市家庭，可谓天壤之别，因此，征求教育资金支持，扩展教育资金渠道，对减轻农户家庭高等教育投资负担，为农户家庭的适龄子女增加教育机会具有重要的促进作用。对此，应采取积极的措施营造良好的教育投资环境，促进教育资金的渠道多元化，从而达到优化贫困地区农户家庭高等教育投资行为的目的。

1. 鼓励企业成为高等教育投资另一主体

随着高等教育费用的逐年递增，对子女进行高等教育投资对纳雍县的农户家庭来说无疑增加了经济负担，农户家庭高等教育投资能力不足，就会对农户家庭高等教育投资需求以及高等教育投资内容产生较大的负面影响。对此，教育部门应积极鼓励有实力的企业投资农村教育事业。具体做法是企业可以为正在上大学的农户家庭子女支付其上学期间的部分教育费用，让符合条件的毕业生进入企业工作，进而减轻农户家庭教育投资负担，吸引农户家庭积极投资高等教育，从而增加农户家庭对高等教育投资需求。

2. 实现社会捐资助学渠道的多元化

自 2007 年高等学校资助政策实施以来，在减轻贫困地区农户家庭高等教育投资负担方面发挥了积极的作用，尤其是助学贷款制度的实行在资助农户家庭经济困难子女的过程中所显示的效果尤为显著。对此，政府相关部门应继续完善高等学校经济困难学生资助体系，多渠道实现社会助学多元化。当前，社会助学方式常见的有捐资助学和社会捐赠等方式，对纳雍县的农户家庭来说，随着助学贷款制度的实施，资助制度在很大程度上确保了农户家庭不会因为经济贫困而让子女退学，基于助学所发挥的积极作用，政府相关部门应积极鼓励个人、慈善机构以及有经济实力的企业等社会力量参与到社会助学行动中，通过多渠道助学方式保证农户家庭子女不因贫困而失去接受高等教育的机会，进而达到优化农户家庭高等教育投资选择的目的，促进教育公平发展。

四 提高农户家庭子女就业率

随着高等教育大众化的推行，毕业生的就业形势严峻不减，与农户家庭的期望南辕北辙，对于农户家庭来说，就业难在一定程度上增加了家庭教育投资的风险，家庭在投资高等教育时对子女的高期望受子女就业难的困境所削减，这对潜在投资高等教育的家庭造成了消极的影响。对此，政府相关部门应出台针对贫困家庭大学生就业的政策，对贫困地区农户家庭的子女就业进行适度的引导支持，增加农户家庭子女的就业机会，促进农户家庭子女就业率，为农户家庭创造条件来降低教育投资风险。通过调研访谈，目前，纳雍县农户家庭子女毕业后的就业情况比较不理想，有些父母对投资高等教育的兴趣呈现下滑并产生怀疑，因此，无形中就让纳雍县农户家庭投资高等教育背负一定的风险，进而对农户家庭高等教育投资行为带来负面的效应。基于此现状，纳雍县相关部门应该通过各项措施鼓励县内企业为就业困难的农户家庭子女提供就业岗位，从而提高农户家庭子女的就业率，以此降低农户家庭的子女就业风险，进而优化农户家庭高等教育投资行为。此外，纳雍县相关部门还应该在县内建立城乡工作流动站，为已毕业但尚未就业的农户家庭子女及时提供招聘信息，从而为农户家庭子女就业提供有利的信息，促进农户家庭子女就业，减少农户家庭高等教育投资风险，进而优化农户家庭高等教育投资行为的目的。

结　语

本章以国家级贫困县贵州省纳雍县为例，针对贫困地区农户家庭高等教育投资行为进行研究，通过问卷调查法和半结构访谈法对贵州省纳雍县农户家庭进行了实地调研，掌握贫困地区农户家庭高等教育投资行为相关问题的一手资料。本章分析了贫困地区农户家庭高等教育投资行为的影响因素，发现农户家庭经济收入、农户家庭父母亲的受教育程度、家庭户籍、农户家庭父母对子女毕业的就业期望等因素对农户家庭高等教育投资选择行为具有显著影响。同时，针对纳雍县农户家庭的投资现状提出对策建议，以期为政府部门制定相关教育政策提供实践依据。

参考文献

一 著作类

1. [美]默里：《计量经济学：现代方法》，北京大学出版社2009年版。
2. D. B. 约翰斯通：《高等教育财政：问题与出路》，人民教育出版社2004年版。
3. 阿玛蒂亚·森：《正义的理念》，中国人民大学出版社2012年版。
4. 陈晓宇、陈良焜：《2002—2010年中国教育经费供求前景分析》，载闵维方《高等教育运行机制研究》，人民教育出版社2002年版。
5. 陈振明：《政府再造——西方"新公共管理运动"述评》，中国人民大学出版社2003年版。
6. 贝克尔：《家庭经济分析》，华夏出版社1987年版。
7. 查斯·P.：《金德尔伯格：经济发展》，上海译文出版社1986年版。
8. 柴效武：《高校学费制度研究》，经济管理出版社2003年版。
9. 丁小浩：《中国高等院校规模效益的实证研究》，教育科学出版社2000年版。
10. 董云川、张建新：《高等教育机会与社会阶层》，科学出版社2008年版。
11. 龚刚敏：《我国高等教育供求矛盾与公共政策——基于财政学视角的分析》，中国财政经济出版社2009年版。
12. 甘国华：《高等教育成本分担研究——基于准公共产品理论分析框架》，上海财经大学出版社2007年版。
13. 蒋国河：《教育获得的城乡差异》，知识产权出版社2007年版。
14. 范先佐：《教育经济学》，人民教育出版社1999年版。
15. 弗兰克·艾利思著：《农民经济学》（第二版），胡景北译，上海人民出版社2006年版。
16. 高培勇：《公共经济学》，中国人民大学出版社2008年版。

17. 谷宏伟：《转轨时期中国低收入家庭教育投资分析》，中国金融出版社 2009 年版。
18. 杰克·R. 弗林克尔、诺曼·E. 瓦伦：《教育研究的设计与评估》，华夏出版社 2004 年版。
19. 金东海：《少数民族教育政策研究》，甘肃教育出版社 2002 年版。
20. 靳希斌：《教育资本规范与运作》，四川教育出版社 2004 年版。
21. 廖楚晖：《教育财政学》，北京大学出版社 2006 年版。
22. 刘洁：《中国农户教育投资行为研究》，经济管理出版社 2010 年版。
23. 刘文：《高等教育投资与毕业生供求研究——基于人力资本的视角》，中国经济出版社 2006 年版。
24. 李文利：《从稀缺走向充足——高等教育的需求与供给研究》，教育科学出版社 2008 年版。
25. 林刚、武雷等：《高等教育成本研究》，中国人民大学出版社 2008 年版。
26. 林文达：《教育财政学》，三民书局出版社 1987 年版。
27. 刘玲玲：《公共财政学》，中国发展出版社 2003 年版。
28. 陆根书、钟宇平：《高等教育成本回收的理论与实证分析》，北京师范大学出版社 2002 年版。
29. 孙霄兵、孟庆瑜：《教育的公正与利益——中外教育经济政策研究》，华东师范大学出版社 2005 年版。
30. 孙志军：《中国农村的教育成本、收益与家庭教育决策：以甘肃省为基础的研究》，北京师范大学出版社 2004 年版。
31. 滕星、王铁志：《民族教育理论与政策研究》，民族出版社 2009 年版。
32. 王世忠：《教育管理学》，科学出版社 2011 年版。
33. 王世忠：《少数民族教育发展研究》，人民出版社 2013 年版。
34. 王世忠：《制度视阈下的中国教育行政研究》，湖北人民出版社 2009 年版。
35. 王世忠：《民族院校人才培养模式的创新与实践》，武汉大学出版社 2014 年版。
36. 王世忠：《大学生资助政策执行效果评估研究》，中国社会科学出版社 2014 年版。
37. 吴仕民：《中国民族政策概览》，人民出版社 1995 年版。

38. 吴忠民：《社会公正论》，山东人民出版社 2004 年版。
39. 西奥多·W. 舒尔茨著：《论人力资本投资》，经济学院出版社 1990 年版。
40. 徐曙娜：《公共支出过程中的信息不对称与制度约束》，中国财政经济出版社 2005 年版。
41. 许祥云：《中国家庭高等教育投资行为研究》，清华大学出版社 2010 年版。
42. 殷红霞：《我国农村家庭教育投资行为研究》，中国社会科学出版社 2010 年版。
43. 约翰·罗尔斯：《正义论》，中国社会科学出版社 1988 年版。
44. 张文香：《中国少数民族生存权与发展权理论研究》，中央民族大学出版社 2010 年版。
45. 张忠元、向洪：《教育资本》，中国时代经济出版社 2002 年版。
46. 马陆亭、徐孝民：《国际教育投入与学生资助》，高等教育出版社 2007 年版。
47. 马戎：《民族与社会发展》，民族出版社 2001 年版。
48. 马经：《助学贷款国际比较与中国实践》，中国金融出版社 2003 年版。
49. 闵维方、杨周复、李文利主编：《为教育提供充足的资源》，人民教育出版社 2003 年版。
50. 闵维方、丁小浩、李文利：《探索教育变革：经济学和管理政策的视角》，教育科学出版社 2005 年版。
51. 闵维方：《高等教育运行机制研究》，人民教育出版社 2002 年版。
52. 闵维方：《中国经济的转型发展与高等教育财政改革：回顾与展望》，北京大学中日高等教育财政研讨会，2006 年。
53. 宁国良：《公共利益的权威性分配——公共政策过程研究》，湖南人民出版社 2005 年版。
54. 曲恒昌、曾晓东：《西方教育经济学研究》，北京师范大学出版社 2000 年版。
55. 沈勇：《教育服务管理——基于学生满意的视角》，知识产权出版社 2008 年版。
56. 史瑞杰：《效率与公平：社会哲学的分析》，山西教育出版社 1999 年版。

57. 史瑞杰等：《从精英教育到大众教育——高等教育发展中的效率与公平问题研究》，高等教育出版社 2008 年版。
58. 滕星：《族群、文化与教育》，民族出版社 2002 年版。
59. 滕星、王铁志：《民族教育理论与政策研究》，民族出版社 2009 年版。
60. 王蓉：《公共教育解释》，中国财政经济出版社 2009 年版。
61. 王蓉、鲍威：《高等教育规模扩大过程中的财政体系中日比较的视角》，教育科学出版社 2008 年版。
62. 吴庆：《公平述求与贫困治理：中国城市贫困大学生群体现状与社会救助政策》，社会科学文献出版社 2005 年版。
63. 谢维和、文雯、李乐夫：《中国高等教育大众化进程中的结构分析——1998—2001 年的实证研究》，教育科学出版社 2007 年版。
64. 熊波：《机会均等视角下的高等教育成本分担机制研究》，华中师范大学出版社 2010 年版。
65. 杨东平：《中国教育公平的理想和现实》，北京大学出版社 2006 年版。
66. 杨克瑞：《战后美国联邦政府大学生资助政策研究》，北京师范大学出版社 2008 年版。
67. 杨之刚：《公共财政学》，上海人民出版社 1999 年版。
68. 岳昌君：《教育计量学》，北京大学出版社 2009 年版。
69. 曾满超、魏新、萧今：《教育政策的经济学分析》，北京人民教育出版社 2000 年版。
70. 张民选：《理想与抉择——大学生资助政策的国际比较》，人民教育出版社 1998 年版。
71. 张维迎：《博弈论与信息经济学》，上海三联书店 1999 年版。
72. 詹姆斯·莫里斯、张维迎：《詹姆斯·莫里斯论文精选——非对称信息下的激励理论》，商务印书馆 1997 年版。
73. 赵中建：《高等学校的学生贷款》，四川教育出版社 1996 年版。
74. 张馨、杨志勇、赫联峰、袁东：《当代财政与财政学主流》，东北财经大学出版社 2000 年版。
75. 张亲培等：《公共政策与社会公正》，吉林人民出版社 2009 年版。
76. 钟宇平、陆根书：《高等教育需求影响因素分析——一个系统分析框架》，经济日报出版社 2006 年版。
77. 周勇：《少数人权利的法理》，社会科学文献出版社 2002 年版。

二 论文类

1. 陈良焜：《我国高等教育实行个人（家庭）成本补偿的必然性》，《教育研究》1996年第8期。
2. 陈晓宇：《论高等教育成本补偿》，博士学位论文，北京大学，1998年。
3. 陈晓宇、闵维方：《成本补偿对高等教育机会均等的影响》，《教育与经济》1999年第3期。
4. D. B. 约翰斯通：《高等教育成本分担中的财政与政治》，《比较教育研究》2002年第1期。
5. D. B. 约翰斯通：《按收入比例还款型学生贷款在发展中和转型国家的适用性》，《北京大学教育评论》2004年第1期。
6. 邓炜：《建立高校学生资助政策的价值激励体系——高校学生资助政策体系现实缺陷的分析与对策》，《教育财会研究》2002年第6期。
7. 丁小浩：《对中国高等院校不同家庭收入学生群体的调查报告》，《清华大学教育研究》2000年第2期。
8. 丁小浩：《居民家庭高等教育开支及其挤占效应研究》，《北京大学教育评论》2003年第1期。
9. 丁小浩：《规模开展背景下中国高等教育面临的挑战》，载闵维方等《"为教育提供充足的资源"教育经济学国际研讨会论文集》，人民教育出版社2003年版。
10. 丁小浩：《中国高等教育入学机会均等化：1990年代的变化及分析》，《北京大学教育经济研究所简报》（内部资料）2003年第11期。
11. 丁小浩：《规模扩大与高等教育入学机会均等化》，《北京大学教育评论》2006年第2期。
12. 丁小浩、梁彦：《中国高等教育入学机会均等化程度的变化》，《高等教育研究》2010年第2期。
13. 丁小浩：《中日高等教育成本补偿相关问题的比较研究》，《教育与经济》2002年第2期。
14. 丁小浩等：《未来二十年中国教育经费需求分析》，《"中国教育与人力资源问题研究"课题组资料》（内部资料）2003年。
15. 傅淑琼：《〈1997年纳税人救助法〉——美国大学生资助政策的重大转变》，《复旦教育论坛》2006年第4期。
16. 高晓清：《苏格兰入学、学费及资助政策新动态》，《现代大学教育》

2006 年第 4 期。
17. 哈巍：《高等教育机会均等与学生资助——北京大学个案研究》，北京大学 2002 年版。
18. 哈巍：《谁来为高等教育付费——高等教育成本补偿的国际比较》，《教育发展研究》2002 年第 3 期。
19. 李红：《少数民族贫困学生的现状研究和对策——以西南民族大学为例》，《西南民族大学学报》人文社科版 2003 年第 8 期。
20. 李慧勤：《高校经济困难学生资助政策实证研究》，《经济研究参考》2005 年第 5 期。
21. 李文长、刘亚荣：《国家助学贷款的现状及政策分析》，《高等教育研究》2005 年第 5 期。
22. 李文利：《高等教育成本补偿政策对社会公平的促进作用》，《江苏高教》2001 年第 3 期。
23. 李文利：《美国、加拿大高校学生贷款研究》，《比较教育研究》2004 年第 10 期。
24. 李文利：《国家助学贷款的理论探讨和实证分析》，《教育与经济》2004 年第 2 期。
25. 李文利、闵维方：《高校在校生私人教育支出及付费意愿研究》，《高等教育研究》2002 年第 3 期。
26. 李文利、魏新：《论高等教育入学机会的影响》，《北京大学教育评论》2003 年第 3 期。
27. 刘宝存：《美国肯定性行动计划与少数民族高等教育的发展》，《外国教育研究》2002 年第 7 期。
28. 刘海波：《高校学费——贷款资助政策体系的问题与改进研究》，《中国高教研究》2005 年第 10 期。
29. 罗朴尚、宋映权、魏建国：《高等教育学生资助政策体系课题研究报告》（内部资料），《北京大学中国教育财政科学研究所》2009 年第 12 期。
30. 罗朴尚、宋映泉、魏建国：《中国现行高校学生资助政策评估》，《北京大学教育评论》2011 年第 1 期。
31. 陆根书：《高等教育成本回收：对中国大学生付费能力与意愿的研究》，博士学位论文，香港中文大学，1999 年。

32. 闵维方：《论高等教育成本补偿政策的理论基础》，《江苏高教》2001年第3期。

33. 闵维方：《论高等教育成本补偿政策的理论基础》，《北京大学学报》，（哲学社会科学版）1998年第2期。

34. 闵维方：《社会主义市场经济体制条件下高等教育运行机制的基本框架》，《高等教育研究》2001年第4期。

35. 潘建军、谢革利：《美国大学生多元化资助方式评析》，《北京教育学院学报》2006年第3期。

36. 覃殿益：《民族院校贫困生问题解决途径新探》，《广西民族学院学报》（哲学社会科学版）2003年第6期。

37. 戚业国：《高等教育收费与学生资助的理论基础》，《江苏高教》1998年第6期。

38. 石华富：《民族高校的少数民族贫困生欠费问题调查与思考》，《湖北民族学院学报》（哲学社会科学版）2003年第4期。

39. 孙涛、沈红：《基于家庭经济状况调查的高校贫困生认定——国际比较的视角》，《外国教育研究》2008年第10期。

40. 唐滢：《收费及大众化背景下少数民族高等教育发展的特殊性》，《中国民族教育》2002年第4期。

41. 王康平、潘懋元：《高校学费与学生资助政策研究》，《高等教育研究》2001年第1期。

42. 王蓉：《"办人民满意的学校"——一个关于中小学校的民众满意度调查》，《北京大学教育评论》2008年第4期。

43. 王世忠：《关于教育政策执行的含义、特征及其功能的探讨》，《湖北教育学院学报》2001年第1期。

44. 魏黎、沈红：《大学生资助制度的理性重构——新制度经济学的视角》，《2005年中国教育经济学年会论文集》。

45. 小林雅之：《学生资助和高等教育机会均等》，《教育与经济》2005年第4期。

46. 熊志忠：《教育成本分担制与国内外高校学生资助政策的比较研究》，《高教研究》2005年第2期。

47. 许勤、闻继威：《大学生经济资助体系中的有效主体分析及资助模式探讨》，《中国高等教育》2004年第12期。

48. 徐国兴：《中美日大学生资助政策新动向的比较研究》，《复旦教育论坛》2008年第6期。
49. 徐国兴：《我国大学生资助政策力度的实证分析——以H大学为例》，《教师教育研究》2008年第2期。
50. 阎凤桥、闵维方：《对于我国高等教育资源配置中存在的"木桶现象"的探讨》，《教育与经济》1999年第2期。
51. 杨钋：《高校学生资助影响因素的多水平分析》，《教育学报》2009年第6期。
52. 杨钋：《大学生资助对学业发展的影响》，《清华大学教育研究》2009年第12期。
53. 岳昌君：《教育对个人收入差异的影响》，《经济学》（季刊）2004年第3期。
54. 岳昌君：《我国教育发展的省际差距比较》，《华中师范大学学报》（人文社会科学版）2008年第1期。
55. 岳昌君、邢惠清：《预期收益对不同级别教育需求的影响》，《教育理论与实践》2003年第9期。
56. 岳昌君、刘燕萍：《教育对不同群体收入的影响》，《北京大学教育评论》2006年第2期。
57. 张京泽、王丽萍、覃鹏：《关于民族院校贫困生的资助措施及思考》，《民族教育研究》2004年第5期。
58. 张建奇：《"免学费加人民助学金"政策的形成、实施及其作用和影响》，《清华大学教育研究》2002年第4期。
59. 张建奇：《1983年以来我国大学生资助的演变》，《现代大学教育》2003年第1期。
60. 张民选、李荣安：《高等教育机会均等与大学生资助政策变迁及新的挑战》，《教育发展研究》1997年第12期。
61. 张民选：《美国大学生资助政策研究》，《高等教育研究》1997年第6期。
62. 张民选：《国际透视：大学生资助政策的变革与发展》，《国家高级教育行政学院学报》2000年第5期。
63. 钟宇平、陆根书：《成本分担：中国高等教育财政的另类选择》，《上海高教研究》1997年第12期。

64. 左玉珍：《我国贫困大学生问题研究述评》，《黑龙江教育》（高教研究与评估）2006 年第 9 期。

65. 毕鹤霞、沈红：《贫困生判定的难点与认定方法探究》，《高教探索》2008 年第 5 期。

66. 卜长安：《高校贫困大学生资助政策研究》，硕士学位论文，西安建筑科技大学，2005 年。

67. 曾英：《高校学生助学金评定公平感研究》，硕士学位论文，西南大学，2011 年。

68. 陈春燕：《独立学院国家助学金评定工作的思考》，《社科纵横》（新理论版）2012 年第 1 期。

69. 程曦璐：《借鉴低保制度经验推进国家助学金公平性》，《沈阳农业大学学报》（社会科学版）2010 年第 4 期。

70. 邓秋生：《违规套取国家助学金的警示》，《财政监督》2012 年第 22 期。

71. 董婷婷：《国家奖助学金评定过程中存在的问题及思考》，《长春理工大学学报》2010 年第 10 期。

72. 杜佳为：《高校贫困生资助工作探讨》，《人力资源管理》2011 年第 10 期。

73. 段志雁、魏景柱、杨金保：《高校奖助学金发放存在的问题及对策》，《教育探索》2011 年第 7 期。

74. 范敏、陈万明：《家庭高等教育投资与大学生选择性失业》，《辽宁教育研究》2008 年第 8 期。

75. 佛朝晖：《中职国家助学金政策实施情况的调查报告》，《中国职业技术教育》2010 年第 5 期。

76. 龚彦忠：《当前国家助学金政策实施：问题及建议》，《黑龙江教育》（高教研究与评估）2010 年第 6 期。

77. 郭珊珊：《中美高校学生资助问题研究》，硕士学位论文，陕西师范大学，2009 年。

78. 侯晶晶：《农户家庭高等教育投资中存在的风险及其对策》，《经济研究导刊》2010 年第 3 期。

79. 贾魁：《论国家助学金评定工作中出现的问题与对策》，《内蒙古农业大学学报》（社会科学版）2013 年第 2 期。

80. 教育部：《国家助学金不得抵作学费要接受社会监督》，《教育发展研究》2007 年第 24 期。

81. 孔令帅、蓝汉林：《美国高校助学金政策探析——以佩尔助学金项目为例》，《高教发展与评估》2010 年第 6 期。

82. 蓝汉林、孔令帅：《中美高校助学金政策比较研究——以国家助学金项目和佩尔助学金项目的比较为切入点》，《浙江工业大学学报》（社会科学版）2010 年第 3 期。

83. 冷小黑、张小迎、郭锦埔：《就业困境下农户家庭高等教育投资意愿研究——基于江西农户的实证调查》，《江西农业大学学报》（社会科学版）2010 年第 2 期。

84. 李庆豪、沈红：《我国大学生资助政策的优化和重构》，《清华大学教育研究》2004 年第 3 期。

85. 刘华：《我国高校助学金制度的产生与变迁研究》，四川师范大学 2009 年版。

86. 刘守义：《农村家庭教育投资选择研究》，《理论研究》2008 年第 5 期。

87. 罗筑华、陈熙、谭建国：《高校贫困生国家助学金的评定研究》，《湖南社会科学》2010 年第 3 期。

88. 毛学勤：《德国国家助学金和国家奖学金》，《德语学习》2010 年第 6 期。

89. 莫飞平：《高校贫困生资助模式的伦理解读与建构》，硕士学位论文，湖南师范大学，2006 年。

90. 乔孟涛、高彦君、赵晶晶：《高等院校国家助学金发放监督机制研究》，《中国成人教育》2011 年第 10 期。

91. 邱美凤：《我国普通家庭高等教育投资与毕业生就业市场分析》，《教育研究》2008 年第 3 期。

92. 邱亚洪、李尚蒲：《农户教育投资的影响因素分析》，《华南农业大学学报》（社会科学版）2005 年第 4 期。

93. 曲龙巨：《基于和谐理念的高等学校贫困生资助体系研究》，硕士学位论文，哈尔滨工程大学，2007 年。

94. 谢秀英：《我国家庭高等教育投资基本动因探析》，《当代经济科学》2000 年第 2 期。

95. 薛菲：《我国高等学校贫困生资助体系研究》，硕士学位论文，湖南大学，2004年。
96. 于建霞：《构建与完善我国贫困大学生资助体系研究》，硕士学位论文，山东师范大学，2008年。
97. 张俊浦、李燕琴：《西北农村家庭教育投资影响因素分析——以甘肃农村为例》，《河西学院学报》2008年第3期。
98. 赵江涛、聂红梅：《农户家庭高等教育投资风险及其防范和规避》，《黑龙江高教研究》2011年第1期。